做多中国

中国未来的财富机遇与投资逻辑

洪榕 著

中信出版集团 | 北京

图书在版编目（CIP）数据

做多中国：中国未来的财富机遇与投资逻辑 / 洪榕
著 . -- 北京 : 中信出版社 , 2021.11
ISBN 978-7-5217-3600-7

Ⅰ . ①做… Ⅱ . ①洪… Ⅲ . ①投资－研究－中国
Ⅳ . ① F832.48

中国版本图书馆 CIP 数据核字（2021）第 187364 号

做多中国：中国未来的财富机遇与投资逻辑
著者： 洪榕
出版发行：中信出版集团股份有限公司
（北京市朝阳区惠新东街甲 4 号富盛大厦 2 座 邮编 100029）
承印者： 北京楠萍印刷有限公司

开本：787mm×1092mm 1/16 印张：23.5 字数：285 千字
版次：2021 年 11 月第 1 版 印次：2021 年 11 月第 1 次印刷
书号：ISBN 978–7–5217–3600–7
定价：69.00 元

服务热线：400–600–8099
投稿邮箱：author@citicpub.com

目 录

推荐序一 *001*

推荐序二 *005*

自 序 与时代共舞 和财富结缘 *009*

前 言 百年大变局 拥抱投资大时代 *011*

第一部分
从投资的视野看百年未有之大变局

第一章 资本，强国的保障 003

美国资本大时代催生科技大时代 003

美国资本的力量究竟有多强大？ 007

华尔街是如何通过资本影响政治的？ 012

做多中国，资本大时代具有历史必然性 020

第二章　科技是国运之争　026

美国科技的力量　026

科创是国运之争，借道资本市场是华山一条路　031

做多中国，科技大时代已然到来　037

第三章　文化，潜移默化的力量　044

文化是一个国家的核心竞争力　044

美国的文化霸权，让人感到不可思议　047

做多中国，国潮大时代锐不可当　050

中美贸易战内涵，我们的应对化解之策　054

第二部分
资本大时代，历史必然

第四章　时代的召唤　065

改革开放 40 多年的成果　065

目前面临的六大核心难题　069

第五章　国家的重视——金融供给侧结构性改革　075

大国科技博弈的背后是财力博弈　075

提高直接融资占比，解决资金价格扭曲问题　080

加快金融市场开放步伐　083
改善金融监管环境　090
发展资本市场是萝卜青菜，更是星辰大海　094
资本大时代需要强大的券商“铁军”　100

第六章　股权时代的财富大挪移　106
房产投资之后的财富去向　106
股权投资如何实现财富大挪移　110

第三部分
科技大时代，未来已来

第七章　大国博弈催生科技强国　119
美国到底在担心什么？　119
中国的贴身紧逼战略　126
华为何以成为威胁美国的重器？　132

第八章　第四次工业革命带来的红利　137
第四次工业革命是中国实现全面赶超的难得机会　137
第四次工业革命的关键力量——5G　144
能源改变世界，智能汽车让人类更自由　149

量子科技　157

科技赋能新生活　161

第九章　数字经济　168

以大数据、云计算、人工智能、区块链为核心的驱动　168

云计算，超强的数据处理中心　173

大数据时代，将会带来哪些变化？　178

人工智能，解锁未来的无限可能　185

数字货币乘风而来，区块链技术孕育大牛股　191

数字化对人类社会和产业的影响　199

第四部分

国潮大时代，锐不可当

第十章　“东升西降”，国家自信油然而生　209

新冠肺炎疫情下的中国迅速恢复　209

科技、金融是强国手段，文化自信是强国之魂　214

第十一章　中国制造崛起，铺就强国之基　219

“衣食住行”见证中国品牌创新实力　219

“吃喝玩乐”引爆新国潮　230

“中国制造”转向“中国智造”，备受期待 239
应用篇 如何寻找国货中的大牛股？ 250

第五部分
拥抱投资大时代的最优路径

第十二章 认清趋势，与国家站在一起 259
后疫情时代经济复苏 259
以内循环为主体，构建国内国际双循环新格局 264
碳中和、碳达峰投资机会 273
疫情重塑世界，中国崛起不可逆 281
投资大时代来了，每个人该如何实现个人价值？ 285
做多中国，未来大有可为 291

第十三章 所有的路都是“光明路”，所有的坑都是“黄金坑” 296
一个新时代崛起的时期，往往是财富重新分配的时期 296
锁定年轻人财富转移路径，拥抱财富大爆炸 301
赢家姿态 303
如何用对冲思维化解风险，转被动为主动？ 307

第十四章　如何不出错？必须拥有真实力　317

通过基金拥抱大时代　317

赢家必备：极端交易　321

极端交易让价值投资如虎添翼！价值投资是这样“割韭菜”的　328

A 股市场流行的交易流派　332

参考文献　339

附　录　做多中国，决胜投资——洪攻略极端交易体系　341

后　记　347

推荐序一

俗话说，“时势造英雄”，这道出了一个非常朴素的道理：谁能把握时代演变规律，看清经济社会发展走势，因时而动，顺势而为，谁就能捷足先登，抓住机遇，脱颖而出，成就人生，实现梦想。

机遇总是眷顾有准备的头脑。当前，我们正面临百年未有之大变局。特别是在“后疫情时代”，世界正以一种前所未有的速度变化着，扑朔迷离，存在许多不确定性，可谓“乱花渐欲迷人眼”“山重水复疑无路”，怎样趋利避害？怎样做到危中求机？怎样实现变中取胜？只有准确识变、科学应变、主动求变，才能以变应变，把握良机，成就事业。

洞察社会风云变幻，把握时代脉搏跳动，跟上潮流，与时俱进，敏于思考，勇于行动，在必要时做好放手一搏的准备，很多成功人士都是这么走过来的。对于每一位投资者来说，如何看清时代趋势，厘清市场走势，理顺投资逻辑，抓住中国未来的创富机会，才是投资的主要矛盾和要害之处。洪榕先生的这本《做多中国：中国未来的财富机遇与投资逻辑》，深入浅出、化繁就简地阐述了这些复杂问题。

我与洪榕结识近 20 年，洪榕和《上海证券报》渊源颇深。《上海证券报》刊登过他不少专栏文章，他对我国资本市场有许多独到且深入的思考和前瞻。经历过 10 多个证券业务相关岗位锤炼的洪榕，几乎见证了整个证券行业的创新和发展历程，不仅对证券市场有着深刻的认识和理解，而且对整个资本市场，乃至整个中国未来的投资逻辑，都有自己独特的观察和见解。

在这本书中，洪榕别开生面地提出了资本大时代、科技大时代和国潮大时代这三个环环相扣的大时代，以此来把近几十年来中国宏观经济、产业经济、资本市场的沧桑巨变具象化地呈现在我们面前。资本大时代已然开启，科技大时代未来已来，国潮大时代势不可当，这是中国综合国力不断提升的表现，是中国人越来越自信的基石，是我们“做多中国”的理由。

确实如此，无论是三十而立的《上海证券报》，还是“东方蓝宝石”中国金融信息中心，或是因能源市场体制改革而应运而生的上海石油天然气交易中心，都是改革开放、创新发展的产物，同时见证了中国变迁、中国速度和中国气象。近年来，中国在国际舞台上的地位越来越高，影响力越来越大，话语权也越来越重。对中国，我们充满挚爱；对未来，我们满怀期待。

2018 年中央经济工作会议指出，“打造一个规范、透明、开放、有活力、有韧性的资本市场”。无论是作为一个机构，还是作为一个个体，我们都有责任和义务为实现这一目标而恪尽职守、尽心尽力。

这本书，适合投资者阅读，可以助其更好地把握投资主线和投资逻辑；也适合普罗大众阅读，有助于他们更深入地了解经济走向、资本市场脉动，了解社会变迁、时代发展，把握今天、感知明天，做一个理性、智慧而自信的中国人。

叶国标
上海证券报社党委书记、董事长，
中国金融信息中心党委书记、董事长，
上海石油天然气交易中心董事长

推荐序二

对于投资而言，时间是最好的朋友，也是最好的见证者。

我与洪榕先生因投资结缘，洪榕先生 1993 年开始进入证券研究及投资相关行业，而我的证券研究与投资生涯从 1992 年开始。由于相似的经历，我们在很多方面的观点都不谋而合。

对于价值投资，我们有很多共识，但我们切入的角度大不相同。我通过做私募基金，直接为投资者管理资金，践行价值投资，帮助投资者实现财富的增值；而洪榕先生通过做投资者教育，意在让更多的投资者认清股市真相，认清自己，摆脱人性弱点，并通过帮助投资者掌握一套系统的投资方法去改变自己的投资命运。

不用看盘，不用技术分析，也不用打听消息，只需要常识，就能成为中国股市的大赢家，成为这个财富膨胀和转移时代最大的受益者。在大多数投资者看来，这似乎是不可能实现的事情。但在我和洪榕先生看来，这完全是有可能的。

因为投资最底层的逻辑，就是要建立起对长期前景的信念，这样投资就会变得简单很多，其核心就是要寻找龙头企业，且行业的选择也极其重要。我们可以选择国内最好的行业、最好的企业，去做长期投资，就像巴菲特从1957年开始做投资，选择美国好的行业和企业进行长期投资一样。事实上，投资的思考极限就是比谁看得远，看得准，敢重仓，能坚持。

但短视、恐惧、贪婪以及急功近利是与生俱来的人性。唯有克服这些，才可能取得投资上的成功。而我和洪榕先生做的事情，其实殊途同归，最终目的都是帮助投资者正确地认识投资，通过科学有效的方法，最终获取财富的稳步增长，实现投资好人生。

洪榕先生认为不了解投资的真相，不了解自己的能力界限，也就做不到知彼知己，投资的成功率也不会高，这一点我不仅认同而且深有体会，我管理的基金中就有不少持有人因为耐心不足而少赚了很多钱。

投资的成功，需要天时地利人和的共同作用。“后疫情时代”，世界正以一种前所未有的速度变化着，中国正以惊人的速度发展着，各行各业也发生了翻天覆地的变化。尤其是资本市场，在扩大开放的大背景下，我国资本市场制度不断与国际接轨，随着互联互通不断加深，外资对A股市场的影响意义重大。注册制的试点范围不断扩大，而注册制的到来是真正牛市的开始。这对我国资本市场的发展具有里程碑的意义，而对投资者来说，这其中蕴藏着巨大的投资机会。

但就像巴菲特所说的那样，没有人可以通过做空自己的祖国来获取收益。洪榕先生《做多中国：中国未来的财富机遇与投资逻辑》这本书，正是从投资的视野，帮助普通投资者看清百年未有之大变局，让我们深信自己的国家会越来越好，从而坚定“做多中国”的原理及路径。因为只有国家好，经济发展才能好，机会才会多，我们每个人才能好。

不得不说，这是一个特别好的时代，如果你真的有才华，有广阔的胸襟，愿意为之努力奋斗，不无所事事，不整天抱怨自己的生活，不找理由逃避责任，就有可能改变自己的命运与现状。

综合来看，在这本书中，洪榕先生结合自身近 30 年资本市场的投资研究分析及实战经验，结合中国未来发展大势，不仅阐述了中国未来的财富机遇与投资逻辑，更给出了适合普通投资者的可执行的投资策略和方法，非常值得读一读。

但　斌

深圳东方港湾投资管理股份有限公司董事长

自　序

与时代共舞　和财富结缘

俗话说，时势造英雄，在和平年代，我们看到更多的是时势造就的财富英雄。"股神"巴菲特说："我的成功是因为我生在一个最好的时代。"巴菲特所指的正是美国从 20 世纪 80 年代开启的第二个投资黄金时代，让他一度成为全球首富。

如果你因错过太阳而流泪，那么你也将错过群星。

当下的中国，正处于可与 20 世纪 80 年代的美国相媲美的投资好时代，而且这一次出现在我们身边的投资机会，甚至远超当时的美国，每思及此，我都兴奋不已。

更让人激动的是，随着研究的深入和时间的推移，我的一些研究成果开始被市场验证，比如，资本市场开始扮演枢纽角色，科技开启了国运之争，核心科技股股价出现了翻倍走势，一些国货潮品开始被市场追捧等。

特别是在新冠肺炎疫情之后，全球货币大宽松以及疫后重建（类似二战之后的战后重建）让财富开始出现爆炸性增长，伴随而来的便是投资市场的大洗牌，并引发了以下 4 种财富大挪移：

一、以碳排放为准绳，实现财富大挪移，增加碳排放的产业财富缩水（走向垄断），减少碳排放的产业财富增值（实现扩张）。

二、科技大发展，年轻人通过科技创新造福社会，老年人通过医疗健康消耗财富，财富从老年人挪移至年轻人（科技大时代）。

三、“东升西降”，通过品牌国货实现财富大挪移（国潮大时代）。

四、股权投资，通过资本市场实现财富大挪移（资本大时代）。

可以说，谁掌握了财富流动的地图，谁就破解了投资的密码。

为了让更多的人认识到这次投资大机遇，让更多的人意识到并抓住这一生一次的财富机会，思虑再三，我认为有必要站在投资者的角度，对坚定“做多中国”的原理及路径进行系统阐述。所以，就有了本书的诞生。

本书不是阐述时代发展的科普书，也不是关于行业研究或投资机会的理论书，而是站在时代发展的角度看宏观世界，站在投资获利的角度去帮助投资者实现小目标。

通过从我国正在开启的“资本大时代”“科技大时代”“国潮大时代”入手，深挖财富大爆炸的发展路径，力求讲透上述4种财富大挪移的背后逻辑及投资机会，并尝试给出抓住这次财富机遇的可行策略和方法，我由衷地希望，能在助力投资者与时代共舞和财富结缘方面尽绵薄之力，与更多的人共享这场百年一遇的财富盛宴。

前　言

百年大变局　拥抱投资大时代

从业近30年来，我遇到过很多投资者，他们往往会问我两个问题：

第一个问题：股市能赚到钱吗？

第二个问题：投资股市应该买什么样的股票？

这正是投资市场上很多人一生都在探寻的问题，他们讲解股市、预测股市，非常辛苦地做投资，往往最终却是投入多多、收获寥寥。每当回顾之时，总是泪流满面，充满悔意，恨不得能够时光倒流，以为自己只要当时这样那样，就能成为富翁。

如果你也经历过这样的时刻，不妨思考一下：投资的本质究竟是什么？投资的最佳路径又是什么？

既然是投资，就一定要往远看，看未来10年、20年甚至30年。投资最忌讳的就是短视，每天一惊一乍的，这样的人很难赚到大钱。

所以，在本书中，我会讲清楚一个横跨未来10年的投资方向——投资大时代，并阐明这背后的投资逻辑和投资主线，帮助投资者在信息洪流中保持清醒的认知，做出正确的判断。

百年大变局，投资大时代

中国40多年改革开放的春风，带来了商品大时代，解决了商品价格扭曲的问题，让商品不再凭票供应，让大多数人不再需要耗费几个月的工资买辆自行车，也让“中国制造”遍布全球每一个角落，把中国的产品卖到了全世界。

我们取得了阶段性的胜利，但我们发现，过去这种商品价格战的方法，已经走不通了：

- 经过40多年的发展，在中国的“人口红利”和“土地红利”明显下降后，中国的发展速度正面临着快速下降，经济转型困难重重。
- 商品凭票供应的问题解决了，但资金凭票供应的问题并没有得到解决，为商品大时代做出重大贡献的民营企业融资越来越难，最需要快速发展的科创企业也得不到资金支持。中国的产品之所以竞争力不够，是因为科技含量不足，而想要提高科技含量，背后必须要有资本的支持。但现状却是，科技企业很难从银行借到钱，因为它们没有可以用来抵押给银行的资产。贷不到款，没有资金来源，科技企业又何谈发展呢？
- 商品的价格找到了，但人民币的价格依然是迷失的。最明显的就是，银行借贷利息为3%~5%，民间借贷利息却能高达

30%~40%，同样是钱，借贷利息为何相差竟如此之大？

- 与 40 多年前的商品一样，同样的商品，在不同地方的价格差别非常大。当年商品的价格是扭曲的、变态的，而现在资金的价格其实也是变态的、迷失的，这是由资金垄断造成的。如果不能找到人民币的价格，人民币国际化只能是一纸空谈。
- 过去，中国企业的发展，更多受制于海外资本的约束，比如百度、腾讯、阿里巴巴等早期都是靠海外资本介入的，我们也因此失去了一个互联网时代。即使这些企业在国内赚得盆满钵满，大部分的资金最终却流入了海外资本的手里，造成大量国民财富外流。

所以，我们国家经济要转型，科技要发展，必须让我们的产品拥有更高的附加值，让人民币找到它的价格。

尤其是在经历过中美贸易摩擦，特别是美国对华为的打压之后，我们国家更深刻意识到，唯有科技领域变强大，我们才能在竞争中占据优势。也唯有建成科技强国，实现中国梦才有保障。

所以，近年来国家出台了一系列支持科技发展的政策，甚至成立了很多基金，专门投资科技领域。除此以外，国家还在不断地挖掘各种渠道，让资金源源不断地流入资本市场池子，流入科技池子。

2018 年 11 月 5 日，习近平宣布，将在上海证券交易所设立科创板并试点注册制。“科创板”三个字，“板”指资本市场，“科创”指科技企业，“科创板”包含了资本大时代和科技大时代。这是我们国家真正意义上开启“科技是国运之争”之年，是资本大时代的开启之年，也是科技大时代的催生之年。自此，大量的资金涌入市场，国家也在不断推动更多长线资金入市，资本市场正在加速发展……

可以说，这是近百年来最大的变局，这对强国的重要性毋庸置疑。那对广大投资者来说这意味着什么呢？其实就是百年一遇的大机会，是属于普通投资者的投资大时代。

脚下光明路，满地黄金坑

为什么称之为投资大时代？我们可以从美国的资本市场历史中找到答案，尤其是关于资本大时代和科技大时代的重要意义。

20 世纪 80 年代初，美国推出了 401（K）计划，道琼斯指数从不到 1 000 点起步，涨到 3 万多点，30 多年涨了约 30 倍。

可以说，1980 年美国开启了资本大时代，随后催生了美国 30 年的互联网科技大时代。诞生了微软、英特尔、苹果、亚马逊、谷歌、特斯拉等伟大而优秀的公司，让美国有机会在科技领域统领全球，掌控芯片等尖端科技，拥有科技领域绝对的话语权，制定行业规则和标准，从而拿走整个产业最大的红利，也造就了巴菲特这样的投资者。

就连巴菲特自己都说，自己生在了一个好时代。因为他超过 99% 的钱都是在 50 岁以后赚到的，也就是在 1980 年之后。

这就是资本大时代的威力，催生了科技大时代，诞生了众多有名的科技企业，培养了无数华尔街精英和科技人才，显著提升了美国的综合实力，奠定了美国的金融霸权和科技霸权地位。

现在中国的资本市场，正如同 20 世纪 80 年代初的美国，资本大时代已经开启，正在催生科技大时代，这两个大时代的叠加，就形成了一个投资大时代。

所以，A 股市场未来所有的路都是“光明路”，所有的坑都是“黄金坑”。为什么我敢得出这样的结论？这正是来自我对投资大时代的理解，和对投资大时代逻辑的认同。

当你明确并认同投资大时代的逻辑之后，你就会相信它、跟随它、不掉队，同时也能抓住目前的财富机遇去做投资。因为只有参与其中，在将来那些大的机会才会跟你有关，才能使你在最终享受到投资大时代给予的馈赠。

而如果能站在投资大时代的角度做投资，就不会因为一两天的行情而自乱阵脚，因为投资大时代的车轮滚滚向前，不会被任何事件阻断。即使是百年一遇的新冠肺炎疫情，也只不过是小小打断了一下正在前行的投资大时代。现在回过头来看，2020 年初股市出现的低点，正是投资大时代的“黄金坑”。

如何才能抓住投资大时代？

（1）理解三个环环相扣的大时代

既然是大时代，我们就不能错过。为了让投资大时代落地，我特意提出了资本大时代、科技大时代和国潮大时代三个概念。

为什么会有资本大时代？因为我们需要科技大时代，科技未来借道资本市场是华山一条路，二者是缺一不可、相辅相成的。

资本大时代和科技大时代的终点是什么？当然是我们美好的新生活。我们对美好生活的追求，体现在我们的文化上，体现在我们所用的物品上，也体现在方方面面。当各方叠加，就出现了国潮大时代（或国货大时代）。

过去，我们的国货走向全球，最大的优势不是品牌价值，而是价格。但当产品的科技含量提升之后，中国商品走向全球，靠的就是品质了，这意味着中国品牌需要被重新定义。而品牌背后，蕴藏的是国人自信心的提高和文化自信的力量。

中华文化源远流长，历史上的大部分时间中国都是走在世界前列的。只不过是近一两百年来，我们可能稍微有点落后了，但要知道，这只是远洋航行中短暂的偏离，最终还是会回归正轨的。即使出现了一些年轻人去追随他国的时尚，但这也只不过是我们的一个学习过程而已。

有目共睹的是中国抗击新冠肺炎疫情所取得的突破性成就，让国人自信心快速提升，而随着国人自信心的增强，国货品牌的文化底蕴会逐渐凸显，彼时，国人会因使用国货而自豪。最终将是文化自信续写中华文脉，带领“中国制造”走上新的高度，甚至引领全球时尚。

资本大时代催生科技大时代，带来国潮大时代，这是三个环环相扣的大时代。

（2）从三个大时代出发，寻找投资机会

资本的力量会让科技快速发展，在这个过程中必然会出现一定的泡沫。作为投资者，应该享受泡沫。因为泡沫会让科技行业快速聚集一批财力、物力和人力，带来行业的快速发展。即使科技泡沫破灭，也会留下大量的科技人才，而这就是最宝贵的财富。

因此，代表科技未来的企业，一定会非常有前途。尤其是那些可以改变人们生活习惯、生活方式和工作场景，甚至是解放人类、让我们更加自由的技术。

举个具体的例子，过去由于粗放型的发展，对环境造成了不小的伤害，带来了气候变暖等严峻的环境问题。现在全球都在提倡环保，中国不仅率先提出了碳中和目标，还主动探索能源变革课题。

能源是推动人类快速发展的动力。第一次工业革命在英国崛起后，发展的速度非常快，靠的是什么？很多人说是蒸汽机的发明，其实本质来说靠的就是能源改革。过去交通靠马车、靠人力，而第一次工业革命让动力变成了蒸汽机的燃料——煤炭。正是这次能源的变革，改变了整个交通系统，而后出现了火车、轮船等交通工具。

之后石油的应用，为世界带来了巨大的改变。当时有个说法是石油大王就是全球最富有的人。可以说，谁掌握了能源，谁就控制了世界。美国人为了石油，更是到处发动战争，所以，把能源说得再重要都不为过。

而能源变革的终极目标是普及利用可再生能源（或绿色能源），最好是取之不尽用之不竭的能源，太阳能便是最理想的能源之一。而如何把太阳能储存下来，在需要的时候把它释放出来，成了关键的一步。因此，相关的储能领域，便是值得关注的。

顺着能源变革的方向，我们继续寻找投资机会。当能源实现成功变革后，成本会变得越来越低。水运是目前成本最低的运输方式之一，随着能源技术的成熟，空运的成本也会大大降低，甚至可能会出现新的交通工具，比如飞行器。将来如果成本足够低，所有的交通工具都可能变成飞行器，到那时，世界就真的成了科幻片里的样子。

而这个世界，好像离我们越来越近了，因为现在已经到了能源变革的关键时间节点。更为重要的是，中国在很多领域都取得了重大的突破，比如智能汽车、5G（第五代移动通信技术）。这就为我们的投资指明了方向。

为什么2020年下半年，投资者会投资新能源汽车的相关标的？

首先，汽车在GDP（国内生产总值）中的占比很高，在“房住不炒”的基调下，汽车成了新冠肺炎疫情后拉动消费的不二选择。

其次，汽车在人类生活中占据重要地位，而能源变革会让交通变得不一样。

最后，过去我们国家在相关领域的研发工作上，一直卡在发动机技术方面，但新能源的出现，重新定义了汽车。更重要的是，我们国家在新能源这一领域发展得很不错，同时叠加5G的领先（华为的5G全球领先），这让我们在智能汽车领域，拥有了赶超的机会。

当无人驾驶到来后，整个世界的格局将变得完全不同。人类在路上时双手被释放了出来，人类的劳动生产率将得到进一步提高。智能汽车有可能变成我们家里的第一台机器人，甚至是像马儿一样的存在，任劳任怨，能够大大提升人们的效率，智能汽车将彻底把人类解放出来。

这些，将会给人们的生活和工作场景带来巨大的变革，催生更多的商业模式，带来巨大的投资机会。

该如何思考更多的投资方向?

投资就是投资未来，代表未来的方向就是我们的投资方向。黑格尔在《精神现象学》一书中提出，人的本质是自由。我们要思考什么样的事情能发展起来，就必须回到人性层面去思考，人性层面高于生命和爱情的东西是什么？是自由。

能够给人类带来更多自由的东西，将来一定能够发展起来。从当年的汽车到现在的互联网，莫不如此，人都是希望跑得更远，还想看外星球，这些都是在追求自由。为了自由，人类可以投入很多东西。如果我们能够在相关的科技赋能企业发展的早期阶段就介入，一定能够获得十倍、百倍甚至千倍的收益。

科技发展的终极目标，是让人类更好地享受生活，但享受生活的前提是我们必须拥有一个好的身体，所以生物医药也是科技赋能的范畴。尤其是现在中国人变得越来越有钱了，这批有钱人在慢慢变老，那么相关的生物医药行业的前景绝对是广阔的。

在全球货币宽松的背景下，钱会变得越来越多，好资产确实不容易涨，但会溢价。从这个角度讲，这个时代也是一个好时代，也就是我们说的投资大时代。

所以，我们要在国货品牌中，寻找那些有可能走向全球的好产品，寻找那些拥有全球市场的国货。关注相关的文化娱乐领域，尤其是文化自信，相关的领域必然会催生一批伟大的企业。

当我们把整个投资大时代的逻辑思考清楚后，我们脑袋里就有了一张图，它可以指导我们未来 10 年、20 年甚至 30 年的投资方向，这是一条符合时代的投资主线图。

当然，投资大时代的机会虽然很多，但风险也不小，毕竟未来是不可测的。这些风险来自中美关系，来自一些发达国家，它们不愿意看到中国如此快速的发展，因此会设置很多障碍。

基于不能对潜在的风险视而不见，因此“对冲思维”大有用武之地，我们在本书的第五部分也会专门介绍“对冲思维”的应用。

但这些风险并不会让投资大时代成为空谈，相反，经过上述分析，我们会发现，投资大时代的到来具有历史必然性。

资本大时代催生科技大时代，带来国潮大时代，这三个环环相扣的大时代，铸就了一个属于我们普通人的投资大时代。

财富大挪移的时代，已然开启。

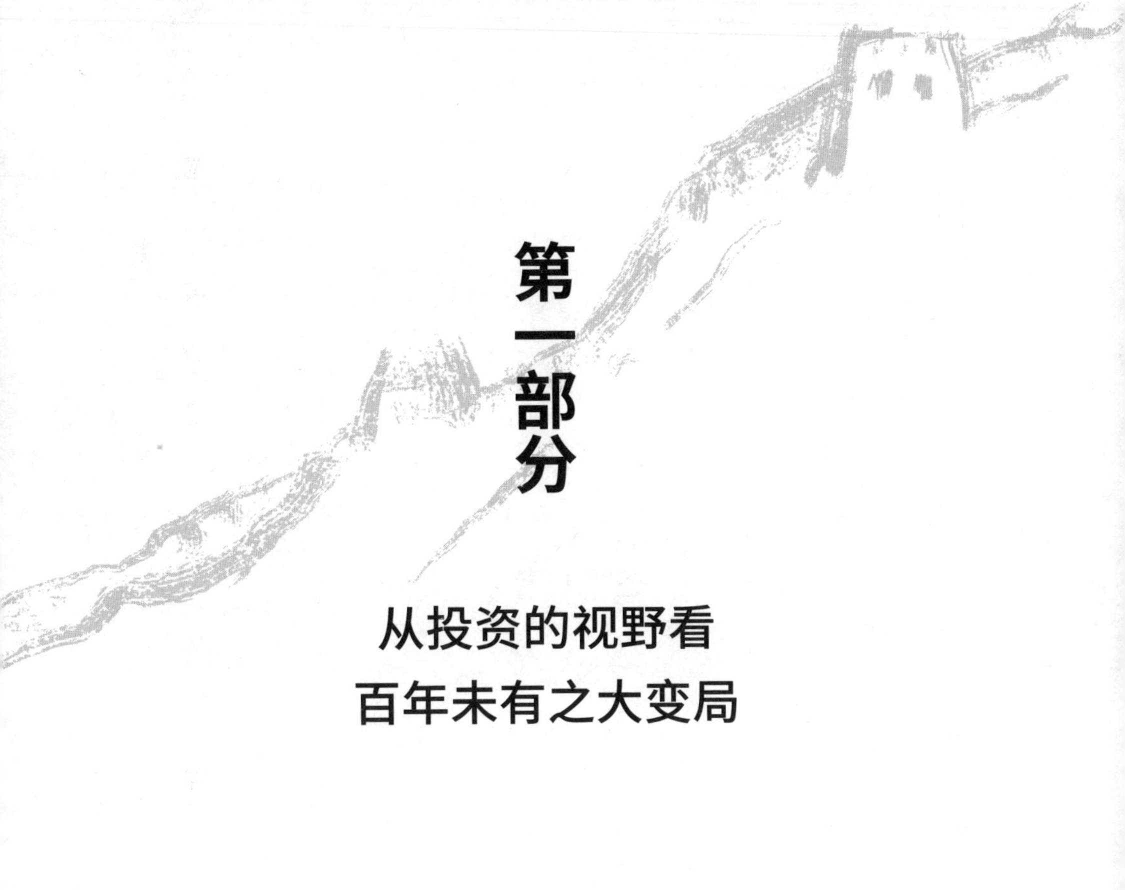

第一部分

从投资的视野看百年未有之大变局

第一章

资本，强国的保障

美国资本大时代催生科技大时代

20 世纪 80 年代初，美国开始推行著名的 401（K）计划，也就是让养老金进入股市。这一举措让机构投资者规模迅速壮大，居民大类资产配置向证券市场转移，为资本市场平稳、健康发展奠定了基础，美国的资本大时代也自此开启。

接下来的事情，我们都有目共睹，经过 30 多年的发展，道琼斯指数从不到 1 000 点起步，涨到 3 万多点，纳斯达克互联网指数涨了 2.4 倍，诞生了如苹果、谷歌、英特尔、亚马逊等众多优秀的互联网公司。很多我们耳熟能详的财富传奇人物，也应运而生。

除了大名鼎鼎的巴菲特，还有被称为“华尔街新国王”的苏世民。他在 1985 年创建的黑石集团真可谓富可敌国。作为全球最大的另类投资管理机构，黑石集团管理着全球超过 5 500 亿美元的资产，资产规模以每年 50% 的速度快速增长，而黑石集团成立时的时代优势是不可复制的：

- 美国经济复苏，贷款利率低、资金找机会、金融业调整优化。
- 华尔街解体，服务好、价格低的创新型公司备受青睐。

就连苏世民自己都说："创业的成败往往取决于时机。创业太早，客户还没准备好。创业太晚，竞争对手又太多。"

在无数传奇公司崛起的过程中，美国资本市场究竟扮演着怎样的角色呢？

我们知道，长期和可持续的科技创新能力，需要一套完整的体制保障，而美国的资本市场就是这套体系中最重要的一环，美国金融体系拥有世界上最发达的资本市场（市值占全球资本市场总市值的 50%）。

可以说，美国在资本市场取得的巨大成功，不仅让其在短短的 30 多年时间里成为全球最大的经济体，也催生了美国长达 30 多年的互联网科技大时代，让美国在金融、科技、军事等领域拥有了绝对的话语权。

那么，美国资本大时代是如何催生科技大时代的呢？

美国的资本大时代推动了科技的创新和发展

首先，资本市场可以为中小高科技企业的创立和成长提供资金保障，尤其是那些"三高"（高投入、高风险、高回报）企业，因为它们初期投入大，且收益具有极大的不确定性。所以，它们在发展初期很难从银行获得贷款，传统资本市场的潜在投资者也很难认同其价值，导致它们只能依靠创业投资。

然而，这些企业一旦通过资本市场的支持“孵化”成功，就必须通过“二板上市”，让创业投资者顺利退出并获得高额回报。

其次，企业需要通过资本市场实现再融资，不断增强企业自身的实力。那些高科技企业上市后要想继续发展，依然需要得到资本市场的支持，资本市场对高科技企业的成长壮大起到了至关重要的作用。

最后，资本市场能帮助企业建立有效的股权激励机制，调动科技和管理人才的积极性。我们知道，高层次科技和管理人才是科技创新的关键。但企业在发展初期，是很难通过高薪吸引到人才的，此时股权激励机制便是吸引和留住人才的法宝。

资本市场为高科技企业成长壮大保驾护航

回顾微软、英特尔等公司的发展历程，我们可以明显看出资本市场在高科技企业的成长壮大过程中所起的重要作用。

以微软为例，微软于1986年在纳斯达克公开上市，1999年入选道琼斯工业指数成分股。仅在1994—2003年，微软就依托强大的资本市场，增发了19.72亿美元普通股，进行了60次并购和140次投资，使其总资产和净资产分别增长了15倍和14倍。除此以外，其总收入、营业收入和净利润，也由上市前的1.4亿美元、0.41亿美元和0.24亿美元，增至2004年的368亿美元、90亿美元和81亿美元，年均增长率在30%以上（见图1.1）。

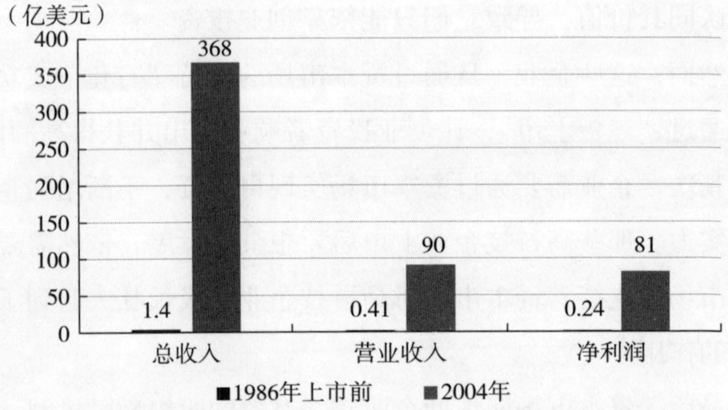

图 1.1　微软 1986 年上市前和 2004 年总收入、营业收入、净利润对比

可以说，微软在短短 20 年左右的时间里，从一家中型企业成长为一家大型蓝筹企业，资本市场功不可没！

强大的资本市场，是美国科技创新的法宝

资本市场是科技创新的重要保证，科技创新也成为资本市场健康发展的有力支撑（二者相互支撑）。

美国硅谷 90% 的高科技企业是按照风险投资模式发展起来的，包括苹果、微软、英特尔等科技巨头，而以这些企业为核心的信息产业的快速发展，也对 20 世纪 90 年代美国经济的"低通胀、高就业和高增长"做出了重要贡献，尤其是纳斯达克，对扶持高新技术产业、鼓励风险投资，起到了巨大作用。

一家高科技企业从创立、发展到壮大，离不开资金的支持，而强大的资本市场，可以为企业提供源源不断的资金支持，为科技创新提供资金保障。科技大时代也由此催生而来。

美国资本的力量究竟有多强大？

都说“强者恒强”，但一直自诩为“全球霸主”的美国，却在 2020 年刷新了全世界对其的认知。

美国拥有最好的医疗资源，却成了新冠肺炎疫情的重灾区；它是全球最强的经济体，却在 2020 年失业率飙升、股市 10 天内熔断 4 次；它声称自己的资本市场，是全球市场化程度最高的市场，却在不断放水，并开启了“直升机撒钱”模式；社会问题一大堆，股市却屡创新高。

种种乱象之下，很多投资者摸不着头脑：为什么疫情失控，仍阻挡不了美国股市走牛？美国为什么会力保股市？前总统特朗普为何要把自己与股市进行深度捆绑，把美国市场从“伪自由市场”彻底变成“政策市”？

资本主义国家，资本不出问题，国家就没有问题

在回答上面的问题之前，我们先来回顾一下美国股市的前世今生。

美国股市属于成熟市场，自 20 世纪 80 年代开启了资本大时代以来，中间虽然经历了两次投机性扰动，即 2000 年前后的互联网泡沫破裂和 2008 年的金融危机，但总体来说美股长期投资回报率很高。

美国是资本主义国家，非常重视资本市场，重视到什么程度呢？道琼斯指数（以下简称“道指”）在2020年11月突破了3万点，特朗普自夸说“这是我任期创下的纪录”。作为一个商人，他很清楚自己连任的筹码，就是稳住底层民众，让他们继续把票投给自己。怎么做呢？关键就是保住美股，因为美股是社会的稳定器。

在美国，虽然炒股的散户不多，但大量美国家庭通过共同基金和401（K）计划间接投资股市。股市与大量美国居民的财富息息相关，只要保住美股，普通人的利益就稳固了，尤其是那些支持特朗普的底层民众，即使眼下新冠肺炎疫情形势严峻、经济状况不好，他们对未来也依然乐观，愿意消费。

因此，深谙其中之道的特朗普，把自己和股市进行了深度捆绑，把股市上涨归功于自己，同时不断吹捧美股，甚至在感染新冠肺炎住院期间也没消停。为了保住美股，为了连任，他甚至让推特成了股市的操纵杆。大选期间，还在住院的特朗普，1小时狂发18条推文，直言“给我投票，美股全线大涨”。随后道指大涨400点，三大指数涨超1%。

在特朗普的领导下，美股不再是经济的晴雨表，很大程度上脱离了市场规则，被政策严重干扰着，成了名副其实的“政策市”。

有这样一句话：“资本主义国家，资本不出问题，国家就没有问题。”这句话在美国身上尤其适用。即使是特朗普这样一位很多事情都做不好的总统，依然能拿到那么多选票，很大一部分原因就是美股没跌，社会没乱，没有触发危机。

疫情防控期间，美联储为何敢于采用无上限量化宽松政策?

鉴于股市“定海神针”式的重要作用，特朗普甚至整个美国，用尽全力，力保股市上涨。但凡事有度，过犹不及。美国经过“水漫金山式”的放水，社会还能稳定吗?

一、在资本市场上，美国人是“师傅”，他们很坏但并不蠢

按常理说，印钱会产生泡沫，是泡沫就有破灭的风险，泡沫破灭会摧毁经济，摧毁社会。就像很多人说的那样，美国这样做是在自取灭亡，股市早晚要崩盘，社会迟早要“完蛋”。

然而，这样的结果并没有出现，表面上看起来，它歌照唱，舞照跳，泡沫依然美好，股指屡创新高。究其原因，就是我们前面说的，美国拥有世界上最发达的资本市场，可以“薅”全世界的“羊毛”，让其他国家为它买单。

它之所以拥有这样的自信，是因为有前例可循。

1929 年的大萧条、2000 年的互联网泡沫破灭和 2008 年的金融危机，并称美国股市的三大危机。

在第一次危机中，美国股市大崩盘，由于政府救市态度不坚决，造成大量公司破产，失业率急剧上升，引发经济危机，国家步入长期的大萧条，这样的经历让美国人深刻意识到，他们绝对不能允许同样的错误再次发生。

因此，当后面的两次危机出现时，美国政府官员的救市态度一次比一次坚决，策略一次比一次狠，他们也在这个过程中一次次验证：遇到危机救市态度越坚决、反应速度越快、印钱越多，

越能转移风险、越能稳定社会，也就对美国越有利，他们尝到了甜头。这就不难解释，当时间到了2020年，面对破坏力更强的新冠肺炎疫情时，美联储的第一反应，就是开足马力全线印钱。

结果也正如他们所料，大量的钱流入市场后，导致美元贬值，比如苹果要收回在中国的资本利润，原来的20亿元人民币大约可以兑换3亿美元；美元贬值后这20亿元人民币大约就可以兑换3.2亿美元，多出的0.2亿美元白白流入美国。同时，这样做也会导致美国变相赖账，比如中国原本用20亿元人民币购买的美国国债，若美元贬值后，中国要卖出这些国债，则只剩下19亿元人民币了，另外1亿元人民币就这样凭空消失了。

美国通过“借干还湿”，让全世界为它买单，把风险成功转移出去。这就是资本的力量，美国用美元这一利器，“薅”了全世界的“羊毛”。

二、所谓的泡沫，对其他国家来说是泡沫，对美国来说却是珍珠

泡沫再美，终不长久。从市场角度来看，短期内大量钞票流入市场，必然会带来巨大的风险。最直接的后果就是，本该去助力实体经济复苏的钱，却因在股市赚钱太容易，而很难流入实体经济，它们只是在资本市场里空转，掉入流动性陷阱。

即使是经验丰富的美国，也无法逃脱这一经济规律，也就是说，美国印再多的钱，也只是解一时之困，实体经济依然得不到真正的助力，经济将不可避免地步入衰退。

但美国最终还是采取了这样的方法，说明其在经过评估之后，即便知道这种行为可能产生的后果，依然认为“直升机撒

钱”模式是一条相对好的路径。资金在资本市场里空转，有利于资金通过上市公司高效流入实体经济稳定市场信心，并有利于促进消费。美国曾依靠这种方法度过了两次危机，所以这次其依然有这个自信。所谓的泡沫，对其他国家来说的确是泡沫，但对美国来说却是珍珠。

如果只是停留在看到美国这一行为上，显然是不够的。我认为这件事还能从侧面说明资本市场的强大，不管在什么时候它都是一个国家强大的后盾，正因为有了这个后盾，即使美国问题一大堆，资本市场依然可以为企业提供资金支持，维持美国社会的正常运转，保障经济体系不乱，所以美国抗击打能力很强，但其他国家就不行了。

有实力才有底气，有资本才有安全感

2000 年互联网泡沫破灭后，很多互联网企业都倒闭了，原本签订好的合同连钱都没拿到。我的一位朋友所创办的企业，在当年拿到了来自美国公司的融资，这家美国公司位于纽约世界贸易中心，也就是在“9・11”事件中被撞塌的大楼里。后来，他的公司也因“9・11”事件的发生使得融资无法到账而很快倒闭。

很多时候，决定一家企业是生还是死的既不是行业也不是管理，而是资本。现在一些活下来的中国互联网企业，比如新浪、网易、搜狐等，都是在 2000 年前后成立的，它们搭上了互联网泡沫破灭的末班车。

2020 年 5 月，美国升级对华为的进口管制，用一个国家的力量来打击一家企业。“华为事件”是中美贸易摩擦的开端，中美博弈表面集中在科技领域，背后却是资本市场的博弈，投资者只有看到这一点，才能参透其背后的逻辑。

美国的某些做法，不是简单的有失市场公平，而是不道德，甚至是恶意的行为。但为什么它可以肆意妄为？正因为它有强大的资本市场，使其可以通过各种方式转嫁风险，让有毒资产流到国外，最终的结果是，美国的问题成了他国的灾难。

我们也希望拥有这样强大的力量，而国家也从来没有像现在这样重视资本市场，就像任正非所表示的，"一定要胜利，除了胜利，我们没有其他路可走"，这是投资大时代的开端，也是每一位投资者需要快速进入的财富快车道。

华尔街是如何通过资本影响政治的？

在电影《大而不倒》中有这样一个桥段：2008 年，金融危机下的美国经济摇摇欲坠，时任财政部长亨利·保尔森决定拿出 1 250 亿美元，为深陷"垃圾资产"的美国九大银行注资，而正是后者，在过去的几年中"吹大泡沫"，引发了这场席卷全球的金融海啸。

在与银行代表沟通的联席会议上，财政部既出钱又出力，几乎答应了华尔街银行家的所有请求，只为了让他们乖乖收钱，以防止任何一家银行因信用崩溃，而引发更大的挤兑风险。

华尔街的银行家到底有什么底气，能让财政部长"求"着给他们送钱？作为世界金融中心的华尔街，在现代金融和资本市场中扮演着什么样的角色？华尔街是如何"割"全球"韭菜"的？又是如何通过资本影响政治的？

这些问题的答案，大到影响全球金融体系和国家经济安全，小到影响普通人的投资和理财收益，尤其对于想要在这个大时代中分一杯羹的投资者来说，搞清华尔街内部的关系，是迈向成功的第一步。

华尔街——美国资本集团的代名词

作为一条位于美国纽约曼哈顿区的狭窄街道，华尔街附近汇聚着纽约证券交易所（以下简称"纽交所"）、纳斯达克交易所、高盛、摩根大通等交易所和国际投行，对全球的金融市场都有着巨大的影响力。它也因此超越了街道的概念，成为美国资本集团的代名词。

关于华尔街的历史，可以追溯到荷兰殖民时期，在美国建国的时候，华尔街的企业主就已经是一股不容小觑的财阀势力，至1861年南北战争打响时，华尔街甚至已经有了决定国家走向的力量。

华尔街的商人大量兜售小面额的国债，发行战争债，为北方筹集到了巨额的军费，以农业主为代表的南方根本不是以工商业和金融业为代表的北方联邦的对手。战后的华尔街也借着在战争中赚取的大量利润，一跃成为仅次于伦敦的全球第二大金融中心。

但这时的华尔街资本还处在内生发展阶段，仅仅在自身发展和对外殖民活动中，逐步完成了资本的原始积累，勉强赶上了欧洲的发展步伐。美元要想取代英镑的世界货币地位，还需要一场天时地利人和的大变局，不过这个机会很快就出现了。

华尔街的黄金时代，与美联储互为表里

时间来到 20 世纪初，欧洲开始陷入巨大的危机，不到 40 年时间打了两场世界大战，老牌资本主义国家英国逐渐衰落。此消彼长，到二战结束，美国已经掌握了全世界 3/4 的黄金储备，成为最强大的资本主义国家，由此开启了属于华尔街的黄金时代。

这个时代有一个最重要的标准，就是布雷顿森林体系的建立，我们把它称为美国的金融霸权 1.0 时代。这套由美国主导建立的货币金融体系，对二战后的世界经济格局产生了深远影响。

简单来说，这个协定就是美国倚仗强大的国力，对全世界做出承诺：各国货币挂钩美元，而美元锚定黄金，实际上就是金本位制。

然而，金本位制有一个致命的缺陷：黄金作为一种自然资源，它的增长量必然受到开采能力的限制，而战后各国生产力水平高速发展，黄金储量的增长速度远远跟不上商品生产的增长速度。早在 1966 年，市场上流通的美元数量就已经超过了美国的黄金储量，美元的含金量开始缩水，金本位制陷入危机，但美国依然在靠着国家信用维系着这个危险的平衡。

根据国际货币基金组织国际金融统计数据库（IFS）的数据，到 1971 年 8 月，美国的剩余黄金储量约为 8 597.2 吨，与此同时，美国正深陷越战的泥潭中，已经烧掉了数千亿美元的军费。越来越多的国家开始意识到风险，第一个发难的是法国，带头兑换了

超过20亿美元的黄金。其他一些外汇盈余国纷纷效仿，庞大的挤兑压力，直接导致了布雷顿森林体系的崩溃。

1971年8月15日，时任美国总统尼克松宣布：停止履行外国政府或中央银行以可用美元向美国兑换黄金的义务，随后美元对黄金贬值。这是美国人对世界的一次背信弃义，同时也宣告金融霸权1.0时代的终结。

然而，就在短短两年之后，美国卷土重来，推出了金融霸权的2.0版本。1973年10月，OPEC（石油输出国组织）接受了美国的条件，宣布全球的石油交易必须用美元结算。

在那时的国际社会，石油是无可争议的硬通货，号称“工业血液”“液体黄金”，让美元傍上石油的“大腿”，是美国人最精明的一招。从此，黄金不再能拖美元的后腿，通过控制石油的产量，美联储可以随意“印钞”，至此无人再能撼动美元的霸权地位。

在布雷顿森林体系时代，美联储学到了一条最重要的教训，就是不能无节制地印钞，而是要节制，可节制后手中没有美元了怎么办？

它想出来另外一套办法来解决这个问题，就是发行国债。美联储一手印钱，一手发债，让输出的美元重新回到美国，周期性地调控汇率，控制资本的流向。

在这套设计完美的资本循环中，印钞能赚钱，借债也能赚钱，以钱生钱，金融经济比实体经济来钱快得多，谁还愿意花大力气去从事附加值低的制造业、加工业等实体经济呢？

于是，从20世纪70年代开始，纳斯达克证券交易所成立，要求低到几乎没有的准入门槛，随之而来的科技浪潮席卷华尔街，英特尔、微软、苹果等公司应运而生，媒体津津乐道的是科技公司的巨大前景、华尔街的财富神话，与之相对应的却是实体经济的不断萎缩。美国由此开始逐渐变得轻实体经济转而重视发展虚拟经济。

根据 BEA（美国经济分析局）数据，2019 年，美国的 GDP 已经突破 21 万亿美元，而实体经济为其 GDP 的贡献不足 1/5，剩下的大部分来自虚拟经济，而美国虚拟经济的核心，毫无疑问就是华尔街。

华尔街与美联储，实际上是互为表里的。在美联储通过石油奠定了新的美元霸权地位之后，一手印钱，一手发债，调控着汇率，控制着美元的流向。而华尔街则手握着大量的资本，一听到美联储的发令枪响，就伺机而动，收割全球财富。

利用硬通货美元，让全世界为它买单

“镰刀”已就位，第一茬“韭菜”从哪里开始“割”呢？最先遭殃的便是美国南边的几位邻居。

在美元指数走低之后，以华尔街为首的国际资本携带着大量美元去到了拉丁美洲，投资对经济的拉动效果立竿见影，直接促成了 20 世纪 70 年代拉美的经济繁荣。

这段宽松期持续了 10 年左右的时间，直到 1979 年，美联储计划开启紧缩周期，华尔街随即响应，大量国际资本开始返回美国。拉丁美洲本来因为获得了大量的美元投资，正在欣欣向荣地发展，突然之间投资被减少，出现了流动性枯竭，造成大量企业资金链断裂，社会经济矛盾频发。

与此同时，美元走势开始趋强，美联储看时机已到，立刻宣布对美元加息，加息后的美元加快了资本撤出拉美的步伐，拉美经济一片狼藉。

从拉美撤出的资本几乎全部回到了美国，去追捧美国的三大市场（债市、期市、股市），给美国带来了美元与黄金脱钩后的第一个大牛市，华尔街资本在此期间左右逢源，赚得盆满钵满。

然而鸣金收兵并不代表攻势结束，牛市之后的华尔街并没有就此停手。华尔街的投资者拿着牛市赚来的钱，趁势重回拉美，去购买那些价格已经跌到谷底的优质资产，其中尤以资源型企业为甚，狠狠地“割”了南边邻居的“韭菜”。至此拉美经济结构被破坏殆尽，彻底沦为美国攫取自然资源的“后花园”。

“割韭菜”这种事情，如果只发生一次，可以说它是偶然，但如果反复发生，那就一定是有意为之。

接下来，尝到甜头的华尔街又将枪口对准了亚洲。20 世纪 80 年代最火的概念是什么？“亚洲四小龙”和“亚洲四小虎”，那是属于亚洲发展的黄金时代。

1997 年，正值亚洲经济发展欣欣向荣之际，美联储故技重施，在持续了 10 年的宽松之后，再度开始减少货币供应，美元指数反转走强。接受了美元投资的众多亚洲企业流动性骤然枯竭，经济活力显著减弱，亚洲开始出现经济危机的前兆。

压死骆驼的最后一根稻草依然来自华尔街，上百家华尔街基金公司，像狼群一样盯上了亚洲经济最弱的泰国，准备做空泰铢获得暴利。而众多基金公司中为首的，就是由国际金融投机家索罗斯带领的量子基金。

索罗斯是怎么做空泰铢的呢？原理说起来很简单：先从银行

大量拆借泰铢，然后在市场进行抛售，泰铢汇率随之暴跌，泰国彻底爆发金融危机，民众的财富被洗劫一空，而做空泰铢的索罗斯却赚得盆满钵满。

唯有强大的资本市场，才是应对美国资本冲击的法宝

泰国经济的崩盘，让金融危机在亚洲快速传开。春风得意的华尔街“狼群”并没有收手的意思，他们打算以中国香港为目标，故技重施。

然而，同样的剧情没有再次上演，因为他们碰上了神秘的东方力量。

记得那一年，我刚进入期货市场没多久，还是个新兵，也算是比较直观地感受到了金融风暴对亚洲经济的冲击。东南亚各国仿佛是一夜之间，从歌舞升平到哀鸿遍野。幸运的是，1997 年的中国资本市场还处于从无到有的起步阶段。市场尚未完全开放，各种玩法都没有与国际接轨，加上相对严格的外汇管制，反而成功地将危机阻隔于国门之外。

华尔街资本刚在泰国春风得意，却在中国香港丢盔弃甲、大败而归。华尔街对香港金融市场的进攻，实际上是两个大国在金融领域的第一次交手。

美国由此开始正视中国这位强大的对手，中美两国在这之后还有更加频繁且激烈的交锋，一直持续到 20 多年后的今天。美国各种招数层出不穷，中国见招拆招，应对得越来越从容。

但我们还是要明确一点，“贸易战”“科技战”背后的“金融战”同样不容忽视。

如今的美国，实际上就是一个金融资本的集合体，哪里有钱，哪里有机会，它就会把手伸向哪里。在过去的几十年间，它在全世界收割了一圈，比如，控制了我国第一代互联网企业，分走这些互联网企业成长的第一波红利；又比如，美国打压中国概念股（以下简称“中概股”），给其带来了巨大风险，影响了中国企业的正常运作等。

这种钱生钱的快感，已经把美国拖入了产业空心化的深渊，它需要实体经济的回流，需要更多的资源来支撑美国人的享乐，所以它把目标转向了中国。

在美国人眼中，中国无疑是一块巨大的蛋糕，因为这里是产业资本的先驱，代表着全球经济避虚就实的大风向；这里有改革开放40多年经济发展的累累硕果；有全球首屈一指的产业链闭环；有十几亿人口的庞大消费市场……

然而，美国打错了算盘。

如今，中国已经从资本市场上的小白，成长为一个任谁都无法忽视的强者。虽然目前我们的资本市场依然相对弱小，但从战略层面来说，国家已经空前重视资本市场的发展，更多的金融改革和更大力度的金融开放是大势所趋。用一个强大的资本市场，去应对来自美国金融资本的冲击，可能是目前我们能选择的最佳方式。

道阻且长，行则将至。在中国人的集体意志面前，没有什么困难是无法战胜的。属于美国资本的时代即将落幕，中国的资本大时代正在开启，这是历史的必然，更是每一位投资者需要铭记于心的铁律。

做多中国，资本大时代具有历史必然性

对于每一位投资者来说，不管你身处何种领域，都无法绕过的一件大事就是中美贸易摩擦。这场开始于2018年的激烈交锋，经过新冠肺炎疫情的冲击，不仅没有削弱之态，反而愈演愈烈，大有不可避免之势。

与此同时，市场对中美贸易摩擦的担忧情绪也在快速蔓延：两个超级大国之间的对抗还会持续多久？究竟会发展到什么程度？将来会以什么样的方式收场？每一个问题都牵动着投资者的心。

不过，相对于这些问题，我思考更多的却是：为什么会发生中美贸易摩擦？

中美贸易摩擦是历史的必然

二战以来，美国便稳坐世界龙头的位置。

过去，由于中国的体量相对较小，美国并没有将这个“虚弱的大兽”放在眼里。然而，经过40多年的高速发展，中国的综合国力变得越来越强大。近年来，美国明显感受到了来自中国的压力，它开始越来越在意。

正如古希腊著名历史学家修昔底德所说，一个新崛起的大国必然要挑战现存大国，而现存大国也必然会回应这种威胁。即使中国什么都没做，在美国看来，也已经是对它霸主位置的挑衅了。于是，美国不断散播着“中国威胁论”，挑拨其他国家疏远中国，这让冲突变得不可避免。

在历史上，中国不是美国打击的第一个国家，也绝对不会是最后一个。

日本作为一个岛国，自然资源相当匮乏，在二战之后，为了使本国经济复苏，提出了“贸易立国”的战略方针，并且提出了跟当时所有发达国家完全不同的对外贸易策略，也就是高度的贸易自由化。

与此同时，随着日本对外贸易规模的不断增大，它变得过度依赖出口，因此很容易受到国外经济危机的冲击。为维护自身利益，日本开始限制多种商品进口或外资进入，加重了对本国产业的保护，日本的这种绝对的对外贸易政策，使其成为当时世界上最大的贸易顺差国和最大的对外贸易受益国。

在当时滞胀的经济情况下，日本意识到不断扩张的财政政策和货币政策有可能引发严重的通货膨胀，于是采取了相应的紧缩性政策，使得日本经济比较稳定，同时由于巨额的贸易顺差，使得日本在国际贸易市场上持有大量的外汇储备。日本政府利用这笔钱购买了大量美国国债，持有大量美国资产，并且这些资产主要是以美元的方式存在的。

依靠这些政策，到了 20 世纪 80 年代，日本取代美国成为当时世界上最大的债权国，而美国成了最大的债务国。

为了改变这一格局，美国使尽浑身解数，于 1985 年 9 月 22 日，与日本、德国、英国、法国，在美国纽约签订了《广场协议》。

协议签订以后，效果立竿见影：日元被迫大幅度升值，使得日本的基准利率大幅度下降，日本的对外出口厂商在对外贸易中所能赚取的利润越来越少，于是这些厂商便将自己手中的资金用于投资房地产等固定资产，使日本经济最终成为一场泡沫，这些泡沫在 1991 年破裂，对日本经济产生了深远的影响，使其在很长一段时间内都深陷萧条无法自拔。

事实上，无论是哪个国家，只要威胁到了美国的世界霸主地位，它就会想尽一切办法去阻止，在能控制住的时候使用常规手段，在失控的时候采取非常规手段。

因此，中美贸易摩擦是历史的必然，也是中国重新崛起的必经之路。它不是一次偶然事件产生的结果，更不会在短时间内消失，广大投资者一定要放弃幻想，看清形势才是王道。

资本大时代，助力大国博弈，化解核心难题

中美之间的摩擦先是集中在贸易领域，再蔓延到科技领域，它们都成了大国之间博弈的战场。要想在这场博弈中占据上风，尤其是在科技领域，关键的一点就是资本的竞争。

我曾在 2018 年底提出过一个观点——科技未来借道资本市场是华山一路。这是一个非常简单的逻辑，当时却遭到了不少人的质疑。

很多人不明白，为什么以银行为主的传统金融体系，就无法支撑新时代的发展呢？

因为科技企业往往没有资产，无法像大企业一样通过抵押资产获得银行融资。

如果是在一个健全的多层次资本市场中，它们可以利用股权进行融资。或者像美国的硅谷，它拥有强大的风险投资（以下简称“风投”）系统，在科技企业需要资金进行发展时，由风投为其提供资金，当企业发展起来之后，到纳斯达克上市，风投便能获得高额的回报，这相当于风投的退出机制，带来了良性循环，从而可以让风投发现更多好公司，并助其发展。

因此，只有强大的资本市场，才能为科技企业的发展提供充足的资金。反过来，科技要发展，就不能再依靠传统银行这种间接融资的体系去支撑，而必须要借助更加庞大的资本力量。

虽然这一观点在当年并没有引起人们的重视，但事实胜于雄辩，后面发生的事大家都看到了：科技类股票涨得都很好，与资本市场相关的股票也屡创新高，这就是最好的佐证。

如果说短视是投资者的宿命，那么学会趋势预判便是对抗这一弱点的利器。接下来，国家全力支持资本市场的发展，又会带来哪些变化，产生哪些新的投资机会呢？

要想回答这个问题，我们必须结合国家支持资本市场发展的目的进行分析：

目的一：支持科创未来，助力科技发展和大国博弈。

目前，我国已经在很多赛道与美国展开竞争，包括科技赛道、抗击新冠肺炎疫情赛道、资本市场赛道等，其中，科技赛道的比拼，拼的是资金，是全线竞争的资金支持，是长期竞争的资金保障，没有一个强大的资本市场作为资金来源的保障，我们就无法赢得这场比拼的最终胜利。

在此基础上，要壮大资本市场，就必须尽快消除资本市场快速发展的重大障碍，比如继续为券商发展“松绑”，取消印花税，恢复“T+0”（当日回转交易），把股票价格的涨跌幅度从10%上调至20%，消除储蓄资金有序进入股市的障碍等，这些都是投资者需要关注的问题。

目的二：化解中国的核心难题。

中国目前有哪些核心难题？科技发展创新不足、民营中小企业融资难、房价不合理（资本市场不发达，资金无处去只能汇聚到房市）、股市融资效率低、P2P（互联网金融点对点借贷平台）“爆雷”、中美贸易摩擦……这些问题存在的根本原因都是资本市场不够发达。

比如，民营企业为什么会融资难、融资贵？

因为对于很多民营中小企业来说，它们缺乏现代经营管理理念，经营风险高，规模和信用水平低下，这些都制约了其融资能力；同时，缺少可供抵押担保的财产，造成其融资成本高，而银行的风控意识很强，所以它更愿意把钱借贷给大企业，以降低风险。

民营企业发展陷入困境，却贡献了60%以上的GDP，50%以上的税收，70%以上的技术创新，以及80%以上的就业。所以，民营中小企业融资难的问题必须解决。怎么解决？需要强大的资本市场来助力，让民营中小企业到资本市场来融资。

再比如，应该如何规避P2P平台“爆雷”这一现象？

站在普通投资者的角度来说，当资本市场足够发达了，资金慢慢找到它的价格，让不同地方的资金保持一致，就会让在中间靠贩卖资金去赚钱的人数变少，就像当年在商品之间投机倒把的人，当全国各地的商品价格统一后，他们就无法获利。

到那时，类似P2P这样高风险的投资品种就会因为没有需求而彻底消失，市场上的投资品种会变多，投资者的选择会变多，居民的财产性收入也会大大增加。

目的三：让广大的普通老百姓，能够通过资本市场分享国家经济发展的成果。

如果前两个目的都达到了，老百姓就有钱可以用来消费，企业也有钱可以用来发展，是绝对的良性循环。这对于国家来说没有风险，因为股权融资是不需要偿还的，而且完全可以做到逆周期调节；对于普通人来说，股市也是一个完全可以依靠个人力量获得财务自由的地方。虽然它是西方人发明的，但就像互联网一样，中国人拿来用，一定会用得比他们好，将来一定会迎来一个“爆发性”阶段。

基于以上几点不难看出，资本市场是未来科技的牵牛绳，具有非常重要的作用。近年来资本市场改革的脚步也在不断加快。无论是科创板的建立、创业板注册制的实施，还是全面注册制的预期，或是北京证券交易所（以下简称北交所）的设立都是国家给予资本市场前所未有的重视的表现。

另外，对于普通投资者来说，未来几年，我们要有一种“享受科技泡沫”的心态。这里的“泡沫”不是一个负面词，而是一种非常好的现象，因为哪怕有一天它破灭了，也会留下大量的人才，就像纳斯达克指数一样，虽然在2000年互联网泡沫破灭时曾一落千丈，但现在早就超过了当年的高点，美国也由此拿下了互联网时代，成就了很多伟大的公司。

在可以预见的未来，我国一定会出现类似苹果这样的科技企业，其市值变成10万亿元、15万亿元，甚至出现比苹果还要强大的科技企业，而我们目前能做的，就是在这趟高速列车出发之前，让自己坐在列车里。

第二章

科技是国运之争

美国科技的力量

纵观人类文明发展，一共经历过四大历史进程，即原始文明、农业文明、工业文明和信息文明。

原始文明历时超百万年，人类依靠集体力量生存，物质生产活动主要依靠简单的采集渔猎；农业文明历时近一万年，准铁器的出现使人类改变自然的能力产生了质的飞跃；进入工业文明之后，机械开始大规模代替人力，带动了钢铁、铁路、军事等工业的迅速发展。此时，全球化还处在第一阶段，即殖民时期，强国运用武力实现地理范围的扩张，占有自然资源。

到了 20 世纪 50 年代，人类进入信息文明时期，全球化也进入第二阶段，即国际贸易时期，各个国家为争夺在科技、金融、石油、军事等领域的话语权，展开了旷日持久的斗争。

在经历了四大历史进程的洗礼之后，目前，人类正在跑步进入第五大进程，即数字文明时期。

在这个全新的起跑线上，美国一骑绝尘。自第二次世界大战以来，不论是以诺贝尔奖以及其他奖项得主的数量、科学论文的发表数量及质量，还是以海外学生到美国留学的人数或者大学创办高技术企业的数量来衡量，美国都牢牢占据着世界第一的位置，可谓当之无愧的世界头号科技强国。

美国的科技霸权是如何形成的?

简单来说，美国的科技霸权源于 20 世纪 50 年代后期出现的苏美争霸格局。

1969 年，迫于军事需要，一种名为 Internet 的计算机互联技术在美国诞生，也就是我们现在所熟悉的互联网，并在后来开启了全球民用科技的新时代。

互联网的出现，带动了计算机的发展，从最初的仅供政府、军事使用，到企业大量应用，再到乔布斯制造出第一台 PC（个人计算机），比尔·盖茨设计出 Windows 计算机操作系统，个人计算机制造商的崛起……这一系列发展，彻底改变了人类生存的方式和形态，至此，全球互联网科技产业进入发展的快车道。

与此同时，由于个人计算机产业的迅猛发展，带动了软件应用生态产业的发展，软件应用又促进了硬件制造产业的发展，而硬件需求则激发了半导体行业的欣欣向荣，美国科技开始腾飞。

科技极大地提高了生产力，并带来了雄厚的经济实力，这也使美国社会加大了对科技的投入力度，带来大批如苹果、谷歌、英特尔、亚马逊等优秀的互联网科技企业，开启了资本大时代。与此同时，美国依托软硬件优势，开发了 3G（第三代移动通信技术）、4G（第四代移动通信技术），1994 年建成了覆盖率高达 98% 的 GPS（全球定位系统），并融入无线通信应用，直至 2019 年，美国均占据着全球科技霸权的地位。

制定行业规则，美国拿走整个产业最大的红利

在科技完全垄断的局面下，美国靠着苹果、谷歌、英特尔、亚马逊等优秀的互联网科技企业，掌控着全球最顶尖的科技，拥有了制定行业规则和标准的权力，也正是靠着这样的话语权，美国拿走了整个产业最大的红利（研发和消费方面的收益）。

据《人民日报》于 2017 年 11 月发布的《少挖“地矿”多挖“脑矿”（各抒己见）》一文，一台 iPhoneX 在美国的售价为 999 美元，中国在其整个制造环节中获得的收益约为 55 美元，其中包括了中国工人辛勤劳动得来的 3 美元工钱。也就是说，每部手机中国大约只能赚到售价的 1/20，剩下的都被苹果公司拿走了。

为什么美国企业可以从中获取如此大的利润？原因无他，正是高科技的发展优势和与之相匹配的制度设计所产生的巨额利润空间，其利润组成主要有以下几个方面。

一是靠美国企业，尤其是知识密集型的企业赚取了巨大的收益。

在美国最大的 50 家跨国企业中，65% 的国外利润来自知识产权密集型产业，比如科技和药物。在全球十大 PC 制造商营业收入中，苹果占 7%，但利润却占 35%，主要来自专利收入。不仅是苹果，芯片企业包括美国的博通、高通、英特尔也是如此，其他国家的企业每用一块芯片就要向它们缴纳高昂的专利费，生

产电视机的企业要缴，生产手机的企业也要缴，这就是美国收获巨额专利费的来源。

二是靠知识产权交易直接获得收入。

美国国家科学理事会于2018年1月发布的《2018科学与工程指标》数据显示，2016年，全球知识产权跨境许可收入是2 720亿美元，其中美国占45%，欧盟占24%，日本占14%，中国占比不足5‰。2018年，中国的知识产权使用费，对外支出是358亿美元/年，收入却只有56亿美元/年，逆差达到300多亿美元/年，其中主要是对美国企业的付费。

我们的原始创新能力与发达国家之间的差距从这些数据中可见一斑。

三是靠无形资产获得收益。

自20世纪90年代开始，无形资产投资在欧美发达国家GDP中的占比呈逐年上升的趋势。

中宏国研信息技术研究院官网显示，截至2020年，美国企业的无形资产合计占全球总资产的26%，代表技术实力的专利和品牌的无形资产估值是4.4万亿美元，是世界上最高的估值。日本企业的无形资产合计占全球总资产的6.4%，估值是0.45万亿美元，而目前，我国企业创造的无形资产并未在企业报表里体现出来。

四是靠高技术举国体制创造垄断利润。

美国科技与创新的举国体制首先表现在税收制度上。美国《国内税收法典》规定：一切商业性企业和机构从事基础研发的经费同以前相比有所增加，则该企业或机构可获得相当于新增值20%的退税，个人研发新增值可以享受同样的退税。这一优惠的税收政策，已经成为永久性制度。

除此以外，围绕高科技获得超额垄断利润，美国构建了完整的法律法规体系，包括专利制度，如《国家科学技术政策、组织和优先领域法案》《国家合作研究法》《史蒂文森－怀德勒技术创新法》等。美国还通过法律限制尖端的高科技产品出口，限制国外企业收购美国高科技企业。如今，这一矛头已经明显指向中国，仅2018年第一季度，美国就否决了9个中国企业在美国的并购案。

另外，美国特别重视动用国家力量支持基础研究，同时支持中小企业创新，不仅给中小企业减税，还专门开设了纳斯达克股票市场供其进行融资。

在这一系列政策制度的配合下，美国不仅掌握了行业的顶尖技术、拥有了行业的话语权，还依靠科技获取了巨额利润，成为世界经济的掌控者。

卧榻之侧，岂容他人鼾睡。

占领了科技高地的美国，深知这一地位的重要性，为此，它利用保护知识产权、科技封锁等形式，限制其他国家发展科技，一旦其他国家对它造成威胁，就会立刻遭到它的打压。

然而，科学技术无国界，世界科技中心不会永远停留在一个国家。历史上，意大利、英国、法国、德国、美国都曾先后成为世界科技创新中心，世界制造业中心每几十年也会转移一次，从最初的英国转移到美国，从美国转移到联邦德国、日本，再从日本、新加坡、韩国等转移到以中国为首的新兴经济体。

如今，中国大国崛起，以华为为代表的中国科技企业，很好地诠释了“科技红利”转型的力量。世界技术创新的重心向中国等亚洲国家转移已是大势所趋，如何抓住这波科技发展的“红利期”，为自己的发展带来更多资源，实现顺利起飞，是每一位投资者都需要思考的问题。

科创是国运之争，借道资本市场是华山一条路

科创未来是国家层面的战略，用一个词来形容，就是“国运之争”，尤其是在中美贸易摩擦出现之后，我们更加体会到科技救国的紧迫性，只有掌握科技才能掌握未来。

然而，还是有很多投资者认为，这是国家层面的事，甚至觉得不理解或是太过理想。这种想法实不可取。

从投资的角度来说，科创不是普通题材，而是国家层面的顶层设计，是一个长期的题材，决定了资本市场未来的发展，也决定了未来资本市场的机会和风险的主要矛盾。如果你不去理解国家层面的战略，就无法理解科创的真正意义。

只有找到当中的逻辑，把思路捋清楚，我们才会发现“科创未来”并不是一句简单的口号，它的整个逻辑链是非常完整的。接下来，我们就需要从国家的顶层设计入手，好好分析一下科创的机会到底在哪里？

为什么说科创是国运之争？

原因一：内忧外患，科技救国达成共识。

改革开放40多年，成就了商品经济时代，中国制造席卷全球，也引发了中美贸易摩擦。如今，中美之间的关系不仅关乎贸易，还包含了太多对未来技术的争夺。

从本质上来说，中美贸易摩擦既不是经济行为，也不是单纯的贸易竞争，中美博弈的背后是科技博弈，再深究其实是资本市场的较量和全球产业链的竞争，也就是国家间科技综合实力的竞争。

随着中美“贸易战”“科技战”的全面升级，类似美国对华技术的封锁将成为新常态。这让我们彻底意识到，一直处于产业链的中低端是不行的，对方把持着产业链高端，掌握着核心技术，中国经济要想摆脱制约，必须要转型升级，必须要发展科技，科技强国是中华民族伟大复兴的必经之路，科技救国成为市场共识。

原因二：经济转型，唯有华山一条路。

2008年，全球金融危机波及中国，国家投了4万亿元人民币救起了经济，但遗憾的是只拯救了传统经济。然而当危机再次来袭，大家达成了一种共识：如果我们继续沿用传统意义的低价策略、生产无知识产权的产品，终不是长久之计。我们迫切需要更大的市场和更有技术含量的产品。

我们稳经济的方向不会重蹈覆辙，而会将力量集中于科创。因为，除了科技创新救国，我们无其他路可走。

原因三：经济发展，以“新”经济为推动力。

经过40多年的努力，我们国家的国际地位提升了，国际市场占有率变大了，同时也出现了传统领域发展过剩的难题，需要用科技的发展带领各行各业实现加速转型升级。

这是在经济发展中必须要面对的问题，美国同样经历过这样的阶段。在经过战后的快速发展阶段之后，美国也碰到了很多传统行业引发的问题，导致底特律“汽车城”等问题的出现，经济发展举步维艰。于是，美国人也走了一条科技救国之路，即牢牢抓住互联网出现的机会，借助技术的力量，依靠科创的发展，再度领跑世界。

对比中美历轮经济上行期，可以发现都是以“新”为主。新经济基本是中美历轮经济上行期的推动力：

- 美国经济的快速增长，更多来源于新经济（消费崛起、互联网浪潮）、新政策（减税）、新体系（石油美元体系、《广场协议》）等刺激。
- 中国经济的高速增长，往往伴随着新政策（如改革开放）、新机制（家庭联产承包责任制）、新行业（建筑、房地产）、新视野（加入世界贸易组织）等调整。

2018 年 12 月，中央经济工作会议明确提出，要加快 5G 商用步伐，加强人工智能、工业互联网、物联网等新型基础设施建设。新经济的孕育，有助于中国经济结构的转型升级，并逐步成为新的经济增长引擎。

众志成城，科创救国

所谓的“科创救国”并不是我们现在才有的想法，而是早有的共识：

2017 年底，我提出“继价值投资之往，开科技股之未来”。2018 年上半年，管理层急于发展科技，这一点在资本市场表现得非常明显，强推独角兽企业、中概股回归，甚至涉及中国存托凭证（CDR），目的就是支持科创企业发展。

2018 年 11 月，股市暴跌，市场达成共识，要强推科创板及注册制。

2020 年 8 月，创业板注册制 18 家首发企业上市，这也意味着，资本市场全面深化改革迈出了新的一步。

设立科创板是时代发展的必然，通过资本市场支持科创企业发展是历史的必然选择。这就是我们反复强调“科创是国运之争”的原因，科创板的推出将为中小微企业融资、国民经济结构调整、国民经济持续发展贡献新动力，这一点已无商量余地，可以商量的只剩下如何做好这件事而已。

如何实现资本与科技的有效转化?

谈完国家层面的战略规划，我们接下来进入第二层面，科技创新的发展路径。

曾经，我们的发展路径是投资军工，但这个路径比较特别，最大的弊端是投入产出比不高。要让国家不计投入地支持民用科创企业发展，也是不现实的。那么，采用什么方式才能实现资本与科技的有效转化呢?

关于资本和科技创新的高度融合，西方有一个成功的先例可供借鉴，那就是硅谷的发展。

作为迄今为止最成功的科技创新园区，硅谷有着高度成熟的金融市场，包括风险投资、科技银行体系和多层次资本市场等，这正是美国近 20 年来“实体经济”领域中最大的财富创造机制。

注意，这套财富创造机制并不重视其在实体运营中是否赢利。互联网企业在美国上市的普遍规律是：上市时亏损，上市后长期不赢利也无所谓，只要其有拢住资本市场的信心。而高度集中于互联网行业的“美式风投”也不是靠投资对象的经营利润赚钱，而是靠创造市值并转手来赚钱的。

对于硅谷的科技型企业来说，美国的多层次资本市场，为企业成熟期的上市以及风险资本的退出提供了平台，使资本在科技创新的后期能够平稳着陆，并构成一个良性的资本循环，将资本与科技生产力转化行为有机地结合在一起，为科技创新铺平道路。

当然，借鉴并不等于“拿来主义”，根据任泽平于 2021 年 7 月撰写的《中美经济实力对比》一文，中国的金融市场结构也与美国有着很多不同之处：

> ① 中国以间接融资为主，美国以直接融资为主。中国金融自由度全球排名靠后，货币超发严重，股票市值约为美国的 1/4，全球外汇储备中美元占比高达 63%。
>
> ② 中国以银行主导的间接融资为主，风险偏好低，倾向于向国企、传统低风险行业放贷；美国以直接融资为主，风险投资发达，有利于推动实体经济和高科技产业的创新。2017 年中国间接融资占比 75%，直接融资占比 25%；美国直接融资占比达到 80%，间接融资约占 20%。
>
> ③ 中国金融业深化程度不够，自由度偏低，对外开放程度不

够。根据美国传统基金协会 2017 年公布的金融自由度指数，中国金融自由度为 20，全球排名第 120 位，美国金融自由度为 70，全球排名第 20 位。

④ 中国 M2（广义货币供应量）与 GDP 的比重为美国的 2.8 倍，货币大量超发。2017 年底中国 M2 为 24.8 万亿美元，占 GDP 比重的 202.8%；美国货币供应量为 14 万亿美元，占 GDP 比重的 71.4%。

如今，虽然硅谷仍处于技术和商业模式的全球创新中心地位，但这两大功能正在加速向中国转移。以互联网为代表的"新经济"正在资本市场上崛起，并且科创板正在逐渐成为中国新经济的一个加速器。如果中国资本市场能及时做出重大改革，会加速中国向全球创新中心转型。

借道资本市场，发展科创是华山一条路

近十几年来，中国经济在实体经济层面突飞猛进，规模赶超美国已不是梦想。但是在资本市场及其带动的金融体系方面，我们显然还没有一个可以和美国相提并论的强大系统。

与美国相比，不管是从科创企业数量、企业盈利情况、GDP 占比还是市值差距上，中国科技产业集中度仍然比较低，且多集中在资源垄断型行业及金融部门，如金融业、能源、炼油、采矿、房地产和工程与建筑行业等。

而问题恰恰出在这里，为什么我们的科创会弱，民营企业会弱，归根结底都是金融的问题。

我们以银行为主的间接融资体系，无法支撑创新型科技企业的发展。由于创新经济或高科技产业存在较大的不确定性或产业形态的快速变迁，又没有抵押品，因而较难借到银行贷款。据李胜军于2018年9月发布在人民网的《“国进民退”只是市场行为，并非趋势性转折，更非政策信号》一文所述，2016年以来78%的银行贷款给了央企和国企，只有不到20%给了民营企业。

因此，2018年曾出现过大量民企上市公司股权质押爆仓的情况，中小民营企业资金链断裂的情况更是屡见不鲜。

相比之下，以硅谷为代表的创新产业，直接融资比重明显高于中国。另外，在近年来的新兴市场中，韩国资本市场也伴随着三星等高科技企业的发展而快速崛起，并得以迅速发展。这就是资本市场的发展往往与高科技或战略新兴产业的发展紧密相连的原因。

基于以上所述，借道资本市场发展科创是未来的必然选择，然而，这个过程还需要一定的时间，所以我们用了“科创未来”这个词。在这个过程中，可能会有曲折，但最终必须按照这个发展路径来完成，否则成功的可能性不大。

做多中国，科技大时代已然到来

提到科技大时代，很多人会说这个概念很空，离我们还很远，其实不然，这个时代已经来临，跟我们每个人都息息相关。作为投资者，必须深刻理解这个时代背后的逻辑以及未来的发展路径，去思考其对资本市场的影响，最终寻找到适合自己的未来投资机会。

为什么要提出科技大时代?

简单来说，可以总结为以下三点。

第一点，科技是国运之争，是中美博弈的问题，这让我们深刻认识到科技对中国发展的重要意义。只要是国家重视的事情，它的成功概率就会提高。

第二点，科技已经发展到了一个临界点，它的一些应用已经快速落地，改变了我们的生存方式、商业模式，甚至改变了社会结构。

第三点，资本对科技的发展特别重要。过去传统的银行模式已经过时，所以国家对资本市场非常重视，用资本助推科技企业的发展。

从这三点出发，我们提出了科技大时代的概念，阐述了科技大时代的重要地位和发展路径。那么，身为投资者，我们该如何去抓住这些机会呢?

从国家研究的技术出发，寻找大牛股

投资方向怎么找？百倍牛股怎么选？很重要的一点是把握时代主线。

不管是牛市还是熊市，总是有人赚，有人赔。大环境再好，如果投资者没有足够的耐心和能力，盲目追涨杀跌，再好的运气也与你无关。因此，思考的方式和角度非常重要。

第一点是从国家研究的技术方向去判断、寻找哪一项技术更重要，哪一项技术可能会出现更大的牛股，这是一种思考方式。

比如，你可以这样做：去关注中共中央政治局开会学习的关于科技领域的内容。国家反复强调的，一定是非常重要的，或者说这项技术已经得到了高层的关注。那么，这种领域有哪些呢？有大数据、人工智能、区块链、量子科技，代表未来的好公司可能就蕴藏其中。

① 大数据

大数据相当于传统领域的石油。不同的是，石油是有限的，而大数据是取之不尽、用之不竭的，从而创造出了更巨大的价值。可以说，未来谁掌握了数据，谁就拥有了制定规则、预测并引导未来，甚至颠覆一个行业的能力。

② 人工智能

科技赋能新消费，科技赋能新生活，从智能手机到智能汽车、智能家庭，再到智慧城市，以及将来的“超人”……人工智能正在从方方面面重新定义我们的生产生活，目前在各个领域也有较为广泛的应用。

另外，人工智能的涵盖范围很广，5G、大数据、云计算、航天军工、生物医药、新能源、芯片、集成电路等，都与其相关。所以，这个领域会产生大牛股，并不会让人感到意外。

③ 区块链

区块链技术是一个可以改变世界的东西。这项技术的出现，将会给金融领域带来巨大的变化，不仅可以在很多地方应用，甚至可以让人民币走向全球，这是非常了不得的事情，值得我们重视。

④ 量子科技

未来是数据化时代，量子科技的应用，可能成为未来数字世界的护身符和加速器，其价值可见一斑。

以上所说的每一项技术都蕴含着巨大的能量，甚至可以改变世界的模样，改变时代的发展方向，当我们从这几个角度去思考，便很容易找到牛股。

从具体生活场景角度出发，寻找大机遇

一个更容易理解的角度，就是从我们的生活场景中去寻找投资机会。

2015 年，我曾提到过一个重要观点：科技的进步会改变我们"两点一线"的生活。因为科技发展的最终目的就是推动人类进步，是希望人们生活得更美好，是让人更自由、更享受。

过去，我们已经享受到了科技进步给生活带来的改变，那么，继续打开你的脑洞想象一下，未来科技又会给我们的生活带来什么样的变化呢？

① 无人驾驶：从无到有的转变

什么叫“两点一线”的生活？就是平时我们要么在家里，要么在公司，或者在回家和去公司的路上。要改变这种生活方式，其实就是改变路上的场景，即无人驾驶的出现，这是一个从无到有的过程，也是我极度看好智能汽车的原因。

曾经，汽车的出现让我们的出行效率大大提高，但传统的汽车受制于石油、污染、驾驶等因素，虽然帮助人们节省了时间，但始终无法让人们得到自由。但无人驾驶的出现，将会彻底改变这种现象。

② VR 技术：我们的生活将发生翻天覆地的变化

从新冠肺炎疫情暴发初期到疫情防控阶段，很多人实现了居家办公，习惯了在线上开视频会议，但线上沟通始终缺少了一份线下的真实感，而 VR（虚拟现实）技术的应用，就是为了营造各种场景，消除线上与线下的界限，让你在家就如同在全世界任何你想在的地方。

如果需要在家里开会，可以利用 VR 技术实现“线下开会”的模拟场景，实现真正意义上的网上办公。到那个时候，虽然每个人都处在不同的地点，但看上去却像大家面对面在一起一样，这是多么科幻的场景啊！

这就是我之前说的，通过改变“两点一线”的生活，去解决“在路上”的问题。之后，我们还要解决“在家里”的问题。

随着办公场地的自由化，家也被赋予了新的含义和功能，它不仅是生活的地方，也是工作的地方、娱乐的地方。

当我们把所有的事情都搬到家里，这个空间就会发生巨大的变化，比如家里配置的房间属性，常用物品的摆放，每个人的生活方式等。那么届时，在可以提供物联网、远程医疗等服务的企业中，很可能会出现一些“巨无霸”。

对于未来，大家可以大胆地想象，在科技大时代下，这些场景的实现并不是多么遥不可及。试着按照文中说的关键方向去思考和匹配，就可以找到那些具备潜力的企业，然后坚持自己的逻辑，就能够把科技大时代的机遇牢牢握在手中。

科技股的未来在哪里？

虽然国家大力推广科创未来，但很多人仍然会认为创新是一条难走的路，尤其是那些摸着石头过河的人，被水冲走的可能性很大，反而不如躲在后面的人来得安全，这也是目前很多互联网企业比较担忧的问题。

这就造成了一种现象，如果没有第一个吃螃蟹的人，后面的人不敢跟上来，创新的速度就会减慢。

如何才能化解这个问题？关键还是要坚持改革开放，披荆斩棘，不畏艰难。

关于这一点，我们要有充足的信心。一方面，美国大选之后，给我们留出了一个非常好的时间窗口；另一方面，在成功控制住新冠肺炎疫情之后，中国在制造层面的优势不断被凸显、放大。可以说，只要我们肯大胆地、更多地去拥抱世界，A股市场就会有光明的未来。

不过，并不是每一个投资人都有这样的信心。平时，总会有人忧心忡忡地问我：手里的股票该怎么办？在这里我教给大家一个方法：

对于一只股票，大家关心的运行状态一般分为三种：涨、跌、盘整，但这其实并不重要，大家主要关心的是决定这只股票运行的“市场位置”，即相对走势强弱，然后找到决定其强弱的主要矛盾，再去思考主要矛盾什么时候可能发生改变，最后决定采取何种交易策略。

综上，如果科技类股票涨得多了就要进行调整，这是很正常的，这并不影响其光明的未来，由于国家的支持、行业发展拐点的到来，以及整个投资气氛的存在，这样的企业一定会走出一波又一波的上涨行情。

这是一个非常基本的逻辑：科技是国运之争—科技未来借路资本市场—资本大时代催生科技大时代—带来美好新生活。在投资中多关注科技和消费这两个板块，可能会有意外收获。

第三章

文化，潜移默化的力量

文化是一个国家的核心竞争力

在古代，特别是中世纪，中国的科学技术、人均生产力一度超越西方，大约领先了世界700年。古代中国对人类科技发展做出了很多重要贡献，但为什么科技和工业革命没有在近代的中国发生？这就是著名的“李约瑟难题”。

工业革命为什么会发生在英国？

在思考“李约瑟难题”之前，我们先来回顾一个历史知识，为什么工业革命会首先发生在英国呢？对于这个问题，我们可以从政治、经济、地理、文化和人才的角度去理解。

18世纪，英国利用先进的航海技术，占领了欧洲发展所需的原材料产地，慢慢地成为市场的垄断者，其皇家海军规模也随之壮大，先后击败了西班牙、葡萄牙和法国，成为海上霸主。

强大的舰队和稳定的金融体系支撑着英国不断强势扩张。1694年，英国央行英格兰银行在伦敦成立，从16世纪到20世纪初，英镑的购买力始终相当于4盎司[①]纯银，英镑的稳定使英国足以利用英镑作为武器来击垮对手。

英镑的稳定令经济学家叹为观止，其原因在于英国的地理位置，以及它自由的思想与文化。

相对于残酷的法国大革命，英国人民一直生活在自由、温和的环境下。不论是“光荣革命”催生的《权力法案》，还是1832年之后的选举改革，都可以被看作人类文明的象征。

与中国传统社所会倡导的“学而优则仕”不同，欧洲的读书人可以从事很多行业，也可以根据自己的兴趣选择研究方向，在这样的氛围下，一大批在后世享有盛誉的人物出现了，比如制成改良蒸汽机的瓦特，大大提高了纺织的速度；再比如经济学之父亚当·斯密，不仅将自己的平生所学写成了《国富论》，让经济学这门学科独立出来，更让英国工厂的生产效率更上一层楼。甚至有人说，英国崛起的秘密都被写在了《国富论》里面。

事实确实如此，当时英国正处于手工工场与大机器制造的过渡时期，《国富论》认为市场被一只“看不见的手”调控着，调控的工具就是价格，自发调节着市场上无数个追求“自利”的经济个体的行为，并因此推动整个社会效率的提升。正是这一理论，极大地推动了英国的资本主义进程。

就这样，在政治、经济、地理、人才等因素的共同作用下，英国在19世纪开启了属于大不列颠的时代。它的这段辉煌过去，

---

① 盎司，英美制重量单位，1盎司合28.349 5克。

也告诉我们一个道理：一个国家想要永垂不朽，靠的不是武力，而是文化所产生的影响。

为什么近代科技没有首先出现在中国？

关于这个问题的答案，我们可以继续从思维和文化的角度来探寻。

传说乾隆下江南时，曾与镇江金山禅寺的一位和尚站在长江边的小山上，看江面上南来北往的船只，乾隆问："你看这江面上有多少艘船？"和尚沉吟了片刻答曰："只有两艘。""何谓两艘？"乾隆紧接着问道。和尚答道："一艘为'名'，一艘为'利'。"

这个故事形象地描述出中国人对"顶级智慧"的定义，体现的正是中国人深入骨髓的经验思维。

同样是这个问题，如果抛给比乾隆早出生近 2 000 年的阿基米德，他可能会这样计算：先目测一下 500 米内所有的船只数量，然后根据经济强弱分布估计一个平均数，再乘以这条江的长度，最后得出一个数量级差不多的船只数量。

相比他得出的结果是否精确，他的科学实验思维——通过实验和论证进行推理，找到事情的逻辑——则更为重要，起码可以让乾隆在微服私访时，据此对运河方面的税收、贸易有一个新的思考方向。

然而，阿基米德没有出现在中国，也不会出现在中国，并不是因为中国人不聪明，而是与古代的社会制度密切相关。

秦朝统一后，加上科举选拔制度的发展，中国迅速筛选、集中了一批高素质的读书人，在他们的管理之下，社会井然有序，并使中国发展了以整体理论为主、实用化研究方法为辅的科技。不过，科举考试还有一个很大的弊端，就是会导致思想僵化和教条主义。这种僵化不仅扼杀了原创性，还意味着许多学者更注重对道德和古代哲学的辩论，而不是关注现实问题或科学疑问。

科学是人类探索、研究、感悟宇宙万物变化规律的知识体系的总称，是对真理的追求、对自然的好奇。而中华文化自古以来的思维模式，也许从一开始就注定了我们与严谨的科学精神擦肩而过的命运。

或许，这就是“中国的科学持续停留在经验阶段，并且只有原始型的或中古型的理论”的原因。

截至今天，对于“李约瑟难题”所引发的讨论和争执，从来没有停止过，但综合目前的主流观点，不难得出一个结论：文化是一个国家、一个民族的灵魂，更是一个国家的核心竞争力。

美国的文化霸权，让人感到不可思议

如果说科技是强国之路，军事是强国后盾，那么文化则是兴国之魂。尤其对一个国家来说，价值观更是民族和国家文化的表征，也是一国文化产业和文化产品的核心竞争力。

深知文化重要性的美国认为，“强化美国文化作为世界各国文化‘榜样’的地位，是美国维持霸权所必需实施的战略”，这也成为其实施文化霸权主义的理论依据。

美国是如何打造文化霸权的?

首先，通过宗教传播一种信仰和价值观。

多数美国人相信上帝并信奉基督教，基督教的新教伦理对美国人的价值观有很深刻的影响，《圣经》更成为信徒心中重要的守则。

自二战以来，特别是冷战结束之后，美国以称霸世界的经济、军事实力为基础，几乎调动了所有力量，传播其所谓的价值观，利用文字、声音、影像、动画和网页等多种形式及全媒体渠道，采取资助非营利性文化机构等方式，“嵌入”“配售”美国价值观和生活方式，以此打造一个以美式文化为主导的文化和舆论空间。

其次，美国尤其善于利用好莱坞电影输出其的“普世价值观”和保守主义倾向。

美国好莱坞所生产的电影的核心价值观，即围绕《圣经》基督教文化所宣扬的自由、博爱、家庭等“普世”的价值取向，和保守主义的倾向——避免种族或国家之间产生政治冲突等主题，使得好莱坞电影能够加深全世界人民对其的文化认同程度。

美国学者约翰·耶马就在其《世界的美国化》一文中指出，关于文化扩张，“美国真正的‘武器’是好莱坞的电影业、麦迪逊大道的形象设计厂、马特尔公司的芭比娃娃和可口可乐公司的生产线”。

利用大家耳熟能详的电影和好莱坞明星，美国用一种不易觉察的方式，向全球输出以美国价值观为基础的意识形态，以实现美国文化在全球的“一家独大”，从而达到其文化霸权的目的。

文化霸权给全世界带来了哪些伤害？

文化本身应该是多元的，美国本身也是一个民族大熔炉、一个多元文化的综合体，然而，它却想通过强势输出所谓的价值观，统一全世界的文化类型。

这些看似无害的价值观却为其政治所用。针对不同的国家、不同的人群，用不同的价值观和标准进行定义和评价，而美国却拥有最终解释权，这就是其惯用的双重标准。这种做法，也对其他国家造成了巨大的伤害。

首先，美国在大力推行其价值观、维护文化霸权的同时，还对很多其他非西方国家的历史文化和制度等进行了“妖魔化”，力图使这些国家的民众丧失对自身文化的自信，甚至利用操控当地媒体等方式，制造各种关于执政当局的负面消息，让他国民众尤其是年轻人对自己的国家失去信心，反而将美式价值观奉为圭臬，多国由此陷入经年不息的政治和社会动荡。

对于这种伤害，用美国未来学家阿尔文·托夫勒的一句话来总结，就是“向对方国家的年轻人灌输美国的价值观，将达到‘暴力和金钱无法达到的目的’”。

其次，美国通过向全球各地强行输出其价值观，破坏他国的固有文化和政治生态，许多国家的文化安全因此受到严重威胁。美方一些政治势力还刻意鼓吹所谓的“文明冲突”，对“挑战”美国文化影响力的其他文化进行遏制和打压。

正如美国著名学者约瑟夫·奈所说：“美国面临的关键问题不在于是否拥有21世纪最充足的资源供应，而在于它在多大程度上可以控制政治环境，使其他国家按照它的意愿行事。”

如今，美国的文化霸权战略正在随着互联网的发展不断升级，其攻势显得更隐蔽，范围也变得更广。这种行为也使许多国家的文化安全遭到了严重破坏，它损害了其他国家的文化独立性，阻碍了世界多元文明的交流，危害了全球文化安全，并对世界和平发展具有重大威胁。

对此，世界各国应保持清醒的认知，不断增强自身文化自信，大力加强国家间的文明交流，只有这样才能认清美式文化“温情”面纱背后的霸权本质。

做多中国，国潮大时代锐不可当

对于很多年轻人来说，他们一直在中国过着一种“美式”生活，喝着咖啡、可乐，追着美剧、大片，似乎一切都理所当然。

然而，这种情况在中美贸易摩擦发生后开始出现变化，尤其是在新冠肺炎疫情之后，这种改变更为明显了。包括我在内，最直观的感受就是：来自美国的声音变小了，即使仍有一些“声音”传来，但给我们带来的感受与过去完全不同了。

究其原因，其实很简单。从疫情发生时的错误应对，到后面的示威游行，在整个过程中美国的所作所为与其过去的说法矛盾重重，给我们的直观感受是美国的权威感正在逐步消失，如此一来我们自然就不会再对其所有的宣传照单全收了。

民族自信增强，照亮国货未来

2020年，美国新冠肺炎疫情失控，因政府防控措施不当，民众为表示不满而上街游行。面对外界的质疑，美国外交官竟然集体失语。过去，他们在全球传播美国的价值观，倡导民主、法治、人权，并用这些标准去指责其他国家，但在疫情面前，一切都荡然无存。

与之形成鲜明对比的是，面对突如其来的新冠肺炎疫情，中国第一时间做出反应，并以最快的速度恢复生产，将整个社会重新拉回正轨。两者相较，高下立判，在欧美塑造的"高大上"形象崩塌之时，中国人变得越来越自信。

这种民族自信心的增强也在经济领域有所体现，这也让很多外国品牌走下神坛，取而代之的是更多国货品牌的走红。

我曾经在微博上列出过一些美国、欧洲的知名品牌，它们充斥在我们日常生活中的各种生活必需品领域，甚至引发了"代购热"，很多消费者即使要花上高额的运费，也要购买进口产品。

人们为什么喜欢购买外国品牌？一方面是因为"大牌"，质量有保证，另一方面则是为了有"面子"。但实际上呢？从性价比来说，国外品牌价格昂贵，品质却未必比中国品牌好。

此外，民族自信心的确立，也在潜移默化间改变了我们对于产品的认知，大家更信任国货，在消费方面的选择也会发生转变，从选择国外品牌，转向选择优质的、价廉物美的国货品牌，让我们的内生性消费变得更强大，久而久之，民族品牌就可以立起来。

国产替代是一个长期的趋势。不仅是在芯片等高科技领域，在生活必需品领域也会出现一个国产替代的过程。可以说，国人自信心的提升，背后蕴含着巨大的投资机会。那么，作为投资者，该如何寻找相关的机会呢？

其实，我们只要找到核心逻辑，抓住一个主要矛盾就可以了。这是我在过去教给大家的方法，要在不确定中寻找确定的机会。

2020 年我国主要矛盾的变化是国人变得越来越自信，而自信带来的是产业的改变，是中国品牌的崛起，逐步成为全球潮流的品牌。当中国的内需被激发出来，一些能够唤起民族自豪感的品牌会是最大的受益者。

提供一个简单的思路：当国货成为一种风潮，人们在消费方面的转向，会让那些有民族特色的小品牌，或本身品质就有保障的国货，变得越来越流行。在 A 股市场中，就有不少这样的上市公司，走势已经非常不错了。

在具体操作时，可以先去寻找目前仍然被海外品牌垄断的产品，然后对应到民族品牌中，最后再去 A 股市场寻找对应的标的，找准时机切入。

2020 年世界很乱，但不管疫情带来多少困难、美国对我们采取怎样的打压措施，中国经济仍然在持续前进，中国仍然是世界上最安全的国家之一，这也是大家继续看好中国未来，甚至是全球看好中国未来的重要原因。

作为投资者，不要为过去的错过而惋惜后悔，唯有及时总结、及时预测、制订计划，未来的机会才会越来越多。

从资本市场看民族自信

近5年来，美国的纳斯达克指数一直在涨，虽然很多人担心其牛市结束，会因大跌而带来系统性风险，但它的表现一直非常平稳，即使在新冠肺炎疫情日益严峻、社会动乱、美国大选等复杂的背景下，依然能逆势创新高，着实颠覆了大家的固有思维。

毕竟，这种情况跟过去我们研究的那些影响股市的理论都不一样，市场给的解释是，美元是“硬通货”，美国印了很多钱，因此推高了股市。但欧洲、日本、韩国股市走得也不错，如果只是因为美国印钞，那么为什么没有对它们产生负面影响呢？因此，导致它可以逆市走强的原因并不在此。

经过反复研究，我能寻找到的唯一解释是，欧美资本主义社会的资本力量实在是太强大了。它们真正的核心竞争力在于资本，只要资本不乱，它就能一切安好。

所以，不管欧美国家出现任何问题，领导人都会在第一时间盯着股市，盯着资本市场，他们比任何人都明白，资本意味着什么。

欧美国家发挥资本以及资本市场的作用的本领实在是登峰造极，这绝对值得我们学习。它们尝到了资本的甜头，深知资本的力量。

这给了我很大的启示，相比欧美成熟的资本力量，我们的资本市场有非常多鲜明的特色，也存在非常多的问题，几十年来一直发展得不尽如人意，直接融资比例甚至不到20%，投资领域因此怨声载道，这对科技企业的发展显然是非常不利的。

如今，我们必须做好资本市场，把我们的资本市场建设得更强大、更开放、更有韧性，必须让资本市场发挥更大的作用。只有这样，才能让投资我们资本市场的投资者更有获得感，才能让我们的资本市场吸引全球的资金，为我们的经济发展和科技发展服务。

时间不等人，我希望监管层和投资人都能充分意识到这一点：资本才是中美之间的主战场之一。不管是股市的参与者，还是建设者，都要站在更高的位置来看待市场，只有这样才有可能打赢科技这一仗，才有可能在中美的博弈中争得一点先机。

因此，我们必须加快对资本市场的改革，尤其是必须尽快对那些阻碍发展的基础性制度做出改变，比如，支持核心中介机构，让它们快速壮大；对券商提供支持，给它们“松绑”；要让A股市场流动性更好，采用“T+0”策略；改变涨停板制度，降低交易成本，取消印花税等。

当然，前途很光明，道路很曲折，虽然“东升西降”已经开始，但中美之间的交锋可能只会暂时休整，而不会完全停下。时代的洪流已经把中国推到了这个重新担起历史责任的位置，作为投资者，我们应该站在国家战略的高度，全力支持资本市场的发展壮大；作为中国人，我们也必须坚定中华民族将再度崛起、再度强大的信念。

中美贸易战内涵，我们的应对化解之策

春秋战国时期，人们从实战出发，总结出了很多关于国家之间博弈的策略。其中对后世影响最为深远的，莫过于范雎的“远

交近攻策略”。

利用这一策略，秦国将合纵连横的智慧发挥到了极致，先稳住楚国和魏国两个“巨无霸”，暂时对距离较远的齐国、燕国置之不理，提高攻打其他国家的胜算，等其他国家都被打败了，齐国便不战而降。

然而，当战争从冷兵器时代发展到现代，武器的杀伤力越来越大，远交近攻策略已经不适用于现代战争模式，所有人都不希望战争在自己国家的领土上发生，比如，美国之所以在战后取得了迅猛发展，一个很重要的原因，就是两次世界大战都没有发生在美国本土。否则，即使赢得了战争也会元气大伤。

如今，我们说回让很多投资者关注的中美贸易摩擦，这场较量并不是真正意义上的军事冲突，而是经济冲突，是一次发生在意识形态上的摩擦。

由于脱离了地理上的限制，双方在选择盟友时，更多采用的是“远攻近交”的策略：与和自己意识形态相似的国家形成联盟，而将意识形态相悖的国家看作竞争对手。

作为投资者，我们不仅要了解国与国之间隐藏在外交辞令之下的真实状态，还要对我国在贸易摩擦中已经或即将采取的策略了如指掌，只有这样才能在投资中保持主动姿态，及时应对。

接下来，我们就来分析一下，在目前的中美贸易摩擦中，我国可以采用的主要化解之策。

加速人民币国际化

美国之所以在二战结束之后逐渐成为超级大国，除了强大的军事能力外，其在金融领域的影响力也起到了至关重要的作用。

尤其是美国在近几十年来建立起的一套美元霸权体系，使得全球范围内，国家间的大小商品贸易都必须以美元来结算，因此一个国家或经济体即便与美国关系再差，也不能逃离这一体系，不得不使用美元。这让美国拥有了一种看不见的强大权力，甚至可以利用这种霸权，随意对其他国家进行经济制裁。

不过，近年来这一现状正在被逐渐打破，特别是在新冠肺炎疫情之后，全球主要经济体都处在极大的经济下行压力下，各国货币也存在着极大的不稳定性。以美国为例，持有美债的主要债权国，纷纷开始减持美债，曾经是美国亲密盟友的英国，竟然变成了美债持有国中抛售金额最多的国家之一，这在无形中给美元带来了巨大的贬值压力。

在面临世界百年未有之大变局之际，我国也抓住历史机遇果断出击，有力地推动着人民币的国际化进程，并采取了以下三大举措。

其一，签署双边货币互换协议，推动跨境贸易以人民币结算。

自 2009 年起，我国已签署了几十项不同的货币互换协议，为离岸人民币市场和人民币跨境结算中心的建立提供了必要条件。

2020 年 6 月，土耳其第一次使用人民币进行结算，这是中土两国在 2019 年签署本币互换协议后，土耳其首次使用人民币作为结算货币。除此之外，多个拥有储备货币的发达市场，也在逐渐向人民币靠拢。虽然这只是人民币在国际化道路上迈出的一小步，但其背后的意义却极为深远。

其二，积极寻求使用 CIPS（人民币跨境支付系统）替代

SWIFT（环球同业银行金融电信协会）系统。

目前我国正在加强 CIPS 的网络通信功能，以期使 CIPS 达到足以绕开 SWIFT 系统进行银行同业信息交换，同时整合现有人民币跨境支付结算渠道和资源的目的。

其三，在数字货币研发与应用方面的谨慎试验。

我国央行于 2014 年开始研究法定数字货币，2016 年成立数字货币研究院，2017 年央行组织部分商业银行和有关机构共同开展数字人民币体系（DC/EP）的研发试验，自 2020 年至今，数字人民币进入推广落地阶段。

数字货币的特征是去中心化，它的普及必将削弱和淡化国际主权货币体系中，美元一家独大的现状和影响。

虽然短期内人民币替代美元的难度非常大，但中国要赢得金融战的胜利，一定会从削弱美国的金融霸权开始，这条路是必须走的，人民币国际化任重道远。

补齐金融短板，改善资本市场

在 A 股市场中，一直有两个让投资者非常头疼的现象：

一是以趋势投资为主，不管是烂股票、绩差股、小盘股，还是新股刚上市，炒作成风。

二是上市公司自己制造题材，配合炒作，这让很多上市公司几乎没有主业。

虽然监管部门花了很多精力，一边紧盯上市公司，一边打击市场的游资炒作，想要解决这两个问题，但无论怎么打击，这种现象却始终存在。

究其原因，这是A股市场一个长期的传统，之前A股市场实行的是审批制，是可调控的上市制度，这导致A股市场长期处于一种“人为制造的供不应求”情况，上市公司数量有限，股价涨跌基本由场内资金决定，所以A股市场资金多了就涨，资金少了就跌，与很多上市公司的运营情况没有太大关系，这是一些历史情况。

后来情况逐渐发生转变，进入A股市场并不需要特别的专业知识，甚至很多专业人士也未必能在市场上赚到钱，它几乎变成了一个博弈的市场。

每个人的内心都有一种赌性，这种情况反而助长了广大中小投资者参与A股市场的热情，因为大家都不需要太多的分析能力，牛市来了大家都赚钱，熊市来了大家都赔钱，给A股市场带来了非常多的散户。

因为中小投资者比较多，他们又没有强大的判断、分析能力，A股市场就形成了一种非常独特的盈利模式，即“割韭菜”。相反，对于那些聪明的资金、机构、游资来说，它们不仅可以很轻松地赚到钱，还可以“割韭菜”，赚别人的钱。

假如一个私募基金，坚持价值投资只能赚取20%的收益，而采用“割韭菜”的方式却能赚取30%~40%的收益，那么股东当然会支持赚取更多收益的那种方式，这是一种市场化的选择。

虽然监管部门也希望杜绝这种赚钱模式，但始终没有有效的方式，因为这其中有一种特别的交易制度存在，那些被“割韭菜”的中小投资者根本感觉不到痛，“T+1”[①] 和涨停板制度并不

① “T+1”是一种股票交易制度，即当日买进的股票，要到下一个交易日才能卖出。

会让其感觉自己受到了伤害，所以他们每一次都希望跑在最前面"割"别人的"韭菜"。这就是我们说的价值链，是一种生存模式，一种独特的盈利模式。

那么，假如把"T+1"换成"T+0"，取消涨停板的限制，会怎么样呢？

对于公司来说，假如没有了这两种制度，它的炒作在一天内就能够完成。有的人可能当天收益就增长了 50%、60%，甚至是 100%，而有的人却跌个 50%、60%，散户也会去参与，但这种行为会变成浅尝辄止，因为吃不消。

可能有人会说，放开政策之后会对散户伤害很大，其实不然。对于普通投资者而言，有涨跌停板也经常会出现亏损 50%、60% 的情况，政策开放后只不过是缩短了亏损的时间，况且有了一次惨痛的教训，下一次再参与投资的时候就会比以前谨慎很多。

当散户变得越来越谨慎，那些拉抬，即所谓炒作资金人的胆子也会慢慢变小，一拉上去发现下面没人接盘了，就只能乖乖地降下去，久而久之，这种炒作的人就会自然而然地减少。

归根结底，只要这个制度不改，A 股市场"割韭菜"的盈利模式就会一直存在。既然大家希望有这么多的资金用来炒作，那么上市公司的心思就会花在配合炒作上，而不是勤勤恳恳地把主业做好。因此，长痛不如短痛，改革势在必行！

科技强国——国运之争倒逼科创未来加速

科创未来是国运之争，这已经是一个不争的事实，任何事情都不可能阻挡科创的推进。

美国与中国发生贸易摩擦，针对的是中兴通讯、华为，而不是中石化，也不是某一家钢铁厂，因为华为是科技的代表，只有科技才能代表未来。

当美国步步紧逼时，我们国家最应该做的便是快速调集所有力量，力争在科技创新方面取得突破，减少对美国的技术依赖，甚至在一些方面领先美国，才有可能使我们在贸易摩擦中避免损失。

2018 年，习近平总书记宣布设立科创板，足以显示出国家对于科技的重视程度。科创板的建立，对国家的发展、对民营企业的发展，都是非常有好处的，而对于资本市场本身来说，科创板还可以起到推动制度变革的作用。

归根结底，中美贸易摩擦，与其说是贸易之争，倒不如说是科技之争。中华民族要突破重围，就要借道科技发展。虽然这条路不好走，但以中国人的智慧，再加上如此大的决心，我坚信这条路一定能走成、走好。大家一定要牢记这一点，它与后文的逻辑息息相关。

资本大时代催生科技大时代，带来国潮大时代

为什么会有资本大时代？因为我们需要科技大时代，科技未来借道资本市场是华山一条路，两者缺一不可，又相辅相成。

前两个大时代的目的是什么，或能派生出什么？当然是为了我们的美好生活。我们对美好生活的追求，会体现在我们的文化和物质上，各方面的叠加，就诞生了国潮大时代（国货大时代）。

资本大时代催生科技大时代，带来国潮大时代，这三个大时代是环环相扣的。

中华文化五千年源远流长，中华民族的文化底蕴，有着其他国家无法企及的厚重。曾经，中国是世界潮流的引领者，未来，我们也不会一直去追随别人的时尚，而是会建立自己的品牌文化，随着国人自信心的增强，国货也会插上腾飞的翅膀，走出国门，走向世界，将中国制造带上一个新的高度。

要想实现中国的腾飞，资本大时代、科技大时代、国潮大时代缺一不可，只有先从金融市场进行变革迎接资本大时代，再通过资本大时代大力支持科技发展创造科技大时代，才能让国人找回曾经失去的民族自信，拿回属于我们的国潮大时代，这就是我看好中国的原因，也是中国必将赢得胜利的基础，更是每位投资者需要牢记的未来经济趋势。有关这三个大时代的具体内容，我会在后面的章节进行深入分析。

第二部分

资本大时代，历史必然

第四章

时代的召唤

改革开放 40 多年的成果

40 多年，在人类历史的长河中只是短暂的一瞬，但我国进入改革开放的 40 多年，却是非常特殊、不可替代的，它不仅深刻改变了中国，也深刻影响了世界。

1978 年以来，我国经济发生了翻天覆地的巨大变化。经历过改革开放以前时期的人，肯定还记得，在那个物资匮乏、供应紧张的历史时期，别说购买奢侈品了，甚至连一些保障民生的生活必需品，如豆制品、布、白糖、棉花、煤球、火柴等，都要凭票按“计划供应”，无数家庭生活在温饱线上。

直到 1978 年，我国开始实行改革开放，国家主动把难题交给市场解决，对内改革，对外开放，实行家庭联产承包责任制，搞活商品市场，修路致富，招商引资，加入世界贸易组织……

通过一系列的改革和开放措施，中国取得了巨大的成就，成功地把原来高度集中的计划经济体制，转换成了充满活力的社会主义市场经济体制。由之前的政府计划调节经济活动，变成了现在的由市场配置社会资源；之前物品短缺、价格严重扭曲的现象逐渐消失，取而代之的是物资充裕、价格平稳，中国经济发展开始步入快车道。

成为制造强国，制造业的竞争力无与伦比

二战后，美国迎来发展的黄金时代，但经济繁荣中隐藏着工人危机。20 世纪 70 年代，美国为应对这种危机，开始将劳动密集型产业和中低端制造业转移到发展中国家，以使自己有更多的精力去发展高科技产业。

彼时，恰逢中国改革开放，在招商引资等一系列政策的支持下，我国从海外引进大量企业，制造业突飞猛进地发展，提供了更多的就业机会。

“只要我足够努力就可以得到相应的回报”，这种信念深深植根于中国人的心中，而制造业便是能保证“努力就能得到回报”的领域。加上中国的人口红利，国内的制造业开始蓬勃发展，2009 年中国便超过美国，成为世界第一制造业大国，中国制造出口到世界各地。

中国的制度性优势、劳动力成本优势、作为后发国家所具有的模仿优势的叠加共振，赋予中国制造业无与伦比的竞争力。这种独特优势，更是在 2020 年抗击新冠肺炎疫情中得到了集中体现。

2020 年，新冠肺炎疫情的突然来袭，打了所有国家一个措手不及。在这场与病毒的战斗中，口罩代表着武器，呼吸机意味

着生命。多国纷纷出台政策，暂停粮食及部分医药用品出口，甚至互相扣留他国的防疫物资。

中国作为人口大国，面临着更为严重的困境，然而，得益于“中国制造”雄厚的产业基础和国家强大的号召力，无数车间的机器开始轰鸣，全国数千家企业紧急审批资质，快速改造生产线，新增了口罩、防护服、消毒液等医疗卫生用品的生产业务，终于创造了日产1.16亿只口罩、20多万套医用防护服的生产奇迹，成为支持世界抗击新冠肺炎疫情的“兵工厂”。

更令世界震惊的是，仅仅过了一年时间，截至2021年2月，我国口罩的日均产量已经达到了惊人的55亿只，相当于日本一年的产量！

我国之所以能够迅速地控制住疫情，与产业和技术能力是分不开的，这就是中国制造业的实力。

中国经济高速增长，国际影响力日益提升

40多年来，在改革开放的推动下，我国经济实力、综合国力进入世界前列，国际地位实现了前所未有的提升，国际影响力也日益增强。

根据国家统计局网站发布的数据，从1978年到2017年，我国国内生产总值按不变价计算增长了33.5倍，年均增长9.5%，平均每8年翻一番。我国经济总量从占全球1.8%提高到15.3%，稳居世界第二位。

伴随着经济的快速增长，中国人创造出了巨大的社会财富，不仅就业机会增多了，就连就业结构也发生了巨大的变化，人民

财富增加的渠道也在不断拓宽。随着收入的增加，整个社会逐渐由生存型消费提升到发展型、享受型消费，展现出消费升级的新趋势。人民的家庭财产，也经历了从无到有、由少到多，实现了从温饱到小康的跨越，并逐步走向富裕。

在这样短的时间内，实现这样高的经济增长，不仅在中国历史上没有过，就连世界历史上也没有过，可以说这创造了人类发展史上的奇迹。

与此同时，中国也在不断提升自己的综合国力，无论是政治、经济、军事、文化、体育方面，还是人民群众的生活水平和社会发展水平方面，都得到了极大的提高，我国的国际影响力不断上升，正前所未有地走近世界舞台的中央。

前所未有的幸福感和文化自信

简单总结，改革开放 40 多年，中国解决了商品价格扭曲的问题，让商品不再凭票供应，让买辆自行车不再需要耗费大部分人几个月的工资；让中国越来越强，国际影响力越来越大；让人民的生活越来越幸福。

在经济发展腾飞的同时，中华民族的伟大复兴还需要高度的文化自信，需要文化的繁荣兴盛。

紧接着，党的十一届三中全会顺利召开，随着经济实力的增强、政治改革的需要，文化领域掀起了一浪又一浪的热潮。党的十八大以来，文化体制改革充分释放了文化创新创造的活力，使整个文化产业迎来了蓬勃发展。

尤其是到了 2020 年，我们经历了包括新冠肺炎疫情在内的各种时代剧变。中国在抗击疫情的过程中，扮演了十分重要的角色，也呈现出格外特殊的意义。

文化兴则国运兴，文化强则民族强。在这样特殊的时代背景下，越来越多的人感受到：中国是一个伟大的国家，中华文明是一个古老而绵延不绝的文明，中国人民和中华民族具有无比强大的凝聚力和创造力，这是一种文化的回归，也是一种中国精神的回归，对比之下，我们的文化自信油然而生，一种独特的“精神文明”流淌在每一个国人的心中。

目前面临的六大核心难题

中国经济发展的第一个阶段是改革开放的前 40 年，我们可以称之为“商品大时代”。这一阶段我们取得的最大成功是让“中国制造”迈向全球，让我们生产的商品种类越来越丰富，并找到了合理的商品价格，让中国的商品在全球具备了竞争力。

然而，40 多年过去了，商品大时代由增量市场变为存量市场，发展遇到了天花板，我国也面临着中美贸易摩擦如履薄冰；民营企业、中小企业融资难；房价持续上涨；股市“跌跌不休”，投资者损失惨重；金融垄断监管缺位，P2P 等大面积爆雷；科技发展创新不足，外资控股严重等问题。这六大核心难题，不仅成为国家发展的难题，也成为每一个投资者前进道路上的绊脚石。

困扰中国的六大核心难题

① 中美贸易摩擦如履薄冰

中美贸易摩擦，我们之所以走得如此艰难，本质原因并不在于贸易，而在于我们非常脆弱的金融体系以及对金融管控的不自信。

因为只涨不跌的房价，因为对人民币汇率的不踏实，因为对股市没有信心……所以，我们很怕出现系统性风险，束手束脚，有意压低资本市场（A 股市场）价格，这属于典型的“自废武功”。

虽然，从表面上看，压低资本价格可以防止可能出现的系统性风险，但牺牲的却是我国上市公司的利益和战斗力、投资者的消费能力和信心、经济发展的动力，以及我国企业与美国企业竞争的能力。

再说深一点，贸易摩擦的核心其实就在金融，美元是硬通货，是国际贸易的结算货币，中美贸易顺差，其实就是那万亿美元。试想一下，如果中美贸易一直平衡，我们没有外汇储备，美国印刷出来的纸币就只能给自己用，那么“硬通货”的意义何在？

很显然，如果我们的金融体系足够强大，强大到人民币可以替代美元，那么将会完全改变贸易摩擦的玩法和规则。目前，我国金融体系的现状以及国人的金融能力，已经成为制约中国经济继续前行的一大短板。

② 民营企业、中小企业融资难

民营企业、中小企业融资难，一直是个老大难问题。2018 年，我国还因此出现过大量民企上市公司股权质押爆仓的情况，中小企业资金链断裂的情况更是屡见不鲜。

造成这一现象的原因，除了企业自身之外，主要还是银行业的国有垄断。

2016 年以来，78% 的银行贷款给了央企和国企，而只有不到 20% 给了更具活力、更高效的民营企业。资本市场不够强大，无法大幅扩大直接融资，成为民营企业进一步发展壮大的瓶颈。

③ 房价持续上涨

提到经济和投资，一定绕不开房价。甚至有一种说法，我们的经济已经被房价绑架了。那么，房价为什么会居高不下，是土地供应问题还是人口问题？

我认为，房价问题的根本，终究还是金融问题，比如货币超发、土地财政等。另外，资本市场的不够发达，理财产品和渠道的缺乏、不成熟，也把民众赶到了房地产投资这一条独木桥上。

④ 股市“跌跌不休”，投资者损失惨重

股市“跌跌不休”，首当其冲的就是广大的中小散户，他们拿着自己的血汗钱支持国有企业脱困、上市公司改造、中小企业上市，却从来没有上过任何慈善榜，反而一直像砧板上的鱼，面对宰割毫无招架之力。

由于金融市场的制度设计、重融资的发展路径及监管不成熟等问题长期存在，股市的每一次震荡，都会打击一大批投资者的信心。

⑤ 金融垄断监管缺位，P2P 等大面积爆雷

马克思早就在《资本论》中告诉过我们，为了 100% 的利润，资本就敢践踏一切人间法律，如果有 300% 以上的利润，资本就敢犯下任何罪行，甚至冒着绞首的危险。

这句话用在这里再合适不过，因为金融垄断造成了资金价格扭曲，银行贷款利率（低于 8%）和民间贷款利率（高于 30%）存在巨额差价，致使一些人利用政策宽容铤而走险，做起了“贩卖资金”的暴利生意。直到金融“强监管”、降杠杆，致使这些“贩卖资金”的 P2P 公司被挤兑，最终导致资金链出现问题而崩盘。

“雪崩”之下，被洗劫财富的除了老百姓之外，还有无数中小企业（主要是民营企业）。因为金融垄断，这些企业贷款无门，只得被迫去民间获取高价资金，它们其实是 P2P 资金的最终需求方，所以，当 P2P 出现问题的时候，大量民营企业也随之崩盘。

⑥ 科技发展创新不足，外资控股严重

在电影《阿甘正传》中，阿甘凭借购买了苹果公司的股票，实现了财务自由。为什么中国却很少有这样的投资传奇？

以百度、腾讯为例，它们都在海外上市，原始投资方也基本都是外资，导致我国新经济发展的红利大部分都被外资分享，中国民众只是充当了一个消费者的角色，几乎完全错过了互联网新经济的红利时代。

之所以出现这种情况，最主要的原因还是中国资本市场不够发达，以国有银行为主的金融体系，让创新企业、轻资产的高科技企业、中小企业在国内融资无门，A 股市场的制度设计缺陷，

也让非营利性公司无法在 A 股市场上市融资。

金融改革方面的滞后，几乎让我们失去了一个互联网时代。作为普通投资者，自然无法拥有阿甘那样的机会和运气了。

一切问题都是金融的问题

以上六大问题指向的都是金融问题，这背后的逻辑其实非常清晰。

我国是制造业大国，中国生产的商品遍布全球，这是我国 40 多年改革开放取得的主要成就。

如果把商品比作一个人的躯体，那么金融就是血液系统，供血能力决定这个人的身体健康状况。40 多年来虽然我国经济得到了快速发展，但出现的问题也越来越多，究其根本原因，就是“躯体成长”和“供血能力”出现了严重的发展不平衡，再不整治，“躯体”将未老先衰。

我国改革开放的 40 多年，是从解放生产力、大力发展市场经济开始的，虽然困难重重，但这一切并没有阻挡国人坚持开放、大力发展市场经济与民营经济的决心，最终，彻底解决了计划经济下“商品价格扭曲”的问题。

然而，躯体的快速成长，越来越受到血液系统的制约。虽然“商品价格扭曲”的问题得到了解决，但“资金价格扭曲”的问题却越来越严重：官方利率和民间借贷利率的巨大差距、资金垄断、“计划金融”等情况愈演愈烈，完全与市场的真实需求相向流动。

供血不足，躯体自然不可能成长，甚至会萎缩，中国十分需要对金融系统来一场划时代的“改革开放”，就像当年的商品市场改革开放一样，金融市场更需要进行市场化变革，靠国有垄断（吃大食堂）是无法满足日益成长的躯体血液供应的，手指头萎缩了，难保手掌甚至整只手臂不会萎缩。

如果金融领域的“国进民退”情况得不到彻底扭转，金融资源垄断不能被彻底打破，我国金融业发展得再大也只是个巨婴，市场依然无法找到资金的真实价格，民营企业、中小企业融资难的问题也不可能得到彻底解决，那么强大的资本市场就将是个笑话，国家支持民营企业、中小企业发展的愿望也终将落空，又谈何发挥资本市场的枢纽功能作用呢？

可喜的是，国家层面已经意识到了资本市场的枢纽功能作用，也一再强调大力发展民营企业的重要性。如果说，改革开放前 40 年是中国商品引领全球，那么未来 40 年应该是中国资本引领全球。

所以，我一直坚信，资本大时代是历史的必然，我国正在开启一个资本市场大时代，一场轰轰烈烈的投资革命已经到来。

为了提高以上思考的实用性，投资者可以这样简化以上逻辑：中国经济的主要矛盾在“金融”，金融的主要矛盾在“资本市场”，资本市场的主要矛盾在“券商”，券商的主要矛盾在“监管”，监管的主要矛盾在“思维”，思维的主要矛盾在“时机”（极端出现）。

一个大时代的来临，必然带来巨大的投资机遇，这是财富重新分配的时代。这就是资本大时代的力量，如果你还没有意识到它的重要性，没有理清资本大时代背后的逻辑，就很有可能会错过这次改变命运的机会。

第五章

国家的重视——金融供给侧结构性改革

大国科技博弈的背后是财力博弈

二战以来，美国以科技霸权、金融霸权、文化霸权、军事霸权称霸世界，习惯了一家独大的日子，只要有国家变强大就会用霸权进行打压。

比如 20 世纪美国对苏联的制裁。美国通过技术封锁、减少外汇收入、军事施压、用文化渗透进行内部瓦解、搞金融陷阱等一系列操作，让苏联民众的生活质量急剧下滑，最终以苏联解体收场。

再比如 20 世纪 70 年代美国对日本的打压。当时日本在高科技领域曾一度赶超美国，美国因此火速公布了“301 条款”，拿东芝开第一刀，日本敢怒不敢言，导致东芝遭受重创。随后一连串的制裁让日本的高精尖领域一蹶不振。在多重打压下，日本经济持续下行。大批年轻人失业，社会氛围极度低迷。昔日无比辉煌的时代，最终在美国的干预下，成为泡影。

同样的手段，美国如法炮制到中国身上，由于国产芯片产业，特别是芯片制造业是中国的“弱势产业”，看准了这一点的美国几番对华施压：第一枪对准了中兴通讯，第二枪则对准了华为。

为了达到打击中国的目的，美国通过一系列措施打压中概股，导致中概股的价格在美国股市波动较大，多数中概股面临摘牌风险；让那些正在赴美上市的中国企业被迫放弃；同时，还降低了投资者对中概股的信心，影响企业的运作。

在美国的打压下，中国资本在海外的投资，也延续了下降趋势。据商务部、外汇局统计，2019 年，我国对外全行业直接投资 8 079.5 亿元人民币，同比下降 6%（折合 1 171.2 亿美元，同比下降 9.8%）。其中，我国境内投资者共对全球 167 个国家和地区的 6 535 家境外企业进行了非金融类直接投资，累计投资 7 629.7 亿元人民币，同比下降 4.3%（折合 1 106 亿美元，同比下降 8.2%）。

不仅如此，正如《瞭望》新闻周刊于2014年6月刊登的《美国“六招”狙击人民币国际化》一文中所说，美国采取以下措施不断狙击人民币国际化：

① 多次在不同场合释放“人民币升值”+“购买东盟”论，“妖魔化”人民币成为国际货币“扩张效应”的主导者。

② 要求东盟国家延缓将人民币作为国际清算货币，并降低在具体国家国际贸易中结算被使用的比重。

③ 要求强化美元作为“第一手段”，尤其是强化在石油、天然气、橡胶等战略储备资源中作为结算手段的核心地位。

④ 协助作为“盟友”的日元提升影响力，以应对人民币在东南亚日益高涨的影响力。

⑤ 与越南结成事实上的“金融同盟”，筑牢人民币在东南亚发展中的“短板”。

⑥ 美国的战略构想是在15~20年乃至更长时间内，使得人民币无法成长为国际货币。

我们不难从美国的一系列操作中看出，虽然这场纷争是从科技开始的，但背后是资本市场的较量，强大的资本市场是美国霸权主义的支撑。

中美博弈的本质是资本市场的博弈

美国资本市场自20世纪80年代开启资本大时代以来，催生了长达30年的科技互联网大时代，让其在金融和科技领域拥有绝对的话语权，奠定了美国的金融霸权和科技霸权基础。

如表5.1所示，在美国，很多比较赚钱的企业都分布在软件及互联网行业，而在中国，这个角色则多分布在银行业。

这并不是因为中国银行的经营水平超高，或竞争力超强，而是因为中国企业的利润最终多是流向了银行。同时，由于银行业的准入限制，造成整个行业垄断经营，政府的宏观金融调控政策，也让银行处于非常特殊的地位。

过去，由于我们的资本市场不够发达，那些非常伟大的企业，包括代表我国新经济的阿里巴巴、京东、百度、腾讯等，几乎均被外资控股，赴国外上市，这些企业成长的红利也因此全部

表 5.1　2019 年《财富》世界 500 强中美前十大最赚钱企业的行业分布

美国				中国			
500 榜单排名	公司名称	利润（亿美元）	行业	500 榜单排名	公司名称	利润（亿美元）	行业
11	苹果公司	595.31	软件及互联网	26	中国工商银行	450.02	银行储蓄
41	摩根大通	324.74	证券保险	31	中国建设银行	384.98	银行储蓄
37	Alphabet 公司	307.36	软件及互联网	36	中国农业银行	306.57	银行储蓄
58	美国银行	281 47	银行储蓄	44	中国银行	272.25	银行储蓄
69	美国富国银行	223.93	银行储蓄	67	国家开发银行	167.44	银行储蓄
184	脸书公司	221.12	软件及互联网	29	中国平安保险（集团）股份有限公司	162.37	证券保险
135	英特尔公司	210.53	软件及互联网	182	阿里巴巴集团	130.94	软件及互联网
8	埃克森美孚	208.4	采矿采油	188	招商银行	121.79	银行储蓄
25	美国电话电报公司	193.7	电信	363	台积电公司	120.44	电子、电气设备
71	花旗集团	180.45	银行储蓄	237	腾讯控股有限公司	119.01	软件及互联网

外流。出现如此让国内投资者扼腕现象的背后，正是我国存在的科技发展、创新能力不足等问题。

如今，我们可以借鉴美国经济转型的成功经验，科创强国已然成为时代的共识，而科创未来借道资本市场，就是摆在我们面前的必然选择。

如何走通“科创未来借道资本市场”这条路？

第一点，加大科技研发投入力度。

研发投入是对知识增长与积累的投资，亦是创新的基础。各国均将科技投入视为经济增长的引擎。

数据表明，美国、欧盟、日本等传统的发达国家和地区，在科学和工程领域仍处于世界领先地位，绝对研发活动水平仍在不断提升，但增长速度放缓，全球份额缩小。随着全球科技向“多极化”发展，发展中国家的科技实力持续增强，新兴经济体，特别是中国的发展尤为迅速，中国的研发资金投入仅次于美国，排在欧盟之前。

第二点，借道资本市场是华山一条路。

首先，经过40多年的发展，过去那种低端商品已经不再适合现阶段中国的发展了，中国迫切需要有技术含量的产品。

其次，中国的发展速度由高速降为中高速，目前各行各业都面临转型的问题，唯有科技，才能带领各行各业披荆斩棘，实现成功的转型升级。

最后，中国的核心技术被挟制，中国经济必须转型升级，发展科技，用科技来强国，而只有强大的资本市场，才能为科技企业的发展提供充足的资金。

基于以上几点，国家从来没有像现在这样重视资本市场。如果以 2018 年为分界点，前 40 年是“银行 + 房地产 + 中国制造”拉动的模式，那么，后 40 年就应该是“资本市场 + 中国智造 + 科创引领”的模式，资本大时代是应运而生的时代。

对于普通投资者来说，当我们站在这些角度去思考问题时，便能看准后面的行情，知道应该怎么做。

提高直接融资占比，解决资金价格扭曲问题

1990 年，沪深交易所相继挂牌，徐徐拉开了中国资本市场的大幕。

从东方财富网站《中国股票市场流通现状浅析》等相关资讯中可以发现，30 多年间，中国股市经历了从无到有的历程，截至目前，境内共有 4 000 多家上市公司，成为全球第二大股票市场，涵盖了国民经济 90 个大行业，市值近 80 万亿元，集中了经济发展的行业代表。

资本市场发展一路走来，虽然充满了坎坷和磨难，但也算是发挥了资本市场应有的功能：

① 有效地推动了国民经济的健康发展。

② 实现了资源的优化配置，促进了供给侧结构性改革，让整个社会的生产力更上一层楼。

③ 让整个社会的金融体系更加健全，使得过去以银行为基础的金融体系，慢慢过渡到以资本市场为基础的金融体系。

同时，中国资本市场在这 30 多年的发展中，为老百姓增加了投资理财的渠道，让普通人也有机会分享到改革开放的红利以及上市公司成长的红利，增加了人们的财富积累。

然而，为什么现在很多人都不看好中国股市，甚至觉得这是一个风险很大的陷阱？主要有以下原因。

资本市场不发达，价格扭曲等问题长期得不到解决

虽然 A 股市场规模已迅速成长为全球第二，但中国股市的发展却长期滞后于银行体系的发展，整个金融体系仍以银行为主导。截至 2019 年底，非金融企业境内股票余额，在中国社会融资规模存量中的占比仅为 2.9% 左右。说明中国企业仍高度依赖于银行贷款融资，杠杆率偏高。

目前，资本市场在社会融资中所占的比例较低，直接融资和间接融资差距较大，如表 5.2 所示，我国直接融资与间接融资的比例是 1：8.2，而英美等国家的比例多在 1：1 左右，即直接融资与间接融资各占 50%。

这种现象带来的直接后果就是资金价格的扭曲，同样是钱，放在银行是 3%~4% 的利息，但放在民间就是 30%~40% 的利息，这样扭曲的资金价格，是典型的不正常。

由于资本市场的相关法律依然不健全，一些上市公司造假，只需要付出很小的代价，就能带来较大利润，所以 A 股市场“割

非菜”的盈利模式才会长久不衰。也正是这种不健全的制度，导致 A 股市场存在不少肆意妄为的问题公司，增加了市场投资的风险（爆雷）。

表 5.2　不同国家直接融资与间接融资的比例

国家	直接融资：间接融资
中国	1：8.2
美国	1：1
英国	1：1
加拿大	1：1
澳大利亚	1：1
韩国	1：1.6
日本	1：1.7

简单来说，资本市场不发达，改革不到位，是以上问题长期得不到解决的根本原因。股权融资占比较小，股市长期得不到重视，导致“旱的旱死，涝的涝死”，好公司流失，赴海外上市，国内投资者无法分享优秀公司业绩增长的红利，因此对股市敬而远之，这是资本市场的损失，也是投资者的损失。

该如何解决“资本市场不发达、改革不到位”问题？

多年来，为了拓宽企业的融资渠道，提高直接融资占比，资本市场始终走在改革的路上：2004 年，在深交所设立“中小企业板”；2009 年，在深交所设立“创业板”；2019 年，在上交所设立“科创板”；2020 年，国务院颁布相关文件，指出要通过基础性、制度性改革解决劣币驱逐良币、上市公司把股市当作提款机的问题，完善注册制和退市制度；2021 年，正式设立北京证券交易所。

如此一来，科创板新股发行采用注册制，企业上市不需要政府批准，对新股发行定价也不采取行政监管，并允许创新型企业在实现盈利之前上市。注册制在科创板成功运行后，在创业板也进行了注册制改革，全面注册制改革即将到来。同时，北交所设立的目的是激活新三板，不仅是化解中小企业融资难问题的有效路径，也是我国构建多层次资本市场的重要布局，更是扩大直接融资比例的重要举措（解决中小企业融资难问题，有利于降低居高不下的资金价格），可以说，这对助推我国经济发展、促进就业都有非凡的意义。

正如2020年6月，证监会原主席肖钢所说，“国家从来未如此重视过资本市场”，A股市场的健康发展，对于推动中国企业的创新和去杠杆化至关重要。国家对金融资本市场的改革，从来没有停止过，未来也不会停止。

因此，每当有人问我，“股票还值不值得投资”“可不可以投资股市”的时候，我都会以鼓励的态度回答。不仅因为股票是长期收益最高的投资品种，而且风险可控，更主要的是，中国资本市场的未来非常美好，未来30年是中国资本市场改革开放的新30年，是从商品时代到资本时代的转变，这是一个大时代的风口。

加快金融市场开放步伐

一个成熟的资本市场，对一个国家的稳定发展具有举足轻重的作用，加快国际化的速度是资本市场走向世界的必经之路。

为此，20 世纪 90 年代我国在开发浦东的时候，允许外资设立银行、保险公司、证券公司以及各种金融机构，到 21 世纪初中国加入世界贸易组织之后，中国对外资金融机构基本上是开放的，之后还引入了 QFII（合格境外机构投资者），开通了沪港通、深港通，取消了证券公司外资股比限制，大幅简化了境内证券投资收益汇出手续等。

除此以外，我国在资本市场上也推行了不少改革政策，比如科创板的创新建立、创业板的注册制和放大到 20% 的涨跌停板，以及北京证券交易所的设立等，这些举措都取得了不小的成就。

然而，作为全世界第二大经济体和第一大出口国，我国金融市场的开放任务依然任重道远，仍有很多问题需要解决。

资本市场对外开放程度依然不高

虽然资本市场一直在改革，但目前对外开放的程度依然不高，中国资本市场和监管环境尚未与国际接轨，导致外资“水土不服”。这带来的直接结果就是：A 股市场外资占比仅为 2.7%，4 000 多家上市公司中只有 100 多家外资企业，且注册地均在中国，所开展的业务也都集中在国内。

相比之下，在美股股票买卖中，来自海外投资者的成交量约占 75%；在日本股市的股票买卖中，来自海外投资者的成交量占比也在 70% 以上。中国股市多样化的程度还有很大的发展空间。

股权比例上限为 25%、49%；不能独资甚至不能控股；在某些领域的经营范围上，不允许外资金融机构开展特定的业务……

种种束缚，导致外资金融机构在我国发展受阻，无法发挥真正优势。

这种有限的对外开放，不仅造成了“中强外弱”的局面，也导致相关金融机构经营效率无法达到预期，海外资产进不来，金融供给侧结构性改革后继无力，国内核心资产的发展也只能是空谈。

如何扭转这一局面，充分调动外资的积极性，为中国资本市场的发展贡献力量呢？

好在国家已经意识到了这个问题，黄奇帆在2019中国经济论坛上的演讲表明，从2018年4月至2019年12月，四部委相继出台多个文件，其中有24条是关于市场准入的，强调给外资提供同等的国民待遇；有11条是关于外资持股比例的，鼓励外资控股甚至独资在中国设立金融机构；还有29条是关于经营范围的，放开外资的各种业务许可。

这64条规则，激发出一股巨大的力量，撬动巨额外资涌入中国，助力中国实体经济发展，带来金融改革开放的巨大投资机遇。另外，降低外资股权限制门槛、扩大外资机构经营范围，让它们享受同等的国民待遇，也是当下较为紧迫的问题。

取消“T+1”和涨跌停板，摆脱“万恶之源”

“T+1”和涨跌停板制度极容易催生泡沫，虽然这并不是它的本意，但这一制度让很多炒作者，比如一些“敢死队”、游资等，赚得盆满钵满。为什么会这样呢？

首先，涨跌停板制度看似保护了投资者，但会让投资者丧失警觉。

因为即使当天跌停了，最多也才亏10%，这种温水煮青蛙似的下跌，不会让投资者一下子那么心痛，自然也就不会产生警惕。

其次，“T+1”相当于是监管层为投资者在“下海”之前准备的“游泳圈”，同时在岸边立了一块牌子，上面写着“股市有风险，投资需谨慎”。然而，这种保护却给了不少投资者一种盲目的自信，仗着自己有“游泳圈”就无所畏惧，结果一时大意，就被等在深水区的“鲨鱼”当成了猎物。

如果没有涨跌停板的限制，虽然一天可能会跌50%甚至60%，但这会使投资者在心痛的同时，也产生一种敬畏感，下次来的时候就会做好准备。

最后，散户和机构不对等，“T+1”对散户来说其实是不公平的。

如果把“T+1”和“T+0”看作两个房间，老虎和美女随机出现在其中，而你必须选一个房间进去。如果是“T+0”模式，当你打开房门发现不对时，可以马上反悔出门，并重新得到一次进门机会。相反，如果是“T+1”模式，那么不管你打开房门看到的是老虎还是美女，都必须在里面待一天一夜。请问，你会选择哪种模式？

毋庸置疑，你会选择“T+0”模式，毕竟有“反悔牌”在手，心中不慌。

但是，我们的交易制度是“T+1”，意味着你没有反悔的机会。一旦选错，对机构来说，它还可以利用做空等手段对冲风险，而散户只能与虎为伴，默默承受自己选择的结果。

出现这样的结果，监管层也很冤枉，其制定这一制度的初衷是要保护投资者，没想到却成了猎人宰杀猎物的保护伞，把A

股市场搞得乌烟瘴气。

如果把“T+1”改成“T+0”，那猎人和散户就是对等的关系。如果没有涨跌停板的限制，没有“游泳圈”的保护，一天能大涨100%，也能大跌50%，那些不会“游泳”的人“下水”就有可能被“淹死”。当散户知道这里危险，或者吃过亏之后，下次就不敢随意进来了。

“韭菜”不敢来了，那可以“割韭菜”的土壤也就不复存在了，生长在这片“土壤”上的围猎模式自然也会消失，当大家不能再靠炒作盈利时，自然就会安心做好主业，让市场走向正轨，助力更多企业发展。

所以，我说“T+1”和涨跌停板是“万恶之源”，必须把这个让A股市场暴涨暴跌的罪魁祸首踢出去。

与全球同步接轨，无须讨论延长交易时间

一个市场就像一个集市，开市的时间越长，就会为别人提供越多的便利，也会吸引越多人来这里做交易，因此这个市场就会很活跃。资本市场也是如此，放眼全球，越发达的市场交易的时间越长，就像一个生意很火爆的商店，它可能24小时不打烊，而一个生意冷清的小店，可能晚上8点就关门歇业了。

回过头来看我们的资本市场，我们拥有这样大的一个向全球开放的资本市场，却保持着全球最短的交易时间，这本身就说明了很多问题。

虽然站在从业人员的角度来看，延长交易时间就意味着延长了他的交易时间，但站在客观的角度来看，拉长一点时间没有坏

处，可能会增加一些成本，但这种成本付出是值得的。

如果你觉得A股市场4个小时的交易时长已经足够了，那为什么还要对外国投资者开放？这不是自相矛盾吗？如果真的想要引进外盘和海外资金，就要拿出一些诚意，考虑别人的感受，与国际接轨，至少可以给对方的交易提供一些便利。

所以，没有必要去讨论延长交易时间的话题，因为这本来就是应该的。

减少交易摩擦，无须讨论印花税

对于一个活跃的交易市场来说，最重要的就是减少摩擦成本，这是一个基本的道理。如果摩擦成本过大，交易就会不顺畅，而印花税就是交易间的摩擦成本，影响了交易进行的顺畅程度。

很多人之所以不同意取消印花税，是担心会影响税收。但我认为，只有先把市场做起来，增加市场容量，才能帮助更多企业成长起来，让好的企业上市，不仅能够促进经济发展，还能让税收大幅增加，那个时候的税收收入会远远超过印花税收入。

如果认识不到这一层面，认为多点印花税就会多点税收，那么就是捡了芝麻丢了西瓜。

当然，我们也可以仿照国际市场比较成熟的做法，在事后收取利得税，当人们赚钱的时候让他交点税，他也不会有很大的抵触心理。只是，我们现在还没有发展到那个阶段，这种做法还不在考虑的范围之内。

一个好消息是，现在监管部门已经意识到了这一点，认为要提高市场的活跃性，最好的办法就是减少摩擦成本，所以也无须讨论印花税。

账户保证金归还证券公司

目前，所有券商客户的保证金，都要在银行做第三方存管，也就是说，券商把自己最重要的客户资源都给了银行，这是一件特别奇怪的事，也是我国券商不能做强做大的一个重要原因。

这个怪现象最初出现在21世纪初的一次熊市，由于券商经营困难，出现了客户保证金被挪用的情况。为了杜绝这种情况，监管部门强制要求券商客户保证金必须在银行进行第三方存管。

虽然这在表面上看起来很合理，但仔细想想，这个逻辑其实是有问题的。

首先，券商和银行都是金融机构，同样享有借力国家信用的资格，但为什么没有人要求银行把客户存款交给第三方存管，以确保储户的利益呢？

其次，客户保证金是客户的资产，是受法律保护的。如果监管层需要确保券商对客户保证金的支付能力，就应该像确保银行支付储户本息一样采取相关举措。

很多人都有一个思维误区，认为“钱放在银行比放在券商风险小”，但实际上，当类似2020年“原油宝”事件①的情况出现时，你会发现：银行的风险也未必小，因此这种思维必须改变。

---

① 2020年，受新冠肺炎疫情、地缘政治、短期经济冲击等综合因素影响，国际商品市场剧烈波动。美国时间2020年4月20日，WTI原油（美国西得克萨斯的轻质原油）5月期货合约CME（芝加哥商品交易所）官方结算价−37.63美元/桶为有效价格，客户和中国银行都为此蒙受了损失，由此触发“原油宝”事件。

未来，我们需要让券商具备与银行同样的抗风险能力，才可以和世界上实力雄厚的投行竞争，才能切实提高直接融资占比，分担、化解挤压在银行体系的风险。也唯有取消这些阻碍资本市场发展的制度，才能展示金融改革开放的决心和态度，增强市场韧性，让投资者享受到投资红利，实现与资本市场企业的共同成长。

改善金融监管环境

我们在前面提到的“原油宝”事件，在社会上引起了巨大轰动。有人说，油价暴跌是“原油宝”事件爆发的罪魁祸首，但实际上，油价暴跌只不过是事件发生的导火线罢了，这不是一个偶然，而是一种必然。

之所以得出这个结论，还要从我国的金融监管现状说起。

金融业作为国家经济发展的核心，一直以来受到各国政府和人民的高度关注。目前，世界上大多数国家金融业实行的是混业经营，而我国实行的是分业经营。后者有何特点呢？

简单来说，分业经营即专业化经营，指要在一国之内的金融机构之间实行严格的业务限制，各类金融机构要严格依照法律限定的范围提供独立的金融服务，不得跨界经营。

目前，我国银行有三大业务：负债业务、资产业务和中间业务。与储户有直接关系的业务主要就是负债业务，也是银行的主要资金来源。储户将钱存入银行，获得一定利息，然后银行再将钱借出去，收取高一点的利息赚取息差。从本质上来说，这是一种间接融资方式，储户基本处于低风险甚至零风险的位置。

然而，被包装成理财产品的“原油宝”，其实是一款金融衍生品，是客户直接参与投资的高风险产品，它更像券商业务的股票或者期货。可以说，这是银行的一次跨界，但由于经验不足，导致跨界失败。

可以想象，如果“原油宝”事件发生在券商，不管是在产品设计、风控还是监管方面，都会做得更好。更重要的是，券商客户的主动性、期待及对待风险的容忍度，也与储户有很大区别，最后的结果或许会完全不同。

银行跨界的背后是分业经营的弊端

金融分业经营的初衷，是为了防范风险，但此次银行跨界的目的并不是简单的逐利，它的失败也反映了分业经营的一些弊端。

① 从投资者角度，增加了投资成本

投资者在办理多项金融业务时，需要往返于各机构之间，这就增加了投资者的交易成本，无法为投资者提供优质的一站式金融服务。

② 从业务发展角度，阻碍了各金融业务之间的优势互补

银行业务具有资金优势和信息优势，证券业务具有广泛性优势和收益优势。人为地分割金融市场，增加了金融风险，使

各业务优势无法相互弥补。

③ 从资本市场的竞争力角度，弱化了金融机构的竞争力

分业经营的制度缺陷，不仅在国内市场上削弱了国内金融机构之间的竞争意识和创新意识，也在国际市场上削弱了我国金融机构的国际竞争力。

虽然此次银行跨界以失败告终，但并不代表我们不需要创新。我国的金融发展史其实更是一部金融创新史。我们应该用更为辩证的眼光来看待必要的金融创新。

该如何填补分业经营的监管空白区？

在我国的分业经营格局中，银行归中国银行保险监督管理委员会（以下简称“银保监会”）监管，券商归中国证券监督管理委员会（以下简称“证监会”）监管。由于分属两套不同的监管体系，必然会使监管的有效性降低，在一定程度上影响监管效果，使分业监管在监管信息共享与监管政策协调上面临着严峻的考验。

比如，银保监会、证监会在进行分业监管时，容易以自身利益为出发点，互相推卸责任，甚至会因争权而出现某些领域无人监管或职能重复的情况，导致无效监管。同时也会增加监管机构的压力。由于分业监管对交叉业务领域的监管制度不同，存在较大的套利空间，因此在巨大的市场竞争压力下，监管部门可能会放松监管力度，增加金融体系的脆弱性，此次“原油宝”事件正是如此。

那么，如何才能避免此类事件再次发生呢？这还需要从金融监管环境本身出发。

随着时代的发展，我国金融业正在逐步融合，分业经营的局面不会持续太久，分业监管已成为制约我国金融业发展的障碍。

然而，金融创新和监管是一对矛盾体，创新就意味着冲破监管的束缚，带来一些新的风险，同时必然会带来新的监管，因此形成“监管—创新—再监管—再创新”的良性动态循环发展过程。

金融监管体系的改革不能一蹴而就，而是要分阶段逐步推进、稳步过渡，结合我国实际，建立具有中国特色的统一监管模式。同时，还要完善法律法规体系，制定出高效、权威、清晰、可执行的专门性法律，明确责任主体，强化责任意识。

比如，严把内幕消息关，树立良好的市场风气。资本大时代开启后，将来会出现很多重组并购的上市公司，如何保证内幕消息不被泄露，其实是很有讲究的。

现在监管部门对内幕消息抓得非常严，甚至会上升到刑事责任的层面，这是非常必要的，否则对投资者来说没有任何公平性可言。比如，2020 年 10 月，国联证券与国金证券终止合并事件，就是一个特别好的案例。通过这个案例，投资者也应该对内幕消息交易的风险性有一个充分的认识。

知道内幕消息对于个人来说不是一件好事，因为哪怕得到了这个消息，个人也不敢随便做交易，否则会受到相当严重的处罚；对于一些上市公司的相关部门和其他相关的政策部门来说，压力就更大了，一旦出现问题就会被调查。

2021 年是“十四五”规划开局之年，需要继续深化金融供给侧结构性改革，尤其需要加强对重点领域和薄弱环节的金融服务体系建设。

要想达到这一目标，就需要设置一套科学的金融风险监管体系和指标体系，以减少金融风险为核心，建立金融监管报告制度、推行非现场日常监督、完善资产负债比例、管理系统监控指标等，才能为加快构建新发展格局提供有力、有效的金融支持。

我也希望通过一些措施的出台，使未来的重组并购走上一个比较好的路线，不论是对投资者，还是对A股市场来说，这都是非常重要的。

发展资本市场是萝卜青菜，更是星辰大海

提到国家发展的方向和未来的优势，总有一个绕不开的关键话题，就是金融。

国家开启资本大时代、发展资本市场，一个很重要的原因，就是希望利用资本市场去杠杆的优势，解决目前中国经济的核心问题——高杠杆，从而降低系统性风险。

接下来，我们便深入分析一下这背后的关键逻辑。

家电巨头举债度日，只因融资难、融资贵?

非金融企业的债务问题，是阻碍中国经济发展的一块“绊脚石”，而且这块“石头”非常巨大。根据国家金融与发展实验室、国家资产负债表研究中心发布的《2020年三季度中国杠杆率报

告》，前三季度宏观杠杆率增幅为 27.7 个百分点，由 2019 年末的 245.4% 上升到 270.1%。其中，非金融企业部门杠杆率上升了 10.4 个百分点，从 2019 年末的 151.9% 增长至 162.3%。

2020 年美国的企业债务占 GDP 的比重不到 70%，我国企业债务占 GDP 比重足足比美国高出 1 倍。如果不及早进行调整，这条路未来的风险只会越来越大。

那么，如果我们想去掉非金融企业的杠杆，以此来降低企业的杠杆，问题的焦点在哪里呢？

一言以蔽之：宏观经济去杠杆的要害，在于去企业的债务。

企业加杠杆就像一把双刃剑，有的企业通过杠杆扩大规模、抢占市场，实现更快速的发展；也有的企业目光短浅，通过举债应对企业危机，盲目举债无异于饮鸩止渴，最终将企业推入债务深渊。

比如 2021 年 3 月被国资委接盘的苏宁，就是一个过度使用杠杆，最终造成财务崩盘的典型。

众所周知，苏宁与国美是我国的两大家电巨头。如今，苏宁却走到了欠款数千亿元，被债务拖垮的局面，原因何在？

先说一个结论：在中国，大部分资金在银行和大型国企。民营企业想要融到资金十分困难。所以，才有那么多的企业靠举债度日，就连行业巨头也概莫能外。

民营企业这么惨的原因，一是没有抵押物，很难从银行借出钱来；二是没有国家信用做背书。

有些国企同样没有抵押物，但因为有国家信用兜底，也能从银行借到钱。但民营企业没有这样的特权，随着时代的发展，很多行业都是轻资产，尤其对于很多科技企业来说，未来的前景非常广阔，可它们没有资产可以抵押。但这就代表它们就没有价值吗？

它们的专利和数据，可能在不久的未来将价值万金。然而，这样的企业要发展起来，恰恰需要低成本的资金去推动。

于是，它们只能去寻找那些抵押门槛更低，甚至可能不需要抵押物的资金，也就是高利贷。这也是当年 P2P 快速发展的重要原因。

这就造成了一种滑稽的结果：利率低廉的资金总是流向不需要资金、发展前景有限的大型国企；迫切需要资金的新兴企业却贷款无门、利率高昂。因此才会出现 2018 年大量民企上市公司股权质押爆仓的情况，中小企业资金链断裂的情况更是屡见不鲜。

寄希望于银行来解决中国民营企业融资难的问题，是不现实的。最有效的办法是靠股权。

多层次资本市场助力股权融资，解决民营企业融资难题

未来的科技发展需要高效的股权融资渠道，即一个强大的资本市场。

西方有一条非常成功的发展路径，即资本和科技的创新高度融合，可以长期将企业的杠杆率维持在可控的水平，同时也实现了企业的高速增长。

这方面最典型的例子就是硅谷。几十年来，美国科技的快速发展，正是得益于硅谷这种新型的股权融资模式。

在这种股权融资模式中，更多的是风险投资，让投资者可以不去重视这家企业在实际运营中是否有盈利，甚至很多企业上市后长期不盈利也无所谓，因为它们希望创造的是价值，等企业价

值增加后，再开始赚钱。

这方面最典型的例子是亚马逊。亚马逊自从上市以来，通过股权投资，使企业市值快速增长，虽然有将近 20 年的时间都不盈利，但资本市场一直在支持它。现在我们都知道了，这是一家非常伟大的企业。

还有当下十分热门的特斯拉，特斯拉 2013 年上市，一直到 2020 年才实现稳定盈利，但这并不妨碍它的股价在几年间涨了几十倍。凭借完善的股权融资机制，特斯拉在短短十几年间从无到有，发展成为一家造车企业，企业通过股权融资获得了大量的资金来支持自身的发展，投资者也在此期间获得了丰厚的收益，实现多赢的局面。

通过以上两个例子，我们不难看出：美国的多层次资本市场非常发达，不仅为初创企业的发展提供了必要的资金支持，解决了成熟企业的资金问题，还为企业成熟期的上市以及风险资本的退出提供了平台，使资本在科技创新的后期能够平稳着陆，因此能够吸引更多的资金进入市场，为处于各个发展阶段的企业提供源源不断的资金支持，由此构成一个资本的良性循环。

反观中国的资本市场，银行希望把钱投到“旱涝保收”的领域，因为它需要赚取固定的收益。我们中国的汽车制造企业，发展了很多年，一直在追赶西方的技术。虽然近年来，我们国家的造车新势力（蔚来汽车、小鹏汽车、理想汽车）也靠着融资发展了起来，甚至还涌现出了不少新的汽车厂商，但未来的中国资本市场，依然有很长的路要走。

中国金融资本市场发展依然任重道远

相较于美国的资本市场，我们的金融资本市场确实不够强大，甚至可以说还非常弱小。

最典型的例子是，我国的券商作为资本市场核心的中介，整个行业一年所有的利润加起来，还不如一家排名靠后的银行。从数据上来看，银行的利润都是万亿元级的，而券商是千亿元级的，相差了整整 10 倍。

虽然国家对资本市场的改革决心很大，但也确实碰到了很多问题，比如上市公司退市制度不够完善、上市公司的治理存在问题、处罚不够严格等，导致改革步履艰难、速度缓慢。甚至大家对整个资本市场的理解，都存在一些问题。

正因为我们的资本市场还不够强大，大量的资金没有流向更有活力的科技创新型企业，所以公司债居高不下，归根结底，还是金融的问题。

由于我们的直接融资市场不发达，特别是股票市场长期以来丧失了融资功能。因此，我们要通过发展多层次的资本市场，包括股市融资、债券融资、新三板的建设等，为企业补充资本金提供多种渠道，从而降低企业的运营成本，这样才能主动适应创新、创造、创意的时代趋势，实现科技、资本与产业的高水平循环。

资本大时代与科技大时代的双轮驱动，需要制度性的建设

目前，我们的资本市场已经做出了一些重大改革，比如我们有了科创板，为新兴企业，尤其是硬科技企业，提供了上市的渠

道；比如采用注册制，未来还要全面实行注册制等。但问题也显而易见：科创板的流动性不足；资金面不宽裕，无法承载大量的企业 IPO（首次公开募股）；股票市场赚钱效应不够明显，有很多公司的估值非常低……

作为流动性的提供者，二级市场的投资者依然怨声载道。如何保护好这种流动性？如何才能让投资者对这个市场更有信心？

这不是简单地说一句“提高上市企业的公司质量”就能解决的，只有进行真正意义上的制度性建设，把那些阻碍资金进入资本市场的不良制度都改革掉，让资金真正地自由流动，我们才能找到企业的真正价值和价格。

比如，提高券商中介的能力，在一定意义上能让整个资本市场出现良性循环，降低市场的系统性风险，让市场的定价机制更合理，避免市场因为资金链问题出现暴涨暴跌的情况，让资金更好地进入资本市场。

目前的 A 股市场，尚处在基础制度建设和探索的过程中，国家对券商机构的管理也并不成熟：希望券商没有风险，希望券商不加杠杆。好好的券商，被管理得有点像非金融机构。然而，券商不强大，资本市场的风险防控能力怎么强大？我们的创新能力又怎么强大？

如今，经济需要降杠杆，企业也需要降杠杆，要想解决这一问题，只有建立一个强大、充满活力的资本市场，构建完善的股权融资机制，让良好的赚钱效应成为大家的共识，资金才会源源不断地涌入，以支撑更多的优秀企业发展。这既可以降低企业杠杆率，让经济发展风险可控，也可以为科创未来的发展提供动力，真正实现资本大时代与科技大时代的双轮驱动。

所以，国家从来没有像现在这样重视资本市场，资本市场确实迎来了发展的大好时机。

资本大时代需要强大的券商"铁军"

随着中国经济的崛起，中国资本市场用了 29 年的时间，发展成为全球最大的商品期货市场、第二大股票市场和第二大债券市场。

作为一名亲历中国资本市场发展全过程的老股民，我更是对此深有体会：从不规范到规范，从单向到双向，从封闭转向开放，从一个散户市场变成散户和机构共存的市场；从沪深港通、QDII（合格境内机构投资者）、QFII 开始，国际化程度不断提高，投资者和市场都越来越理性，投资品种也越来越多。

即使放眼全球，我们也可以骄傲地说，中国资本市场已经成为最具吸引力的市场之一。

尤其是在党的十八大后，资本市场进入历史新方位，在提高金融体系对中国经济适配性的背景下，更着眼于资本市场各种功能的综合发挥，真正成为促进经济高质量发展的"助推器"，资本市场的定位上升到了前所未有的高度。

资本市场具有牵一发而动全身的枢纽地位

2015 年 9 月，习近平总书记在接受美国《华尔街日报》书面专访时，掷地有声地指出：“发展资本市场是中国的改革方向。”

2018 年 12 月，中央经济工作会议指出，资本市场在现代金融运行中“具有牵一发而动全身的作用”，明确提出要建立“一个规范、透明、开放、有活力、有韧性的资本市场”，从经济发展全局出发，指明了资本市场的使命和发展方向。

2019 年 2 月，习近平总书记在中共中央政治局第十三次集体学习时强调，要深化金融供给侧结构性改革……建设一个规范、透明、开放、有活力、有韧性的资本市场，完善资本市场基础性制度，把好市场入口和市场出口两道关，加强对交易的全程监管。

可以说，从 2015 年以后，国家对于资本市场的表述，越来越深、越来越细、越来越体系化，指示也更加明确。

所有的信号都指向一个方向：资本市场的发展，来到了新的历史方位，尤其是科创板的推出及试点注册制，更是标志着中国资本市场的改革，已经进入了新的历史发展阶段。

在经济动能转换的时代大背景下，我们急需“中国的高盛、摩根士丹利”去承载中国资本市场的核心功能；急需打造中国的金融航母，带领中国经济乘风破浪，驶向更美好的未来。

打造金融航母须尽快提升规模效应

那么，这艘金融航母究竟应该怎么造，用什么去打造呢？

我们先来看一组数字：

根据《人民日报》于 2021 年 6 月 12 日发布的《我国金融业机构总资产达 364.62 万亿元》一文，截至 2021 年第一季度末，我国金融业机构总资产为 364.62 万亿元，同比增长 9.5%，其中，银行业机构总资产为 329.58 万亿元，同比增长 9%；证券业机构总资产为 10.78 万亿元，同比增长 22.1%；保险业机构总资产为 24.26 万亿元，同比增长 11.7%。可以看出，证券业在金融业总资产中的占比，要远低于同期银行业比重，甚至与保险业机构也存在很大差距。

相比我国证券市场，美国不仅有着丰富的投资品种，投资方式也更多样。虽然受 2020 年初新冠肺炎疫情的影响，美国金融市场出现过短期流动性危机，但美联储救市政策的推出及为各类融资市场进行债务兜底，也带来了疫情之后金融市场的迅速恢复：2020 年全年，美国权益市场一级融资（IPO+ 优先股）规模达到 1 315.1 亿美元，同比增长 59%，创历史新高。

如今，虽然我们的资本市场取得了非常不错的成绩，但从总量上看，无论是跟我们的经济体量相比，还是跟国外成熟的资本市场相比，依然存在巨大差距。

如果单纯从数字的角度来看，目前 A 股市场随便哪家券商，都无法与高盛相比，可能也只有在合并后，才能一步跃升到较高的位置。从这个角度来说，合并也不失为一种极为高效的打造金融航母的办法。

为什么需要建设一支资本大时代所需的强大的券商“铁军”？

中国目前所面临的核心难题，归根结底，都是金融的问题。

因为金融市场的发展与商品市场的发展不匹配，导致资金价格发现过程中出现了问题，我们找不到真实的资金价格，从而导致金融市场诸多乱象的发生。

为什么银行里的钱和市场上的钱，价格完全不一样？为什么同样一家公司，在美国上市或者在中国香港上市，跟在A股上市价格完全不一样？因为人民币这把尺子本身就不够准确，我们的定价机制或者说标杆是有问题的。

所以，在40多年的改革开放，也就是资本大时代中，我们需要从“解决商品价格扭曲”的问题入手，解决“资金凭票供应”的问题，解决民营企业融资难的问题，让需要快速发展的科创企业得到资金支持。券商作为资本市场的中介机构，肩负着支持科创企业融资发展的重担。

然而，目前我们的券商却完全无法担当起这一重任。

事实上，我们的券商和海外的券商、投行完全不同，后者有强大的“造血”功能，其一旦失去“造血”功能，就会得到政府的强力支持，所以，当金融危机发生的时候，美国政府会直接给金融机构贷款，甚至有些金融机构本来就是混业经营，有银行业务部门，可以直接通过拉存款“造血”。

相比之下，我们的券商不仅没有“造血”功能，曾经属于券商的客户保证金，还由于历史原因被托管在第三方银行，导致券商的杠杆率很低。杠杆率低，就意味着无法撬动更多的资金去发展业务。

另外，随着金融市场大开放，我国券商面临的国际压力也越来越大。截至2021年4月，已有8家外资控股券商获批进入我国证券行业，包括高盛、摩根士丹利等国际顶尖的投行。国内第一大券商中信证券2021年3月发布的2020年年报显示，投行业务在 2020 年实现 64.87 亿元人民币的收入（同比增长 50.59%），而高盛 2020 年全年营收为 445.6 亿美元，差距巨大。

基于以上原因，本来应该成为市场支柱的券商，变成了以经纪业务为主的通道式公司。自身已经是泥菩萨过河，又怎么能支撑起未来科创企业的大规模融资呢？因此我们需要建设一支资本大时代所需的券商“铁军”。

券商该如何破局，助力资本市场实现更好发展？

银行是金融的支柱产业，资金实力雄厚，又拥有广泛的客户基础，因此，让银行与券商协同发展，是壮大资本市场最高效的方式。

问题是，如何让银行与券商协同发展？

第一种办法，是让券商与银行合并，借鉴国外投行的经验，既可以做银行的业务，也可以做券商的业务，也就是变分业经营为混业经营。从目前的行业状况来看，这种模式可能性不大。

第二种办法，是让银行持有券商牌照，开始做券商的业务，然后逐步过渡。与第一种方法相比，这种稳步推进的方式，对现有市场的冲击不会太大，一步一步来，需要很长时间。

可能会有人觉得，后者发生的可能性依然很小。其实不然，中国金融行业本身已经在探索混业经营的模式了，如招商证券和招商银行、光大证券和光大银行，实行的就是股东分裂模式，另外还有券商系基金、银行系基金等。

不过，这些尝试依然停留在带“防火墙”的模式之中，我们期待的是业务上的融合和突破，即银行可以开展券商业务，券商也可以开展银行业务。

对于普通投资者来说，资本大时代已经到来，必将催生一场投资大革命。而投资大革命要取得成功，必须得有一支军队冲在最前面，把生活在水深火热中的投资者解放出来，这支“铁军”就是我一直重视的券商。

同样，资本市场大开放，券商等金融机构也需要进行一场革命。券商必须尽快壮大自己，敢于为自己争取利益，监管层需要为券商营造一个能够健康快速发展的空间。这不是天方夜谭，而是正在发生的事实。因为一场场金融改革的大戏即将上演，让我们拭目以待！

第六章

股权时代的财富大挪移

房产投资之后的财富去向

对于很多中国人来说，如果选择一件事情当作人生的分水岭，它可以左右你的家庭、事业、财富，甚至决定你的思维方式，让你的生活发生翻天覆地的变化，那么这件事不是结婚，而是买房。

在过去的十几年里，房地产在投资界一骑绝尘，用“暴涨”一词来形容它都尚嫌无力，不管是手里有点闲钱的老百姓，还是商贾富户，“有钱就去买房”“房子是财富的象征”，多少人靠着投资房产实现了财富自由。

虽然股票和房产，是最容易滋生泡沫的投资方式，但在对房子的信仰的加持下，所有人都闭着眼往前冲，不管是“房住不炒”的政策，还是每年都要来上一波的房产税传闻，都无法撼动之分毫。直到 2020 年新冠肺炎疫情的来临，才让人们真切地对房产投资的信念产生了动摇，尤其对于将大部分资金压在房产上的普通人来说，房价稍有风吹草动，就会睡不好觉。

没有永远涨的资产。A股市场是十足的政策市，房市更是。无论用价值投资模型，还是用技术分析模型来研究房价走势，都只能是“纸上谈兵”。只有明白了政府的真实想法及政策手段，再结合民众的人性层面去思考，才能明白房价运行的真正逻辑。

先说个结论：如今政府对房市的看法和政策导向已悄然转变。

地产时代、炒房时代终要过去，如何保住自己在上一财富周期里的收获，并开启下一个投资神话，首先要思考的问题就是下一个投资热点在哪里。

“房住不炒”为楼市定调

楼市还值不值得投资，金规铁律还是又一次“狼来了”？

在回答这个问题之前，我先分析三个现象：

- 房地产税立法工作已经启动（表明监管层态度明显转变）。
- 中美贸易摩擦最艰难的时期，各级政府依然在加码强压房地产（表明态度转变不容动摇）。
- 上海二手房市场已经转为买方市场（表明聪明的投资者已经洞察并相信了管理层的态度变化）。

在支撑房产投资价值的天平上，有两个重要的砝码，一个是趋势预判，另一个是政策影响。后者直接作用于前者。比如“棚改的货币化政策”与三、四、五线城市房价的暴涨，当这个口子消失，这波涨幅将马上偃旗息鼓。

现象的背后是态度，当管理层思维开始摆脱“房地产经济”的绑架，进入意识形态阶段，普通投资者也要及时跳出固有的投资思维，把握当下政策主导的投资方向，才能实现资产的稳步增值。

后疫情时代的房地产投资，资金何去何从？

2020 年，“大疫开局”。突如其来并快速蔓延的新冠肺炎疫情，在短期内冲击了中国的经济发展，也打乱了人们买房的步调。一个很明显的现象就是：当疫情出现拐点的时候，房地产市场会率先出现异动。

在经历了短暂的楼市低迷之后，2020 年 3 月，深圳出现“离婚潮”，起初我们以为是疫情居家让家庭问题集中爆发，直到楼盘发售大排长龙，我们才后知后觉，原来离婚是去买房了。

再看 2021 年中，同样的情况出现在世界各国。德意志银行的美国高级经济学家布雷特·瑞安表示：“尽管美国新冠肺炎确诊病例数量持续刷新历史纪录，但近期的新冠肺炎疫情恶化并未对楼市产生任何明显的影响，美国房地产交易额正接近有记录以来的高水平。”

在经济亟待复苏的后疫情时代，资金却大量回流房地产，这一危险信号让国家出手调控的速度明显增快，在“房住不炒”的大背景下，各地陆续出台了“限购”“限贷”“限价”等强力调控措施。

当房产不再是投资的最佳选择，但通胀的预期还在，资金寻找投资方向成为刚需时，大量热钱该何去何从？

很显然，资本市场将担当起这一历史使命。包括上一次，连证监会原主席肖刚都不由感叹，国家从来没有如此重视过股市和资本市场，他的感受应该是非常真切的。

其实我们也能感觉到，证券市场的改革速度在加快，习近平总书记亲自宣布开设科创板，就是一个标志性事件。除此之外，还有一系列政策的出台，包括《证券法》的修改、A股市场对外资的开放、金融机构的全面开放、新三板制度的改革、北京证券交易所的成立等，都在不断刺激着人们敏感的神经。

面对焕然一新的投资市场，要不要进，怎么进？

我一直强调，思考问题要抛弃表象，去寻找其背后的逻辑。我一直在强调一个说法，叫“科创未来借道资本市场，是华山一条路”。这句话是什么意思呢？很简单：如果要发展科技，就要借道资本市场，这是唯一的可能。我们走到了这么一个关键的时间窗口，如果没有一个非常好的资本市场，那么我们是没办法继续往前走的。

一个大时代的开启往往会造成资本的重新洗牌，它会带“飞”一批人，也会埋葬一些人。美国在20世纪80年代开启了资本大时代，成就了“股神”巴菲特和“华尔街新国王”苏世民这样的“超人”，成就他们的不是智商，而是时代。

我之前说，炒股要跟党走，投资也一样，要跟着国家的政策方针走。

比如20年前，国家对房地产业非常重视，如果你当时在房地产领域做投资，现在肯定非富即贵。过去的20年，是房地产业发展的黄金年代。而未来的20年甚至30年，将是属于资本市场的黄金年代。

再比如互联网时代，那些具有代表性的公司：百度、阿里巴巴、腾讯，股价走势都非常好，几万亿元市值的公司，都是涨了几十倍、上百倍的牛股。但由于当时我们的资本市场不够发达，这些公司基本都没有在A股市场上市，导致我们的广大投资者没能分享到它们成长的红利，这是非常可惜的。

所以，国家的决心在哪里，投资的决心就要在哪里。这次资本市场的改革，已经充分表明了上层管理者的态度——要把资本的力量牢牢地抓在国家手上。如今，我们的科创板、创业板都在改革，未来，这里会诞生新的“阿里巴巴”“腾讯”，很多新的公司会在这上市。国家才刚开始加大对资本市场变革的力度，其所蕴含的势能是非常巨大的。

好风凭借力，送我上青云。很多人终其一生都在寻找那个风口，如今风口已然开启，就是刚刚开始的资本大时代，大家一定要重视它。而作为投资者，我们要做的就是发现这些公司，然后去长期跟随，这样才能从中获得更多的收益。

股权投资如何实现财富大挪移

我在很多场合都提到过一个词，就是“中国的资本大时代”。乍听之下，可能有人会觉得这个词很大、很虚，那我们不妨换个说法，也可以叫“中国资本市场发展的黄金年代”。

作为普通投资者，我们也能够感受到资本市场的变革速度正在不断加快：设立科创板、创业板注册制改革、设立北交所、新三板改革，以及主板的注册制改革预期等，整个资本市场和过去完全不一样了，而在这些表象的背后，其实是国家要大力发展资本市场，做大做强资本市场的决心。

资本大时代将涌现巨大的投资机遇，实现财富的重新分配。那么，我们如何做才能搭上资本大时代这趟列车，分享时代红利呢？

修建资本市场的“高速公路”

作为普通投资者，首先，我们要理解资本大时代出现背后的逻辑，承认它的存在，并且，这个时代并不在遥远的未来，而是已然开启，只待进场。

其次，我们要知道资本大时代会带来哪些机遇。要致富先修路，资本大时代要修的路有两条：一条是资本市场的高速公路，另一条是以 5G 为核心的数据高速公路。国家通过修建一条条资本市场的高速公路去承载科技的发展，为提高我国的综合竞争力不断努力。

最后，要想好自己该以什么方式参与资本大时代。

通过投资股市分享资本大时代的成果是一种方式，通过创业或转型直接参与资本大时代也是一种方式。不管你采用什么方法，万变不离其宗，所有的机遇都是围绕这两条路产生的，我们应该做的，就是沿着这两条路去寻找机遇。

投资大时代，未来可期

1949 年，我们进行了一次彻底的财富重新分配；改革开放之后，我们又进行了一次财富大分配，赶上了那一拨的人，很多成了“富一代”。

如果这两个时代你都没有赶上，也不要懊悔。如今，我们正处在一个财富快速增长的时期，只要我们能够利用好财富大爆炸或财富大挪移的时机，就可以完成财富增长的目标，成为投资的受益者。

一个新时代的来临，总是伴随着财富的重新分配。与上一次财富分配不同的是，这一次国家不会再让房地产行业参与进来，反而会限制资金进入房地产市场，让它去到更多有需要的地方。

因此，对于普通投资者来说，如今最好的分配方式就是进入股权市场。可以说，财富大挪移时代是属于股权的时代；号召全民理财，让老百姓从资本市场中分一杯羹，是未来的大方向。

从宏观层面上来说，如今可以被定义为后疫情时代，相比疫情时代，后疫情时代更难捉摸和应对，因为疫情虽然可怕，但我们应对疫情的目标明确，方法也几乎是确定的，反映到投资上，机会也是相对确定的，但后疫情时代的目标变得模糊，人们的行动反而失去了那份坚决，从而变得难以捉摸。所以，市场的不确定性变强了，也就是说超预期的可能性变大了。

那么，是正向超预期的可能性大，还是反向超预期的可能性大呢？

要回答这个问题，我们要先看最重要的资金面能否支持正向超预期。

首先，增量资金值得期待：

- 个人投资者借道基金继续跑步进场（财富效应）。
- 人民币权益资产成为全球资金增配的首选方向。
- 资本市场的政策加码（长线资金入市加速）。
- 资产荒背景下，倒逼场外资金规模入市。
- 理财教育风生水起，新钱大量入市。

其次，我们再来看看决定资金面的监管思维：促进居民储蓄向投资转化，引导长期资金入市已经是监管的既定工作，防止系统性风险，期待“慢牛走势”是监管层的固有思维，这会对 IPO 总量产生一定的制约。

因此，从资金层面上看，未来行情正向超预期的可能性更大，值得期待。

那么，作为个人投资者，在大时代的风口，我们该如何选择才能乘风而起？

对此，我给出的选股方向新 15 字诀是：大时代、大消费、大智造、大对冲、大布局。其中的大时代，既包括我们之前强调过的资本大时代、科技大时代，也包括后疫情时代，以及由民族自信心转折式提升催生出的国潮大时代。

① 资本大时代：目前刚性兑付已经被打破，房地产投机受到抑制，股权投资财富效应开始显现，我们面对的是由新一轮资产大挪移开启的财富新时代。

② 科技大时代：最重要的数字化时代“霸权”争夺战已经打

响，科技实实在在成了国运之争：

- 科技自主突围变得更加迫切。
- 国家通过反垄断摆脱海外资本控制，顺理成章拿回了数字时代的掌控权。
- 目前最成熟的“人工智能+新能源”应用场景以及新能源智能互联网汽车已成“兵家必争之地”。

③ 国潮大时代：这一点在2020年已现端倪，比如：泡泡玛特现象、酒文化、汉服、国产化妆品、中医养生等。

从这三个大时代的角度入手，选股方向非常清晰：

- 经济复苏超预期，乘风破浪进攻型可选（在不确定性中寻找空间）：科技核心龙头、人工智能、数字货币、新能源（含电力）、新能源汽车（含无人驾驶智能汽车）、可选消费（家电等）、影视娱乐出版、国潮品牌、顺周期、大金融等。
- 经济复苏不及预期，乘风破浪防守型可选（在确定性中寻找底线）：军工、必选消费、医药健康（中医药）、“名特优”（名牌、特产、品质优）等。

可以说，未来有很多超预期的机会，但正因为超预期，要抓住其实并不容易。所以，如果你想提高股权投资的成功率，最好是先确定自己的交易流派，再按流派制定投资策略。趋势围猎，可重点关注不确定的炒作机会；价值牧场，可重点关注确定性的机会。

另外，建议投资者务必在股权投资中做减法。未来机会很多，但其实我们并不需要那么多机会，也许只要一只牛股，一笔极端交易，一次大围猎，就足以让你笑傲人生。

第三部分

科技大时代，未来已来

第七章

大国博弈催生科技强国

美国到底在担心什么？

自中美贸易摩擦出现以来，不管是特朗普时代，还是拜登时代，美国都把中国当作美国最大的战略竞争对手。

美国究竟是不是杞人忧天？美国究竟受到了什么挑战？谁有能力挑战美国？这三个问题，相信大家心中都有各自的答案。然而，我所认为的答案，可能并不是你想到的或是你已知的答案。

我一直有一个习惯，喜欢透过现象看本质，去看别人看不到的东西，去思考别人想不到的方面，再把这种思考用在投资方面。我认为，所有的投资者都应该拥有这样的能力，否则很容易被噪声所误导，导致理解偏差，进而出现判断错误，而判断错误对投资来说是致命的。

因此，对美国这种看似反常的举动，我们不仅要理解中美贸易摩擦的未来走向，还要抓住主要矛盾，明白事件背后的终极逻辑。

首先，我一直对目前的主流观点，即“美国担心的是中国变强大了，将挑战其在全球的地位”持怀疑态度。

从逻辑上看，这个观点是有漏洞的，打仗从来都是先礼后兵，哪有先兵后礼的呢？只有明知已经不可能阻挡，更不可能消灭对方时，才会选择能敲一笔就敲一笔的方式。虽然美国已经强大了几十年，但任何事物都有其生命周期，如果把美国放在人类百岁生命的坐标轴上，它现在处于什么年龄段呢？科技发展日新月异，其科技生命周期是否也到了一个全新的阶段呢？

顺着这个思路，我找到了令自己信服的逻辑，得出了让我兴奋的结论：

① 美国担心能否继续伟大不是杞人忧天，而属于亡羊补牢。

② 美国把矛头指向中国属于担心错了对象，中国并无必要挑战其霸权。

③ 美国该担心的是趋势，美国压不住这个新趋势了。

这三个结论环环相扣，在进行具体逻辑层面的分析之前，让我们先从为什么说美国压不住这个趋势说起。

美国“控制”世界的四大法宝

20世纪是美国人的世纪，美国稳住世界的四大法宝包括：

第一，科技领先，用科技垄断全球发展红利。

第二，金融霸权，用华尔街统治世界经济。

第三，石油（能源）战略，通过控制石油控制全球经济命脉。

第四，军事威慑，为前面三项保驾护航。

正是这四大法宝奠定了美国的全球霸主地位。因此，这四大法宝对美国而言是神圣不可侵犯的，它对任何威胁到这四大法宝的行为都非常敏感：从控制中东（石油），到制裁伊朗、朝鲜（核武器），从强迫日本签订《广场协议》（金融）到打压我国的华为、中兴通讯（科技），即使只是可能受到小小的挑衅，都会让美国暴跳如雷。

然而，斗转星移，人类跨入21世纪20年代，世界格局发生了巨变，历史的车轮滚滚向前。曾经美国用来统领世界的四大法宝，又发生了哪些重大变化呢？

第一大法宝“科技领先”还是美国的法宝吗？

科技发展到今天已经发生了本质的变化。

曾经，美国得益于科技的发展，抓住了信息革命的浪潮，成就了IBM（国际商业机器公司）、微软、英特尔、苹果、脸书、高通等伟大的公司，这些公司掌控着诸如芯片技术等信息产业最尖端的科技，拿走了整个产业最大的红利，也让美国成为全球经济的领军者。

在科技这条赛道上，没有哪个国家可以与美国抗衡，甚至无法望其项背。那它为什么还要以举国之力打压华为？它究竟在担心什么？

有人说是因为华为5G的领先，这句话只说对了一半。美国的担忧确实和5G有关，但原因并不像大家所认为的那样简单。

目前，在美国所建立的信息产业体系中，我们耳熟能详的比如芯片、内存条、CPU（中央处理器）等硬件的设计生产，是其最为重要，也是最有价值的领先领域。然而，5G 解决的是数据传输的速度和容量问题，是一次信息传输的革命，这项技术恰恰能够摧毁美国多年建立起来的信息产业技术优势，它曾经引以为傲的优势，在未来可能会变得不再重要。

这种优势是怎么消失的呢？

我们可以想象一下 5G 的场景：5G 解决了信息传输的问题，所有的计算都可以放到云端，可以交给我们的阿里云、腾讯云、华为云等云端服务器。云的处理速度更快、安全性更好、效率更高、成本更低廉。在 5G 高速传输的环境下，大量终端处理器就失去了存在的意义。

那么，手机还需要内置那些强大的处理器吗？不需要。未来的手机可能会变得很轻、很便宜，甚至仅剩下"显示屏 + 控制器 + 必要的处理器"，再加载一个操作系统。

如此一来，美国便失去了它在终端硬件上的技术优势，取而代之的是 5G 环境下新的硬件、软件和解决方案。可以说，谁掌握了 5G 标准，谁就在新赛道上拥有了优势。

除此以外，"云"还有另一个让美国惧怕的关键点，也就是集中服务，这需要建立强大的项目和系统，而集中力量办大事恰恰是我国的优势。利用这一优势，我们可以建立更大的"云"，提供更好的服务，采用容量最大的芯片、速度最快的 CPU，我国自主研发的超级计算机计算能力全球最强，就是这个道理。

顺着上面的逻辑思考，我们可以发现：5G 的出现，将会彻底改变整个生产和运营体系，相当于带来了一次重建的机会。这种技术恰恰被中国人掌握了，就是华为和中兴通讯。这两家公司的 5G 占据了全球近 50% 的份额，提升了我们在重建过程中的话语权。

在原有的赛道上我们没法跟美国竞争，但新科技的出现让我们有了赶超的机会。

多说一句，传统汽车中最重要的硬件是发动机，但因为电池技术的发展，以及新能源汽车的出现，发动机变成了未来不再需要的“领先技术”。

曾经的优势可能消失殆尽，即将失去科技领先法宝，面对这种不可阻挡的变化，美国当然应该担心。

美国会失去第二大法宝“金融霸权”吗?

美国的华尔街非常强大，凭借硬通货——美元，再加上威力无比的美国投行等金融机构称霸世界。

然而，随着时代的发展，美国的金融体系也有可能遭受到强大的冲击。这个冲击并非来自中国，而是传统金融业已经走到了一个时代的转折点。

金融是什么？是信用。美国之所以能用华尔街统治世界，就是因为美元有强大的信用，很多国家都是以美元为中心构建自己国家的货币体系。换言之，如果要让一个小国发行的货币拥有信用，就必须让它跟美元挂钩。那么，有没有一项技术，可以让货币既具备信用，又不用与美元挂钩呢？

过去，我们有黄金（金本位制），后来被美国人废除了，直到区块链技术的出现。

区块链技术最伟大的地方是可以去中心化，有助于解决很多金融问题。关于区块链技术的原理和应用，我们在这里不赘述。投资者只需要知道一点：在未来，基于区块链技术的产品可能能够替代货币的信用职能，进而挑战美元在全球的霸权地位，颠覆以美元为构架的整个金融信用体系。

当然，有人可能会觉得，区块链颠覆现代金融体系的时间还早。然而，相对于我们现在谈论的美国百年霸权而言，10年、20年都不算长。

对美国而言，区块链技术的出现，可能让它失去对金融的掌控力，金融信用体系面临着重构的可能性，金融霸权也可能因此而彻底丧失，这怎么能不让它担心？

第三大法宝“石油（能源）战略”还在用吗？

过去，人类生产、生活所需的能源及化工原料大部分源于石油，石油决定了世界格局，谁掌握着石油谁就掌握了世界的经济命脉。因此，美国一直通过石油控制着全球经济，我们称之为“石油（能源）战略”。

然而，美国其实已经失去了这一控制世界的完美工具。

首先，过去人们一直担心石油资源会枯竭，导致石油的价格一度暴涨。然而，近年来随着页岩气、页岩油开采技术的发展，能源枯竭问题至少在百年之内不会出现。美国人自己打了自己一个耳光，石油枯竭的故事讲不下去了，石油的战略地位也直线下降。

其次，美国曾严禁开采本土的石油和天然气，它更愿意去全球掠夺。然而，随着近年来美国对这些资源的大量开采，其直接从原油净进口国变成了原油净出口国，这其实就是因为技术的变化，导致石油这种战略物资变得不那么重要，从而使得美国用石油来控制其他国家的能力也随之下降。

最后，新科技的发展需要新能源。过去，我国的发动机技术和芯片技术落后，而未来的汽车里没有发动机了，手机里没有芯片了，取而代之的是新能源汽车、新能源电池，而这些都是我们的优势项目。

综上所述，由于页岩气、页岩油技术的创新以及新能源的发展，让石油危机百年内都不会卷土重来，美国也就失去了石油这个控制世界的工具，石油战略名存实亡。

第四大法宝“军事威慑”还有用吗?

美国是全世界军费开支最多的国家，武器装备也都非常先进，军事力量非常强大，然而，随着越来越多国家拥有了核武器，这一切都失去了意义。

过去，两个国家可以一言不合就开战，但在核武器时代，“拥核”国家开打相当于同归于尽。核武器的出现，完全改变了大国间军事威慑的价值，军事行动只能实施在没有核武器的小国身上。

虽然美国非常害怕失去它在军事上的威慑力，但实际上，这一法宝早已名存实亡，甚至因为原子弹、氢弹的出现，使它成为美国四大法宝中最早丢失的一项。

总结一下，曾经令美国引以为傲的四大法宝，有的已经失去威力，有的正在失去威力，更让其感到痛苦的是，这种失去不是简单因为某个国家的努力，而是因为时代，是科技发展所带来的必然的时代变迁。

科技发展必定会摧毁一些东西，再去重新构造一个新的体系；一项新技术的出现，就能够摧毁一个行业，就像汽车出现后，马车就逐渐消失了一样。

从以上这四个底层逻辑来看，美国的担心确实理所应当。

然而，时代是很公平的，它会给每一个曾经的王者赋予同等的担忧，之前的英国是这样，再之前的中国也是这样。面对滚滚前行的时代，担心是没用的，唯有与时俱进，拥抱这个新时代，让一切从科技开始，也以科技结束所有的纷争，只有科技发展才有可能逐步满足人类永远无法被填满的欲望。

这一点，我们明白，美国也明白。所以，中美之争最终一定会以达成某种协议而终结。但科技的竞争是长期的，科技层面的相互打压，更多会被压缩在国家安全层面。

我们是幸运的，因为我们赶上了一个技术发展的大时代，处在了一个大有可为的历史机遇期，这让我们拥有了一个开拓新市场，甚至是开拓新时代的机会，但我们也不能大意，虽然时代赋予了我们这个机会，但关键在于我们能否去抓住。我相信只要我们坚持做好自己，历史就会做出最明智的选择。

中国的贴身紧逼战略

面对全球经济格局的风起云涌，中国的机遇与挑战并存。

对于广大普通投资者来说，一场决定命运的投资革命已经开始。所有的投资者、参与者都会被这样一场投资革命所影响。

然而，面对科技大时代的开启，仍然有很多投资者觉得无所适从，甚至处于“水深火热”之中，犹豫着是否要去参与其中，不知道应该如何参与其中，这就需要我们深入了解时代的发展趋势，了解国家的经济战略导向，只有这样才能明白自己的真正需求、尽快跟上时代发展的步伐、坚定向前，也才有机会在将来分享投资革命的胜利果实。

那么，面对外部的重重施压，我们采取了哪些措施和行动呢？

中国加快产业升级和经济转型

过去 40 多年，通过“银行 + 房地产 + 中国制造”拉动的模式，中国成了世界工厂，“Made in China”（中国制造）遍及全球。

然而，这一模式发展到今天，也引发了很多问题，比如：大而不强、自主创新能力弱、对外技术依存程度高、产品档次不高、信息化水平低、环境污染等，以前凭借廉价商品打价格战的生产方式，已经无法适应市场需要。

虽然前途一片光明，但转型之路依然困难重重。

最主要的原因是以银行为主的间接融资体系，无法支撑新型科技的发展。正如前文所说，“资金凭票供应”问题未得到解决，为商品大时代做出重大贡献的民营企业融资越来越难，最需要快速发展的科创企业得不到资金支持，过去“银行 + 房地产 + 中国制造”拉动的模式，如今已是举步维艰。

如今的中国，天时地利人和皆备，这背后的博弈是科技支撑，而科技的背后是资本博弈。

时代呼唤“资本市场 + 中国智造 + 科创引领”模式的出现，也对产品提出了更高的要求。未来，只有那些具备高科技含量的产品，才能形成竞争优势。

中国制造要转向中国智造，必须以数据为核心，对接供给和需求，让产业变得更智慧。唯有加快经济转型和产业升级，提升产品的科技含量，才能具备更多的优势。最终，向着中国创造的方向出发，产品由中国创新和发明，增加研发投入，申请更多的专利，同时增加教育投入，改革教育体系，让资金支持创新型企业的发展（提升直接融资占比）。

中国需要从商品大时代迈向资本大时代，这是我们革命的目标，也是投资者需要了解的中国未来 40 年的发展方向。

大力发展资本市场，资本大时代催生科技大时代

为什么会有资本大时代？因为我们需要科技大时代，科技未来借道资本市场是一条必经之路，二者是既缺一不可又相辅相成的。

为了更好地发展科技大时代，就需要加大基础性研发投入、提高科研转化生产力的比例。

我们国家也对此非常重视，作为世界第二大研发投入国，2020 年，我国的创新投入大幅增加。

根据《中华人民共和国 2020 年国民经济和社会发展统计公报》（以下简称《公报》）初步核算，我国全年研究与试验发展经费支出为 24 426 亿元，比上年增长 10.3%，占 GDP 的 2.4%。其

中，基础研究经费 1 504 亿元，比上年增长 12.6%，保持了非常快速的增长态势。

除此之外，《公报》还显示，国家科技重大专项共安排 198 个项目（课题），国家自然科学基金共资助 4.57 万个项目。截至 2020 年末，我国正在运行的国家级重点实验室 522 个，国家工程研究中心（国家工程实验室）350 个，国家企业技术中心 1 636 家，大众创业、万众创新示范基地 212 家。国家级科技企业孵化器 1 173 家，国家备案众创空间 2 386 家。

虽然我国在加大基础性研发投入方面取得了很大进步，但与世界第一大研发投入国——美国相比，差距依然较大。

除此之外，还有一个问题：基础性的研发专利成果出来后，如何将其转化成生产力？

目前，我国科研转化生产力的比例，大概只有 10%，但在发达国家，这个数字却高达 40%。之所以存在如此巨大的差异，主要还是激励机制的问题。

中国的科研成果，70% 归发明者所有，剩下的 30% 归投资者所有，看起来可以很好地鼓励科学家创新，但问题是，如果专利不能成功地转化成生产力，那 70% 的收益就是 0。相比之下，硅谷的《专利法》规定，科研成果 1/3 归发明者所有，1/3 归投资者所有，1/3 归转化者所有。所谓转化者，就是指成功把专利转化成生产力的人。这种激励机制，可以极大地促进专利技术转化。

因此，促进科研成果转化的核心是解决好动力问题。只有大力提高直接融资比，解决资本大时代资金价格扭曲的问题，才能打通科技创新与经济社会发展之间的通道，充分发挥科技第一生产力、创新第一动力的作用。

中国金融市场逆势大开放，发展资本市场态度坚决

科技是国运之争，资本大时代和科技大时代是历史发展的必然，是不可逆转的。既然如此，该如何表决心？

最好的方法就是坚持改革，从 2003 年首批两家机构 QFII 资格获准；2014 年沪港通机制开始运行；2016 年深港通正式启动；到 2020 年取消证券公司外资股比限制，批准合资公司银行卡清算机构筹备申请，北京、上海等地推出的开放举措，取消 QFII 和 RQFII（人民币合格境外机构投资者）境内证券投资额度管理要求，允许自主选择汇入资金币种和时机，大幅简化境内证券投资收益汇出手续……都是金融市场逆势大开放的表现，体现了国家发展资本市场的坚决态度。

坚持改革开放非常重要，并且现在已经到了必须拿出实力的时候，就像 1990 年初，为了进一步推动改革开放，邓小平在上海视察期间，同上海市委书记谈话时，特别提出："请上海的同志思考一下，能采取什么大的动作，在国际上树立我们更加改革开放的旗帜。"

对此，上海以浦东开发和上海证券交易所的建立作为积极回应，成就了中国改革开放历史上的两个里程碑事件。

如今，30 多年过去了，中国面临着同样的问题。唯有坚持改革开放，才能向全世界传递一个信息：中国金融资本市场的改革开放，是在加速的，是不可逆转的。

过去 40 年，中国经济发展是在开放的条件下取得的；未来中国经济要实现高质量发展，也必须在更加开放的条件下进行。

对于投资者来说，资本大时代催生科技大时代，科技带来美

响，在该领域掌握最高话语权者，必将在未来 10 年引领科技的发展。在这一领域，华为的领先程度超出了美国的预料，也因此成为它必须打击的目标。

为了阻挡华为的发展，美国多次修改规则，将华为列入所谓的“限制清单”之中，限制其芯片制造和销售等，不过，这依然无法阻挡华为的发展之路，更无法阻挡中国在5G方面的全面崛起。

国产 5G 在华为、中兴通讯的大力助攻之下，竞争优势明显，已经处于全球领导地位。不仅如此，工信部 2021 年上半年的数据显示，我国已建成全球最大的光纤网络、4G 和 5G 独立组网模式，目前，我国累计建设 5G 基站 91.6 万个，占全球的 70%，截至 2021 年 6 月底，已覆盖全国所有地级以上城市，5G 终端连接数约为 3.65 亿，占全球的 80%，远远领先于其他国家。就连率先开启 5G 商用的美国，也望尘莫及，这种科技发展上的差距让其非常恐慌，各种抑制措施接踵而来。

美国失去先发优势

美国在4G时代领先全球，为何到了5G时代反而落伍了呢？经过综合分析，我认为主要有以下几点原因：

第一，缺少5G通信设备的供应商，中国有华为、中兴通讯，欧洲有诺基亚、爱立信，而美国什么都没有。

第二，中低频波段长期被美国军方占用，美国紧急掉头但为时晚矣。

简单来说，低频波段的电波波长更长，传输距离更远、穿透能力更强、覆盖范围更广，所以需要的基站数量少、成本低。而高频波段波长较短，穿透能力较差，容易受到阻挡，所以需要的基站数量多、成本也高。

长期以来，由于中低频波段被美国军方占用，民用、商用只能使用高频波段，导致民用、商用在中低波段方面的发展基本是止步不前的。

第三，基站覆盖问题。

截至 2021 年 6 月末，我国的 4G 基站总数为 584 万，而在美国，这个数字尚不及中国的零头，很多人在出国以后，总是觉得手机信号差，原因正在于此。①

由于基站覆盖数量不足，导致美国部分中小城市尤其是边远地区的 4G 通信效果较差。

基于以上几点原因，美国失去了在 5G 领域的先发优势，只能使出它的惯用手段，先对中兴通讯实施制裁，再以举国之力对华为进行围剿。比如，以国家安全的名义把华为列入实体清单；高通、英特尔等产业链上游企业对其断供；谷歌对华为停供安卓操作系统；把华为从 IEEE（电气与电子工程师协会）、国际 Wi-Fi 联盟组织中除名……试图阻挡中国的发展脚步。

重压之下华为逆势成长

华为不仅拥有让美国害怕的技术，还拥有足够的实力和智慧化危为机。

---

① 引自 https://www.miit.gov.cn/gxsj/tjfx/txy/art/2021/art_31a33539354543daa87325f089cfdb1f.html。

在技术上，华为不仅率先开发了全球领先的5G基站；大批量生产销售了世界一流的手机终端；研制开发了基站芯片、服务器芯片、手机芯片、AI（人工智能）芯片、路由器芯片和5G基带芯片，还开发了能同时覆盖手机、平板和笔记本电脑的鸿蒙操作系统，代替安卓操作系统。

与此同时，为防范供应链部分产品的断供和封锁，华为还开发了相应的“备胎技术”，在重压之下逆势成长。

从功能手机到智能手机，华为在世界舞台逐渐崛起，不仅在中国手机市场的市场占有率跃居第一，在全球手机市场的份额也在不断增长。根据市场调研机构 Counterpoin Research 发布的数据：2020 年 4 月，华为手机的全球市场占有率达到 21.4%，首次登顶全球首位；同时，根据国际数据公司科纳仕咨询的数据，在 2020 年第二季度，华为以 5 580 万部的出货量，首次超过三星和苹果，获得全球第一名。

然而，从 2020 年 9 月开始，由于受到非常规因素干扰，华为智能手机芯片受到严重限制，导致出货量急速下滑。

面对压力，华为也在积极地寻找突破口。“鲲鹏云手机”就是华为应对芯片的降级打击策略，即芯片降级不影响手机的高端体验，同时还可以应对美国对芯片的限制问题。

如果说“鲲鹏云手机”是华为迈出的第一步，那么进军智能汽车，则是第二步。

经常关注经济新闻的人可能会注意到，近年来，有很多国内手机厂商开始进军造车行业，究其原因，除了受到美国芯片封锁的影响外，还有以下几点：

① 自动驾驶技术已经发展到了爆发性的临界点，前景广阔。

② 目前政策面非常友好，各国都在大力支持。

③ 我国汽车行业出现了非常好的赶超机会，很多车企可以借新能源汽车的发展，快速研发智能汽车。

正是由于这些原因，让自动驾驶赛道的热度不断提升，推广力度也非常之大。虽然在其发展过程中，可能会存在一些“虚火”，但从整体的发展趋势上看，这并不是一件坏事。

因为，一个产业的爆发，总是先从量变到质变，未来会有越来越多的巨头进入这个领域。自动驾驶技术的发展速度，会比人们想象得更快。

从这个角度来讲，未来的自动驾驶行业，会因为科技含量更足，更有智能感、时代感，而使自动科技企业更有可能具有一定的优势。大部分传统的汽车企业，可能需要借助于科技企业的赋能，才有可能在自动驾驶赛道展开竞争。

如今，华为以智能汽车技术供应商的身份参与造车，就是为传统车企赋能。凭借华为在智能汽车技术领域的沉淀与积累，这将是一种非常高效的发展方式。中国在智能汽车领域的赶超，也将更有胜算。

美国之所以将华为看作能够威胁其的重器，除了因为华为的实力不容小觑之外，还因为华为所拥有的是民族之魂，是可以让美国人望而生畏的精神，更因为华为给我们提供了从科技领域实现赶超的机会。

第八章

第四次工业革命带来的红利

第四次工业革命
是中国实现全面赶超的难得机会

迄今为止，人类社会已经经历了三次工业革命，即蒸汽时代、电气时代、信息时代。

如果说，在前三次工业革命中，中国只是一个旁观者或跟随者，那么在即将到来的第四次工业革命，即智能化时代，中国将迎来实现赶超的重大历史机遇，同时也将迎来投资者实现财富增长的巨大机遇。

中美在金融和科技领域的差距到底有多大?

首先，我们来看看投资者更关心的金融行业。

美元和美债在全球的影响力，主要源于其政治意识形态和经济、军事水平，关于这一点，我们知道结论即可，在这里不做过多阐释。美国股市是美国经济的“晴雨表”，目前美股的总市值折合人民币约为300万亿元，而我国A股总市值仅为66万亿元人民币。

另外，在我国的上市公司中，银行业和房地产业的利润占比最大，单银行的利润就能占到上市公司总利润的70%，信息技术产业利润占比仅为4%；而在美股中，信息技术产业贡献的利润占比最高为19%，银行业占比仅为10%。

比如，“A股之王”贵州茅台，市值近3万亿元人民币，而“美股之王”是苹果，市值为2万亿美元。

两相对照便知，中国科技企业的发展依旧任重道远。

众所周知，科技和医药是一国商品在国际市场保持竞争力的关键，具有极高的附加值。

如果能在这两个领域占领制高点，就可以“收割”全世界的财富，获得外延式的发展，能够真正意义上提高本国居民的经济水平，而靠金融和房地产发展经济，属于“内卷式”发展，是资本“收割”本国国民财富的数字游戏。

所以，当中国开始宣布未来经济将进入从增量到提质，大力发展信息技术产业的阶段时，美国立刻捕捉到了这一信号，并及时做出反应。可想而知，如果像华为这样的科技企业，不试图在科技领域突破西方封锁，只满足于在国内偏安一隅，断然不会遭此一难。

我们在之前的分析中说过，美国之所以会对中国的崛起如此敏感，甚至感到恐慌，并不是因为中国的经济目前有多么强大，实际上，中美在科技、医药研发和高端制造方面，仍然有着巨大的鸿沟，对于大量的高精尖技术和设备，我们还是要依赖进口。

让美国真正惧怕的，正是我们所具有的赶超的机会。

抓住第三次工业革命的尾巴，奠定了中国崛起的技术基础

1764年，纺织工詹姆斯·哈格里夫斯发明“珍妮纺织机”，揭开了工业革命的序幕。1785年，瓦特改良的蒸汽机首先在纺织部门投入使用，从此人类的生产力得到了真正的解放，从农业时代进入了工业时代。

也正是从这时起，西方真正地确立了对东方的技术优势，东方开始落后于世界的技术之林。

第一次工业革命之后，由于使用蒸汽和水力的机器满足不了人类社会高速发展的需求，新的能源动力和机器开始出现，并引发了第二次工业革命的诞生。得益于内燃机的发明和电的应用，电器得到了广泛的使用，人类社会开始进入“电气化时代”。

很快，历史前进到我们最熟悉的，以原子能、电子计算机、空间技术及生物工程的发明和应用为主要标志的第三次工业革命。这次工业革命不仅极大地推动了人类社会经济、政治、文化领域的变革，也影响了人类的生活方式和思维方式。

随着科技的不断进步，人类的衣、食、住、行、用等日常生活的各个方面都发生了重大变革，整个世界的面貌焕然一新，也涌现了无数的财富传奇。

然而，生活在中国的投资者，却没有运气去参与这场全球的科技财富盛会，西方崛起的200多年，正是中国沉睡的200多年，在西方大力发展科技的时候，我们仍处在“闭关锁国”、近代军阀割据、内战和抗日战争的旋涡中，无法自拔。作为科技文明时

代的边缘者、落伍者，急剧地衰落使所有的机会都与我们无关。

幸运的是，我们抓住了第三次工业革命的尾巴，奠定了中国崛起的技术基础，给中国科技的未来留下了一线生机。

第四次工业革命，就是中国实现赶超的机遇，这正是百年未有之大变局。

第四次工业革命，中国实现赶超的机遇

国际格局在变、现代化的模式在变、世界生产力的布局在变、人类面临的问题也在变，即新格局、新模式、新生产力布局、新问题，这四个“新”，带来了百年未有之大变局。

过去的国际格局，一直是以西方为主导。然而，随着时代的发展，西方开始老化，内部问题多了起来，自由主义变成了贸易保护主义，民粹主义盛行。与此同时，一批新兴的东方国家开启了自己的崛起之路。

虽然先后与三次工业革命失之交臂，但中国没有放弃。在极低发展水平的起点下，开启了国家的工业化进程，于20世纪80年代初开启的改革开放之路，让我们从“落后者”变成“追赶者”，不断缩小着与发达国家的距离。

很快，时间进入21世纪，世界在加速开启信息工业革命的同时，正式发动和进行着第四次工业革命。经过几十年的奋起直追，中国第一次与美国、欧盟、日本等发达国家和地区，站在了同一起跑线。这不仅是属于中国的机会，属于投资者的机会，更是属于所有中国人的机会。

在这一次有我们参与的第四次工业革命中，将进行以物联

网、大数据、机器人、人工智能等为代表的，由数字技术驱动的社会生产方式的变革。它将推动工厂与工厂之间、工厂与消费者之间实现“智能连接”，使生产方式从大规模制造转向大规模定制。

第四次工业革命，将是由人工智能、生命科学、物联网、机器人、新能源、智能制造等一系列创新所带来的物理空间、网络空间和生物空间三者的融合，其核心是网络化、信息化与智能化的深度融合。不管是从技术发展和扩散的速度，还是从对人类社会影响的深度和广度上来看，都是前三次工业革命远远不能相比的。

除此以外，还有一点我们不能忘记。英国在进行工业化时仅有 1 000 万人口；美国在进行工业化时有 1 亿人口，而中国在这个属于自己的工业化时代，却有着 14 亿人口。一旦中国在第四次工业革命中实现赶超，将会爆发出无法想象的能量，这将是属于我们的科技大时代！

科技是历史的杠杆，是大国竞争的制高点。

面对中国的飞速崛起，美国终于无法再冷静下去，因为对于它来说科技之争不允许失败。曾经冲击过美国高科技垄断地位的苏联、日本，无一不遭受了美国的打压，最终以苏联解体，日本“失去的二十年”为结果。

近两年来，美方频频以“国家安全”为由，对我国高科技企业发起制裁，并陆续针对华为、海康威视、大疆等中国各个领域的科技领先企业进行了极限施压，然而，这些企业再没有出现过像中兴通讯那样的休克情况，这也间接说明：中国的一些科技企业已经处于领先地位，并已经有了与美国抗衡的能力。

那么，对于中国来说，有哪些可以实现赶超的机会？对于投资者来说，在这一次可以亲身参与的工业革命中，有哪些值得关注的投资领域呢？

第一，5G是第四次工业革命的关键。

5G即第五代移动通信技术，根据新华社于2020年11月发布的《工信部：我国已建成5G基站近70万个 终端连接数超1.8亿》，自2019年5G在中国正式商用起，到2020年底，中国已累计建设5G基站超70万个，而全球规模排名第二的韩国，截至2020年底，基站数量只有不到14万个。

以5G技术为基础，一方面，基站、光传输网络等5G基础设施的部署，正在如火如荼地开展；另一方面，5G也在积极与各行业融合构建产业新生态。5G的商用将开启万物互联的时代，加速推进AI、物联网、车联网等产业的发展。

在5G的带动下，我们正迎来从移动互联网时代，向人工智能时代的科技跨越。

第二，人工智能，即AI，也是第四次工业革命最具代表性的技术。

这个曾经只会出现在科幻电影里的名词，如今已经走下神坛，在理论和技术上取得了飞速发展，不仅在语音识别、文本识别、视频识别等感知领域取得了突破，还成为引领新一轮科技革命和产业变革的战略性技术。

从发表高水平科研论文的国家分布来看，人工智能领域论文发表量居于前10的国家依次是：美国、中国、德国、英国、日本、加拿大、法国、韩国、意大利和澳大利亚。其中，美国和中国的高水平论文发表量明显高于其他国家，中国的论文发表量紧随美国。

中国正在人工智能领域加速追赶美国，并有望在5G优势的带动下实现赶超。

第三，清洁能源技术的开发，同样是第四次工业革命的重点。

在经历了“煤”的革命和“电”的革命之后，清洁能源的开发利用，成了当今社会关注的重点。

比如太阳能、风能、生物能、地热能等，这些清洁的可持续能源的利用程度，决定着地球未来的环境，以及人类文明未来的发展。

第四，智能新能源汽车也是汽车工业史上一次伟大的范式转移，将复制智能手机的交互与功能变革两大路径。

截至2020年，我国新能源汽车产销量连续6年位居全球第一，累计推广量超过550万。新能源汽车正在融入各种技术，将实现智慧道路、通信网络、云端技术等的集成，通过电动化和智能网联的进一步融合，开拓出能更好满足消费者需要的新功能。

未来，汽车的产品定义将不再是“行走的精密仪器”，也不只是一台“行走的计算机”，而是“行走的第三空间”，中国正在引领智能新能源汽车的发展，有望成为全球最大的无人驾驶市场。

第五，量子通信有望引领量子互联网革命。

在第四次工业革命时代，万物互联是必然趋势，信息安全变得至关重要！

量子通信作为守护信息安全的坚固之盾，有望成为量子互联网革命的引领者。2018年，中国在量子通信专利申请数量上位居全球第一。中国量子通信领域正在实现赶超，一举走在了世界前列。

除此以外，《中共中央关于制定国民经济和社会发展第十四个五年规划和二〇三五年远景目标的建议》中提出，要“制定科技强国行动纲要，健全社会主义市场经济条件下新型举国体制，打好关键核心技术攻坚战，提高创新链整体效能。加强基础研究、注重原始创新，优化学科布局和研发布局，推进学科交叉融合，完善共性基础技术供给体系。瞄准人工智能、量子信息、集成电路、生命健康、脑科学、生物育种、空天科技、深地深海等前沿领域，实施一批具有前瞻性、战略性的国家重大科技项目”。

以上这些，都是我国在第四次工业革命中的关键领域，也是作为投资者需要重点关注的领域。

“惟创新者进，惟创新者强。”在第四次工业革命的浪潮中，中国与其他国家一起登上了变革的“头班车”，中国不会再错过这个大势，这一次我们要掌控自己的命运。

第四次工业革命的关键力量——5G

作为科技时代的见证者，我们经历了1G（第一代移动通信技术）时代的语音，2G（第二代手机通信技术规格）时代的语音和短信，3G时代的移动互联网社交，再到4G时代的视频、直播，信息技术的发展彻底改变了我们的世界面貌和生活方式。那么，5G时代又会给我们带来什么样的惊喜和投资机会呢？

首先，很多人一提起5G，首先想到的就是“上网快”，确实如此，相较于4G，在传输速率方面，5G的峰值速率为

10~20Gbps，提升了 10~20 倍。如果把 1G 的速度比作走路，2G 就是跑步，3G 是坐车，4G 相当于坐上了飞机，而传说中的 5G，堪比开启了超音速。

与以前的 2G、3G、4G 相比，5G 更快，也更智能。它不再只局限于以人为主体的通信，还可进行人与物、物与物之间的通信，开启了万物互联的新时代。

如今，全球各国都高度重视 5G 产业的发展，并为抢占行业制高点展开布局。

中国作为其中的佼佼者，在 5G 的技术、标准和产业等方面的发展，显示出强大的国际竞争力，5G 作为数字经济的基础设施，受到政府和企业的高度重视。

5G 带来全新的生活体验

随着 5G 基础设施的普及，这个曾经只存在于人们概念中的词汇，开始逐渐与我们的生活息息相关。

① 4K/8K 超高清视频

5G 使得高质量图像、数据传输更加流畅，可基本消除 3G/4G 时代播放卡顿的问题，从而更好地保障超高清视频的应用。

这项技术可以给我们的生活带来哪些改变呢?

举个例子，过去我们观看赛事直播的时候，难免会受到设备、导播视角和现场位置的限制，而无法看到赛事的关键画面和细节。

如今，4K/8K 超高清视频与 5G 技术结合的场景不断出现，并被广泛应用于大型赛事/活动/事件直播、视频监控、商业性远程现场实时展示等领域，成为市场前景广阔的基础应用。借助5G超高清视频，观众可通过“第二屏”实现自由视角、自由缩放的超高清回看。

② 云游戏

云游戏是指游戏的存储、渲染、计算等核心流程均在云服务器完成，用户无须下载即可进入游戏模式的游戏产品形态。

利用5G更高的传输速率，可以大幅提升云游戏体验，从而使更多的用户摆脱硬件配置的束缚，体验到更优质的大型游戏。

③ VR/AR

让两个不同空间的人/物，出现在同一个空间，听上去好像是天方夜谭，却正是VR/AR（虚拟现实技术/增强现实技术）所研究的方向。

而VR结合5G传输，更是如虎添翼，不仅可以凭借5G的超宽带提高传输速度和能力，解决VR/AR渲染能力不足、互动体验不强和终端移动性能差等痛点问题，还可将VR画面渲染、处理等相关环节置于云上，通过云计算与终端输出相结合的方式，降低内容对VR终端设备的要求，摆脱数据线的束缚，使用户体验得到优化。

将这一技术应用到生活中，可以推动媒体行业的转型升级，在文化宣传、社交娱乐、教育科普等大众和行业领域，培育5G的第一波“杀手级”应用。

④ 高质量智能化家居体验

近年来，随着人工智能技术的发展，越来越多的厂商开始关注智能家居消费市场的新需求，并在产品上不断推陈出新，使得市面上的智能家居产品种类、数量越来越多，使全屋智能化成为一种趋势。

5G 与智能家居结合，将大幅提升生活场景中智能设备的联网质量及使用时的交互体验，从而驱动智能家居行业出现革命性改变。

通过分析以上 5G 在生活中的应用，我们不难看出：如今，5G 产业创新的主角，已经逐渐从运营商，过渡到应用场景需求方和方案提供方。

以人工智能、物联网等为代表的技术厂商，在推动产品方案落地的过程中，率先享受到 5G 红利，如智慧城市、AR/VR 应用等，均是 5G 带来的应用创新。

5G 推进智慧城市发展

基于 5G 网络广连接、大带宽、低时延、高可靠的特性，5G 带动智慧城市的综合治理应用应运而生。

车联网是智慧交通中最具代表性的应用之一。通过 5G 等通信技术，实现交通核心 5 要素：人、车、路、网、云控制中心之间的网络数据连接，实现车内、车与车、车与路、车与人、车与服务平台的全方位网络连接。

未来，融入 5G 元素的车联网体系将更加灵活，可实现车内、车际、车载互联网之间的信息互通，推动与低时延、高可靠密切相关的远程控制驾驶、编队行驶、自动驾驶等具体场景的应用。

与此同时，5G 还将提升现有监控视频的传输速度和反馈处理速度，使智能安防实现远程实时控制和提前预警，也使公交车、警车、救护车、火车等移动交通工具上的实时监控成为可能。同时，5G 的应用有助于对森林大火、易燃易爆品等监管人员无法接近的危险环境进行监测，而且监测的成本将大幅下降。

可以说，5G 将为交通出行领域的产品和技术方案应用带来新的创造力。5G、物联网、云计算、人工智能等技术性领域的快速发展，为我国智慧城市的建设打下了坚实的基础，城市智能化的时代即将到来。

5G 让远程医疗和教育成为现实

足不出户，就能通过视频在家里找医生看病、跟老师学习，这就是远程医疗与教育服务给我们的生活带来的便利。

借助 5G、人工智能和云计算技术，医生可以通过基于视频与图像的医疗诊断系统，为患者提供远程实时会诊、应急救援指导等服务。同样，患者也可以通过便携式 5G 医疗终端和云端医疗服务器，与医疗专家进行远程沟通，随时随地享受医疗服务，不受空间和时间限制地获得高质量的治疗。

在教育方面，5G 的高速率、低时延等特性，也使得远程高清的直播互动课堂成为可能。也许在不远的将来，教育便可以彻底打破空间的限制，嵌入学生的日常生活之中，变得无处不在，让全国的学生都可以享受到优质的课程和教育资源。

5G 赋能万物互联

在过去的几十年，“互联网 +”成为促进新经济发展的不二法门，让人类社会参与并推动了一场意义深远的变革。

如果说，互联网是人与人的连接，物联网是人与物、物与物的连接，那么，5G 将进一步促进物联网市场规模的迅速扩大，实现万物互联，让人、物、数据、流程、场景等结合在一起，使得连接更有效、更有价值。

伴随新型智能终端的加速普及，以 5G 为代表的移动通信技术有力地推动了人工智能、物联网、大数据、云计算等技术的蓬勃发展，连接服务的内涵正在从人与人的通信，延伸到人与物、物与物的智能互联，万物互联在 5G 时代指日可待。

能源改变世界，智能汽车让人类更自由

历史已多次证明，每一次工业革命与产业变革，都会对世界发展格局产生重大影响。

如今，新一次工业革命正在以人工智能、物联网、能源互联网、生命创制等为核心快速孕育发展，其对人类社会的影响与变革将会是前所未有的。

无人驾驶时代来了吗？

“到 2020 年，你将成为一个永远坐在后排的司机。”

“到 2020 年，将有 1 000 万辆无人驾驶汽车上路。”

这是在几年前，一些媒体对未来的预测，就连通用汽车、谷歌 Waymo、丰田和本田也纷纷宣布，将在 2020 年前后生产出自动驾驶汽车。

野心是人类进步的动力之一，但让梦想照进现实并非易事。

如今，我们已经走进了 2021 年，出于安全方面的考虑，无论是谷歌、百度还是安途（AutoX），都没有取消汽车里的方向盘，在无人驾驶汽车的路测过程中，仍需要有安全员坐在司机的位置上，监督车子的运行情况，我们依然与无人驾驶时代相去甚远。

即使是号称有“无人驾驶”功能的特斯拉，近年来也因“无人驾驶辅助系统”事故频发，而陷入负面舆论的旋涡之中，使得无人驾驶技术备受质疑。

然而，任何一项新技术的发展和推广，都会经历一段坎坷的时期，但这并不会影响它们在未来大放异彩。

我们可以看到：2020 年 4 月，国内无人驾驶行业捷报频传。先是百度的无人驾驶出租车 Robotaxi 在长沙开放路测，随后高德地图与无人驾驶技术研发公司安途也在上海号召志愿者参与测试，两家公司均称路测是基于 L4 级无人自动驾驶汽车进行的。

随着汽车智能化、电子化的推进，无人驾驶仍是未来汽车行业发展的必然趋势，而 5G 即成为车联网中的关键制衡因素，在 5G 的催化下，无人驾驶产业的发展有望提速。

中国实现赶超的历史机遇

2008年，全球金融危机爆发，为应对经济下行，国家出手挽救房地产行业，一些投资者实现了财富大挪移。

2020年，一场新冠肺炎疫情席卷全球，我国经济受到严重打击。时至今日，虽已复产复工多时，但疫情的影响仍在。接下来，国家将会如何应对下行的经济，是每一位投资者时刻关注的话题。这一次，还会是房地产行业吗？

通过前面的分析，我们可以看出，自2016年国家开始严厉推行房地产调控政策之后，到今天仍没有任何放松的迹象，“房住不炒”成为政府针对房地产政策的主基调。所以，我认为这一次不会是房地产，而是汽车行业。

为什么会选择汽车行业作为经济增长点，而不是其他行业呢？

第一，从整个国民经济增长的角度来看，汽车行业的体量最大。如果没有房地产行业，汽车行业会成为政策大力鼓励人们去消费的行业，这一点毋庸置疑。

第二，新能源汽车实现技术突破，将迎来行业拐点。

汽车行业这一波兴盛乃至繁荣，是从2008年金融危机后开始的，一直运行到2018年，整整10年，中国的汽车产销量均在世界名列前茅。

但从2018年下半年开始直到现在，行业就陷入了低迷的状态，再加上经济下行的压力和新冠肺炎疫情的冲击，整个汽车行业都不景气。在这样的环境下，政策必然会为其提供力量，帮助这个行业崛起。

我们也看到了，国家发改委在2020年的一次新闻发布会上表示，将多措并举促进消费回升，进一步促进汽车消费和二手车的流通，落实好与新能源汽车购置相关的财税支持政策，使居民出行更便捷。

同时，在疫情加销量的双重打击下，新能源汽车补贴退坡终于迎来了新的时间表，2020年3月国务院常务会议确定，新能源汽车购置补贴和免征购置税政策延长两年。政策上的强大力量对新能源汽车市场起到了非常大的促进作用，可以说，现在正是新能源汽车行业发展的好时机。

说到这里，很多人可能会对新能源有一个误解，认为新能源汽车就是不加油，充电就能跑的车，但只是这么简单的突破吗，有没有什么本质上的变化?

其实，新能源汽车绝不仅仅是能源方式的变化，它最大的突破并不在能源，而在于智力、智能，是整车都被智能化了。

比如，它的硬件可以通过软件去调配，它的整个系统软件可以通过云端不断升级，如果你拥有一辆特别高档的新能源汽车，就相当于拥有了一个可以在马路上行走的大型计算机。将来，如果在设备齐全、物资到位、网络完备的情况下，还可以通过一键升级，将你的车变成无人驾驶汽车。

虽然同为汽车，但新能源汽车与传统汽车却是完全不同的。正因如此，尽管最近油价跌得厉害，但新能源汽车产业链上市公司的股价却一直在上涨。

第三，也是非常重要的层面，人类正在进入人工智能时代，谁能在这一领域率先站稳脚跟，谁就会是下一个时代的大佬。

近年来，世界主要发达国家和科技企业，纷纷将人工智能当成重要的战略方向，投入巨资进行研发和布局。

虽然在目前看来，中国的人工智能产业发展已处在世界领先地位，但跟美国相比，还有不小的差距。不过，中国利用在人才储备、数据资源和市场需求方面的潜在优势，完全有可能实现赶超。

对于普通人来说，当我国在智能汽车领域实现赶超后，将会迎来什么样的生活呢？

一项颠覆的技术，开启一个全新的时代

在智能手机出现之前，没有人想到它会如此改变我们的生活。同样，在未来的智能汽车时代，世界也将发生翻天覆地的变化。

假设你现在每天花在路上开车的时间是两个小时，一个月就是 60 个小时左右，一年就是 720 多个小时，折算下来就是 30 天（720 ÷ 24=30），也就是说你每年要花 1 个月时间去开车，还是 24 小时不间断的。如果有了无人驾驶技术，你就能彻底解放，把这 1 个月的时间从驾驶座上夺回来。

- 你可以利用这 1 个月去学一门手艺、一门语言，做一切你想做的事情。
- 之前你说你太忙，没时间阅读？有了无人驾驶技术，在车上就能阅读。
- 昨晚睡太晚没休息好？可以在车上补个回笼觉，睡醒就到公司了。
- 没时间和朋友联络感情？没关系，让车子自己开，你和好友

可以尽情电话、视频畅聊，因为这个时间，他也在使用无人驾驶汽车在去往公司的路上。

· 每天总有开不完的会议，忙得像飞人？那在车上解决几个会议吧，这可以为你节省更多的时间。

· 工作压力大，没时间放松？那就把车子改成KTV，想唱就唱；或改成咖啡厅、酒吧，随时来上一杯，再也不用担心酒驾了。

· 上下班高峰时，无人驾驶汽车可以帮助我们减少堵车。因为它可以调整速度和路线，以减少红绿灯的等待时间，在某些地区甚至可以完全消除对红绿灯的需求，从而大幅减少交通拥堵情况。

· 无人驾驶汽车能大幅降低交通事故数量，它比人更理性，会严格遵守交通规则，避免因为人的主观因素造成的车祸，因此无人驾驶可能每年可以挽救数百万人的生命。

· 除了挽救生命之外，由于无人驾驶汽车在加速、制动以及变速等方面都进行了优化，有助于提高燃油效率、减少温室气体排放，从而让我们的地球环境更美好。

· 无人驾驶汽车不仅可以增强老年人的移动能力，也能帮助残疾人、无驾照人士以及没有汽车的人去旅行。

· 摆脱市区高昂的房价束缚，因为你可以住在郊区，到市区上班。车就是移动的家，下厨、吃饭、化妆，都可以在车上一站式完成。

· 你也不必再到处寻找停车位，因为它会自己找到最理想的停车地点。

如果人们将所有新的自由时间用于工作，生产力将会大幅提高，这就是科技大时代的力量，也是人们对它如此着迷的原因。

家里的第一台机器人，彻底把人类解放出来

有人可能会质疑，这些在科幻片中才会出现的美好生活，在现实生活中有可能出现吗？思考这些，对于投资有什么帮助吗？

我在前文说过，寻找未来投资方向的方法很简单，即必须要回归到人性层面去思考。能够给人类带来更多自由的东西，就是你要寻找的目标。

从当年的汽车到现在的互联网莫不如此。科技是为人类服务的，而人，最终是向往自由、安全的，比如汽车的发展是为了解放双腿，互联网的发展是为了认识世界，探索外星是希望走得更远，赚钱的目标是追求财务自由……为了自由，人类可以投入很多很多。

也就是说，符合人性的、能够解放人性的事物，是一定会发展起来的。

从人性自由的角度来说，无人驾驶符合人性的选择，因为它可以把人从驾驶中解放出来，利用开车的时间做非常多的事情，扩大人的活动半径，在某种程度上甚至可以说是增加了人生的长度，因此它的成功发展就是毫无疑问的事。

另外，由于新冠病毒在密闭空间中的传播能力更强，人们对公共交通产生了一种抵触心理，更愿意拥有私密性更高的空间，希望通过隔断接触来减少传播。这实际上就意味着，未来对汽车的需求，或者对具有私密性的出行工具需求会进一步提升。

一场疫情改变了人们的生活习惯，也改变了人们的想法，市场上对汽车的需求更旺盛了，对汽车功能的需求也更全面了。既然如此，为什么不把它变成智能汽车，或者变成一个机器人，帮助我们获得更多的自由呢？

在我们的意识里，机器人好像一定是待在家里的，比如扫地机器人，但实际上，一个可以出门的机器人，能够帮我们做更多的事情，从而大大提升我们的做事效率。

这种想法能实现吗？只要这是够方便且成本够低的，就一定能实现。

这样一来，智能汽车可能就会成为我们家中的第一台机器人。从一定程度上来说，它更像古代的马，任劳任怨、通晓人性，主人会跟它维系着亲密的感情，它也总能在危急关头，救主人于水火之中。

到那个时候，人们的生活习惯也将因此而改变。那时的我们，将彻底被智能汽车解放出来；那个时候，车与车的区别，可能不再是外形等硬件设施，而主要体现在软件上，一键升级即可使用更高阶的功能。人们对汽车不断升级的需求，将赋予汽车更多的功能，从而产生源源不断的消费，带来产业的变革。

有人说，这样的日子将来可能会实现，但离我们还很远，可能这辈子都见不到。

实则不然。我国首条“超级高速公路”即将开工建设，将设置自动驾驶专用车道，支持自动驾驶车辆的自由行驶。

“超级高速公路”都来了，智能汽车还会远吗？

别忘了，投资就是投资未来，代表未来的方向就是我们的投资方向。我常常鼓励投资者，要大胆释放自己的想象力，因为，只有比别人看得更远、想得更细，长期关注“可预期、可展望、可想象”的有限关键变量，才能做出最佳决策。

量子科技

量子力学，作为一门研究微观世界物体运动规律的学问，似乎离我们的生活非常遥远。然而，它却是我们现代生活的地基。

20 世纪五六十年代，人们在量子力学的基础上发明并使用了晶体管，进一步研发出电子晶体管或半导体晶体管，后来就有了电子计算机、互联网，有了今天的信息社会。

正是基于这一技术，才搭建起了我们全部的信息世界。无论是美国的 GPS 还是中国的北斗系统，依赖的最根本技术，都是对时间的精确测量技术，这也是对量子技术的直接应用。

如今，量子科技产业已经是国家的战略支持产业，量子信息技术，将是中国实现赶超的核心技术之一。

“九章”问鼎，我国进入“量子优越性”国家行列

20 世纪 80 年代初，美国物理学家费曼第一次提出了量子计算机的概念。与经典计算机相比，量子计算机具有其无法比拟的巨大信息携带和超强并行处理能力。在很多科研领域，包括未来与人类发展息息相关的多个领域，承担着非常重要的作用，也是人类发展的趋势之一。

虽然我国研发量子计算机的时间较晚，但在科研人员的努力下，我们的进度突飞猛进。

2017 年 5 月，中国科学院的科学家团队成功构建了世界首台光量子计算机实验样机。

2020 年 12 月 4 日，我国科学家又成功构建了 76 个光子量子计算原型机“九章”，比谷歌的“悬铃木”速度快 100 亿倍。

这是什么概念呢？举个例子，利用“九章”求解数学算法高斯玻色取样，只需要 200 秒的时间就可以完成，而即使是目前世界上最快的超级计算机，要得到这一结果也需要上亿年。这一历史突破，也使我国成为全球第二个实现“量子优越性”的国家。

“九章”的诞生，不仅成为我国科研领域的重大成就，对人类社会来说，也是一个非常利好的消息。由于量子计算具有并行能力强、能耗低的特点，它的存在与每个人都息息相关。

目前量子计算产业化还处于初期阶段，但可以预测的是，量子计算技术所带来的算力飞跃，将成为未来科技加速演进的“催化剂”，有望赋能多个行业，将在基础科研、新型材料与医药研发、信息安全与人工智能等经济社会的诸多领域，产生颠覆性影响，彻底改变当前消费、医疗、网络、金融、基础研究等领域的发展格局。

一旦实现突破，未来的市场规模不可想象。

我国处于领先地位的量子通信技术

生活在人类社会，我们需要不断地相互交换信息，以达到交流沟通的目的。从古代的烽火台、金鼓、旌旗和驿马传令，到现代的电话、电报、传真、电视、数据传输，甚至人工智能等，都是我们用来传递消息的不同形式。

在信息传递方式的变革过程中，我们不仅要追求信息传递的速度和质量，更重要的还是找到绝对安全的交流方式。

曾经，为了保障通信安全，人类发明了密码学。然而，伴随着半导体、集成电路、互联网的快速发展，密码学已经无法满足人类对信息安全的需求。信息安全已经由主机的安全技术发展到了网络的安全技术，从单层次的安全发展到了多层次立体的安全，从个人信息安全发展到了国家信息安全。

美国战略和国际问题研究中心发布的数据显示，网络犯罪每年给全球带来高达 4 450 亿美元的经济损失。

从理论上来说，传统的数学计算加密方法都是可以破译的，特别是随着计算机的飞速发展，信息安全面临的挑战随之增加。幸运的是，量子理论为人类追求信息的绝对安全打开了一扇窗。

受益于量子测不准、不可克隆的特性，量子通信具有极高的保密性、安全性，堪称世界上守护信息安全的最坚固之盾。利用这一特点，量子通信系统的问世，让构建“绝对安全”的通信系统成为可能，并将促使信息安全和通信网络等领域产生重大变革。

以当前发展最完善，也是最重要、最主流的量子保密通信技术“量子密钥分发”为例，由于其应用了量子力学的基本特性，可以确保任何企图窃取传送中密钥的行为，都会被合法用户发现。

窃听者如果试图盗取量子密码，必须进行相应的测量，而根据测不准原理和量子的不可克隆性，它的测量必然会对量子系统产生影响，从而改变量子系统的状态。这样，窃听者盗取到的就不是原来的信息了，通信双方也能立即觉察到窃听者的存在，中止通信。

人们可以利用量子通信绝对保密、通信容量大、传输速度快等优点，构建无法破译的密钥系统，完成传统通信所不能完成的特殊任务。

也正因如此，量子通信成为当今世界关注的前沿科技，成为继电话和光通信之后，通信史上的又一次革命。

目前，中国的量子通信技术在世界处于领先地位，并已从理论步入了实践阶段：

2016 年，中国成功发射世界首颗量子科学实验卫星“墨子号”，实现了卫星与地面站之间的量子保密通信。

2017 年，中国开通了世界首条量子保密通信干线——京沪干线，实现了北京与上海之间 2 000 千米的量子保密通信。

2020 年 7 月 9 日，国内第一家从事量子信息技术产业化的公司国盾量子在科创板上市，标志着量子通信商业化正在加速。

未来，中国将以天地一体化量子通信网络为基础，进一步推动量子通信在金融、政务、国防、信息等领域的广泛应用。

量子科技革命，我国实现赶超的重大机遇

作为 20 世纪最伟大的科学发现之一，量子力学的建立使人类对世界的认识，开始从宏观深入微观。围绕着量子力学的一系列理论，也不断被转换成先进的科技成果，如原子弹、激光、核磁共振、卫星定位系统等，并衍生出以量子通信和量子计算为代表的量子信息技术，使经济生产广泛受益。

自 20 世纪 50 年代开始，人类不但建立了量子力学，还在此

基础上开启了量子科技的第一个时代——现代信息时代。如今，100 多年过去了，我们对量子世界的研究，也即将进入一个新的历史时期。

第二次量子革命正在进行之中，而这也是我国在历史上，第一次有能力、有基础同步参与的技术革命。更重要的是，在这场以量子信息为代表的量子科技革命中，中国处于第一梯队，正在努力抢占量子科技创新的制高点，这是我们中华民族实现赶超的一次重大机遇。

这是属于我们的量子时代，这是属于我们的科技大时代，中国正以技术打造利器，助力经济进一步腾飞，这个逻辑关系是非常清楚的。

科技赋能新生活

21 世纪是一个属于科技的新时代，我一直强调，科技是国运之争，是时代恩赐。科技领域的进步既有被迫选择的无奈，比如进口替代、建设科技新闭环，也有主动作为的理想，比如实现赶超。

作为投资者，在选择投资方向时，可以从以下三个角度进行思考：

① 是不是时代主线（科技赋能新生活，比如智能汽车、资本大时代的券商）。

② 是不是出现了行业拐点（比如新能源及智能汽车）。

③ 是不是面对个人市场的产品（比如智能汽车），苹果、亚马逊、谷歌、特斯拉、腾讯等提供的都是面对个人的产品。

还是一直强调的那句话，科技未来借道资本市场是华山一条路，走这条路的目的是让人民生活得更美好。

对于投资者来说，围绕科技发展的产业是朝阳产业，围绕科技发展的企业是好企业。其中，科技赋能是符合人性发展最具潜力的方向。然而，科技赋能和企业转型往往会被混淆，进而误导投资者。那么如何分辨两者呢？

要看一家企业是科技赋能还是企业转型，最简单的方式主要是看企业的背景。若原来的企业是科技企业，它就可以通过大数据等手段进入传统行业，属于科技赋能；而传统企业，因为迫于生存压力而去寻找新的增长点来支撑企业发展，却没有科技的支撑，这就属于企业转型。

当科技赋能新消费和新生活时，智能化会从哪些方面影响我们的生活呢？

智能手机

科技给生活带来了重大的影响和改变，智能手机的诞生，让人们迈入移动互联网时代，极大地改变了我们的生活方式。新科技带来的新应用已扩展到人们的衣、食、住、行各方面。

从线下购物到线上购物，从现金支付到线上支付……可以说，它全方位无死角地改变了我们生活的本质，让我们看到了一个全新的世界，无论你走到哪里，都可以通过手机处理事情。而智能手机也成了大多数人每天睡觉之前所看的最后一个物品，以及起床之后所接触到的第一个东西。

智能汽车

如果说，电动化解决了汽车的动力能源问题，那么可以说智能化、网联化叠加电动化，才会彻底颠覆传统汽车行业，才能真正打开汽车行业的变革之门。

可以说，此次变革是汽车史上百年难得的大机遇，智能汽车将重塑汽车行业格局。

因为 5G 的到来，汽车市场将迎来一个全新的发展机遇，步入智能汽车新时代。5G 赋能新汽车，将给汽车带来更丰富的功能，给汽车的智能网联、智能交通、自动驾驶等场景打开全新的想象空间，甚至可以让汽车像人一样具有环境感知与决策控制能力，使消费者能够感受全新的驾驶体验、娱乐体验以及人、车、办公全场景体验。

比如，智能汽车的代表特斯拉并不是简单的新能源汽车，而是基于互联网和科技发展，基于 5G 推动的创新产品。等将来人们真正实现了无人驾驶，汽车也会变得完全不一样，它将改变我们生活中一个非常重要的场景。

智能汽车，作为汽车工业史上又一次伟大的范式转移，也是现代汽车工业走向互联网文明的变革之战。

在此变革下，未来我们对于汽车的产品定位，也将由简单的出行工具，延伸为“移动第三空间”的共享。汽车产业链的价值也将呈现“总量上升，重心后移”的趋势，而传统供应链格局将被彻底打破，并驱动其从原先的垂直结构向扁平化网状模式发展，主机厂的角色将实现从制造商向服务商的转型。

智能家庭

汽车被重新定义了，家也要进行重新定义。

早年客厅是被电视机占用的，将来可能要被更多新型的、由科技赋能的娱乐产品占用，书房可能会变成办公室，甚至连远程医疗也会被嫁接进来。未来，你的家有可能会变成半办公、半生活，甚至半娱乐的地方，也就是说，科技会重新定义我们的家——智能家庭。

曾经，家、路上、办公室，是很多人生活的“两点一线”。然而，由于计算机的普及，办公室早就被科技所占领；之后无人驾驶解放了路上的时间；未来，智能家庭将使我们的家庭变得更智能、舒适。

当这三个场景发生叠加改变，也就意味着我们的世界发生了改变。

智慧医疗

为什么去大医院看病总是人满为患，小城市的医院却门可罗雀？正是优质医疗资源区域分布不均衡、医疗人才稀缺等问题造成了这种医疗怪象。

当智慧医疗与5G相结合时，5G的高速率、低时延、高可靠等特性，将成为推动我国医疗及健康产业发展的重要抓手之一，为智慧医疗的发展带来新的机遇。

比如，随着5G与AIoT（人工智能物联网）的深度融合，将发掘出更多智慧医疗、智慧健康的应用场景，使高清视频远程会诊、远程手术、紧急救援、AI辅助诊断、远程医疗教学等新业务的应用落地变为可能。

未来，智慧医疗也会走进寻常百姓的生活，实现患者与医务人员、医疗机构、医疗设备之间的互动，使医疗服务走向真正意义上的智能化，不仅可以大大提高医疗的效率和质量，还能进一步降低医疗费用。

另外，随着智慧医疗产业的发展，可穿戴设备、“VR+脑机接口”训练、康复机器人等领域尤为值得关注。其中，人工智能在垂直领域的深入应用，将带动可穿戴医疗设备进入快速发展期。

智慧城市

智能手机、智能汽车、智能家庭都是从个人生活场景来讲的，而智慧城市则是以人为细胞，以家庭为细胞，进行统筹管理和运营的，是科技赋能更大场景的应用。

在新冠肺炎疫情暴发的过程中，我们可以发现，一些智慧城市建设得比较好的地区，疫情防控效果会比其他城市要好。智慧城市的建设，可以让政府掌握大量的城市数据，通过分析，做到决策精准化、科学化，从而把风险消灭在萌芽状态。

应用互联网、大数据、人工智能，可以提高城市科学化、精细化、智能化的管理水平。可以说，智慧城市是城市能级和核心竞争力的重要体现，建设智慧城市，不仅能为政府提供管理工具，还能为居民提供更好的服务。

比如，建设政务服务“一网通办”，将大大提高企业、民众的办事效率；城市运行“一网统管”，如智慧公安，能进一步提升城市的安全性；全面赋能数字经济，聚焦数字化转型高质量发展产业，包括汽车、电子信息、生物医药等，将率先打造智能制造产业集群。

“超人”

所谓的“超人”，即脑机结合，这是科技赋能人身体内部的场景。

未来，我们可能会像科幻小说中所描述的那样，采用神经技术帮助人们恢复视力、重新训练身体和治疗疾病，让所有人都变得更加强大。

当然，这并不只是科幻小说中的情节，已经有人在努力尝试实现了。比如埃隆·马斯克和马克·扎克伯格都投资于脑机接口，以期提升人类的能力。马斯克的公司 Neuralink（神经链接）旨在提高人类的认知能力，使人类能够与人工智能等竞争。扎克伯格的想法则更像是打造读心机器。另外，布莱恩·约翰逊的创业公司 Kernel 正致力于创建一个大脑接口，基于高分辨率的大脑活动开发针对现实世界的应用程序。

“我们想要成为什么样的人，会是一个选择题”，这在不久的将来，很有可能成为现实。

对于投资者来说，思考什么能发展起来，什么行业可能会出现井喷式爆发，就要看它能否为人类带来自由和安全。

如今，科技已经到了一个爆发点、奇点，我们的城市运营、家庭生活、交通出行等，都可能随时发生变化。站在时代发展的角度，关注科技赋能的企业，比如一些涉及大数据的采集、存储、计算、挖掘以及芯片、服务器、软件方向的企业，可能会为你带来新的投资灵感。

第九章

数字经济

以大数据、云计算、人工智能、区块链为核心的驱动

大数字经济是未来的发展趋势

提起“数字经济”，我们并不陌生，却很少有人能清晰地表述出什么是“数字经济”。

从概念上来说，数字经济是以数字化的知识和信息为关键生产要素，以数字技术创新为核心驱动力，以现代信息网络为重要载体，通过数字技术与实体经济的深度融合，不断提高传统产业数字化、智能化水平，加速重构经济发展与政府治理模式的新型经济形态。

当下数字经济的内涵，主要包括数字化平台、互联网、移动互联网、物联网、大数据、云计算、人工智能以及区块链技术，是真正面向未来的经济形态。

如何理解这几者之间的关系呢？如果把数字化平台比喻成人体，互联网、移动互联网以及物联网就像人类的神经系统，大数据是人类的五脏六腑、皮肤以及器官，云计算相当于人类的脊梁，在这些的基础上，人工智能相当于人类的大脑和神经末梢系统，能够为其注入灵魂。

而区块链技术的存在，则更像是一种先进的“基因改造技术”，从基础层面大幅度提升大脑的反应速度、骨骼的健壮程度和四肢的操控灵活性。在区块链技术的帮助下，数字化的平台可以得到颠覆性改造，从而对经济社会产生更强大的推动力。

未来，数字经济将成为引领新一轮全球化发展的主要驱动力。从投资者的角度看，数字经济是未来的发展趋势是毋庸置疑的。

当数字化与传统产业链相结合，就会碰撞出强烈的火花，形成新的经济组织方式，从而对传统产业产生颠覆性的冲击。比如，当数字化与工业制造相结合，会形成工业 4.0；与物流行业相结合，会形成智能物流体系；与城市管理相结合，会形成智慧城市；而与金融相结合，就会形成金融科技或科技金融等。

如今，数字技术正处在一个重大的变革时期，各国都高度重视它的创新和发展，由此而研发出的各种前沿技术，已经展现出种种诱人的应用场景，成为各国科技创新的重点领域。

中国，作为数字经济全球一体化的倡议者和践行者，具有可供数字经济发展的肥沃土壤，不仅可以对接全球技术和资源，开展技术和应用的创新验证，还是全世界数字经济最好的试验田。

中国信息通信研究院发布的《中国数字经济发展白皮书》显示：2020 年，我国数字经济规模达到 39.2 万亿元，较上年增加

3.3万亿元，占GDP比重为38.6%，同比提升2.4个百分点。同时，数字经济在国民经济中的地位越发突出，从2002年至2020年，我国数字经济占GDP比重，已由10.0%提升至38.6%，数字经济对GDP的贡献程度显著提升。

另外，在华为联合牛津经济研究院，于2017年发布的《数字溢出：衡量数字经济的真正影响力》报告中，也有这样的表述："过去30年中，数字技术投资每增加1美元，便可撬动GDP增加20美元；而1美元的非数字技术投资仅能推动GDP增加3美元，数字技术投资的平均回报是非数字技术投资的6.7倍。"

在即将到来的数字经济时代，土地、劳动力、资本及数据将成为新的四大生产要素，其中，前三种作为旧的生产要素仍在发挥作用，只不过其载体和形式会有所差异，而这种差异会带来巨大的投资机会。除此以外，数据作为一种新的生产要素，其所创造的投资机会也不容小觑。

制定规则，预测未来

大数据技术，被誉为一场新的计算革命，是构成国家竞争力、商业竞争力和个人素质的重要部分。

数据是21世纪的石油。谁掌握了数据，谁就有能力制定规则、预测并引导未来，也有可能主宰一个行业，甚至一个社会。

对于一家企业来说，准确的评价能力，可以帮助它制定出合理的"分配及激励"机制，而合理的分配及激励机制可以给企业乃至社会发展带来极大的推动力。可以说，数据的获取挖掘、分析及应用能力，决定着一家企业的评价（评判）能力，以及对未来的预判能力。

比如，字节跳动（今日头条和抖音）的成功，正是得益于其制定出的“公平的流量激励规则”，大大激发了“互联网产业链”的生产力。简单来说，就是因为它们做对了一件事：利用了“数字霸权”，即拥有足够多的数据和足够强大的数据处理能力，并充分利用数据，从而拥有制定规则的“霸权”。

因为平台有公平、公正、合理的规则，任何用户想要获取流量、发展业务，唯一要做的就是认真研究规则，找到符合平台调性的内容。哪怕是一个从来没有使用过该平台的人，只要你的内容符合平台调性，就可以通过一定的计算方法，获得流量和曝光。

这在过去，是完全不可能的事情。这套规则相当于给社会提供了一套公平合理的规范，激励了无数人创作内容，平台再从中筛选出最优质的内容进行展现，从而形成良性循环。

不管是今日头条还是抖音，都是通过“大数据”异军突起，制定公平竞争规则并预测未来的。

小到一家企业，大到一个国家，如果拥有最公平、高效、合理的资源配置能力，那么这家企业、这个国家的发展必然势不可当。

这是“数字霸权”的第一个能力，它还有第二个能力，即对未来的预判能力。

因为平台有大量的数据，它就具备了预测的能力，能推算出未来将会发生什么事，知道风险在哪里、机会在哪里，这家企业就能做到平稳前进。

如果一家企业拥有这两个能力，那么这家企业的发展必然会令人惊奇。当政府拥有这两个能力后，一个国家的发展必然步入快车道。

谁掌握了数据，谁就掌握了世界

在即将到来的时代，谁掌握了数据，谁就掌握了世界，这一理念已经成为各国的普遍共识，它们也都希望自己在大数据技术研发与应用方面占得先机，比如美国极力打击华为5G事件、蚂蚁金服事件、滴滴打车事件等，背后都是对数字霸权的争夺。

在这场旷日持久的数字霸权争夺战中，那些靠“数据”扩张的企业一旦发展到数字霸权争夺战的领域，必将受到来自国家层面的制约，其背后逻辑如下：

① 国家的核心数据，必须掌握在自己手上，尤其不能流出国外，否则后患无穷，所以，必须重拳收回。

② 从政治的角度思考，如果一家企业掌握的数据太多，它就会拥有强大的话语权，甚至会危害到国家稳定，这是绝对不能被容忍的，尤其在敏感领域，必须限制其发展。

这是一个非常重要的原理，它决定了所有的大企业、平台性的企业，在发展到一定阶段时，都会受制于此。

这一点与过去有了很大的不同。过去所谓的垄断，都是为了保持企业生态、行业生态。现在如果一家企业的数据应用能力很强，就会像一颗定时炸弹。所以，政府会采取很多方式，牢牢地把数据权力握在手中。

综上所述，国与国、国家与企业、精英人士与普通民众之间的“数字霸权”争夺，将左右社会的发展进程，对投资者而言，则意味着投资机会的演变。

云计算，超强的数据处理中心

很多人可能不知道什么叫作云计算，但随着生活与互联网的交互逐渐加深，就一定会遇到云计算。在人们看不到的另一端，以云计算为代表的一系列应用，正在改变着我们的生活。

那么，究竟什么是云计算？云计算在生活中都有哪些应用？在这一领域，未来还有哪些值得关注的投资机会呢？

云计算产业链加速，即将迎来下一个黄金 10 年

云计算究竟是什么？我们打个比方，你正在用手机搜索关于云计算的信息，这个请求发送到云端后，被分解成很多小的任务，当任务完成后，云端会把结果反馈给我们，即我们搜索到的信息。这个过程不会占用手机的性能，却能让人们快速得到结果。

我们可以把云计算理解成工厂的流水线作业，流水线上的每个员工，做的都是不一样的工作，但最后得到的却是同一个产品。云计算就是利用这种分工，高效地使用计算资源，快速得出结果。

云计算的优势，在于高效地处理海量数据，从而给我们的生活带来便利。

比如，新冠肺炎疫情防控期间，人们进行在线办公、在线教育，办公软件为企业内外沟通、内部协同，学校的直播授课、互动答疑等提供了很好的平台；在政务服务方面，各地推出的政务云平台或移动应用，不仅满足了大家日常办事的需求，同时也减少了人员的聚集；在云监工方面，央视对武汉火神山医院和雷神山医院建设的直播，使全国网友可以在线观看工程进度。

疫情防控期间，云计算极大地方便了人们的生活，加速了复工复产，有人研究得出结论：疫情至少让数字化时代提前了 6 年到来。

过去 10 年，是云计算技术飞速发展的 10 年，全球云计算市场规模增长数倍，我国云计算市场，从最初的十几亿元增长到现在的千亿元规模。而这几年，由于产业智能化浪潮席卷全球，人工智能作为技术驱动力，云计算则作为新技术输出窗口，助力各行各业智能化转型。产业对云的需求量巨大，疫情也显著加速了企业数字化转型的进程。

在全球数字经济背景下，云计算是企业数字化转型的必然选择，企业的云进程将会进一步加速，云计算将迎来黄金时代。

同时，随着新基建的推进，云计算的应用将加速落地，在互联网、政务、金融、交通、物流、教育等不同领域实现快速发展。

云计算将会向行业生产渗透，随着全球数字经济发展进程的加速，数字化发展进入了动能转换的新阶段，数字经济的发展重心将由消费互联网向产业互联网转移，数字经济正在进入一个全新的时代。

干掉汽车的是飞行器，干掉手机的是云计算

未来，随着云计算的发展，你甚至只用一台显示器或一块屏幕，就可以完成日常工作，因为云计算可以为你配备一台拥有强大存储和计算能力的主机，而且不用进行系统升级和维护。

大家都知道，能干掉汽车的是飞行器。有了云计算，手机只剩一块屏幕……被干掉并不难。

比如，2020 年 9 月上线公测的华为云鲲鹏云手机，最大的特点就是端云合一。它采用了一种全新的设计理念，与常规智能手机有了不一样的应用场景，可以在应用智能托管、云手游、众播互娱、移动办公等场景发光发热。由于大大降低了对本地硬件的需求，手机变得更轻更薄，不用堆配置、抢高端，就能让用户有旗舰级别的用机体验。

计算工作都放在云端完成是符合市场规律的，因为手机可以因此变得便宜，推广性必然更强。这会导致美国在终端硬件上的技术优势失去意义。

同时，5G 会让数据的传输速度有一个质的提升，这将彻底改变整个生产体系和运营体系，相当于带来了一次重建的机会。就像物流速度的提升，让我们习惯了网购，习惯了叫外卖，这已经深刻地改变了我们的工作和生活。

未来，由于云计算的应用，中国原本在芯片领域的弱势会被弱化。未来，制造芯片的成品率不高将不再是问题。因为计算都被放到了云端，手机已经不再需要芯片了。

正是技术上的突破，让我们可以换个赛道和美国竞争，让我们在重建的过程中，增加了自身的话语权，这就是中国实现赶超的好机会。

而未来，云计算将结合 5G、AI、大数据等技术，为传统企业实现“电子化—信息化—数字化”转变搭建阶梯，国内巨头也将通过技术上的优势，帮企业在传统业态下实现变革和重构，为企业的设计、研发、生产、运营、管理等领域赋能，进而推动企业重新定位，改进当前的核心业务模式，完成数字化转型。

当然，这些是需要专家去考虑的问题，我们了解其大概的发展趋势，知晓其背后的逻辑，就足够了。我们作为投资者，研究云计算，最终还是要回到投资机会上来。那么，未来云计算的投资机会在哪里呢？

国内云巨头大展身手，投资机会在哪里呢？

在中国，阿里云是国内第一家在相关方面盈利的巨头，它的云技术是非常出色的，比如中国第一个也是目前为止唯一的一个云操作系统“飞天”，再比如被称为全球性能最强的人工智能推理芯片的含光 800。

值得注意的是，云计算市场有明显的马太效应。据安信证券于 2021 年 1 月发布的《2021 年云计算产业链依然是很好的投资赛道？》一文，在 2020 年第四季度，中国云计算市场的主要份额集中在阿里巴巴、腾讯、华为与百度四大厂商手中。其中，阿里巴巴拥有的云份额高达 40.3%，领跑国内市场。

有数据显示，中国企业上云率不足美国的一半，潜在发展空间可观，中国云计算市场待挖掘的空间也非常庞大。另外，在细分领域方面，云在协同 OA（办公自动化）、在线教育等领域加速渗透。随着企业数字化进程逐步推进，数据服务领域有进一步发展的空间，尤其是零售电商、医疗等对数字化要求较高的领域，都值得投资者特别关注。

有些投资者可能会觉得这些专业术语非常深奥，不知道了解这些有什么用。我很理解大家的这种感受，所以我一直希望，能够用最简单的语言，输出最容易让大家理解的内容，就是为了让大家明白，这些技术进步会给我们的生活带来哪些改变，进而会催生哪些投资机会。

毕竟，要找到投资机会，一定要理解技术本身，了解这一技术会对科技的未来起到怎样的作用，才不会让机会白白溜走。

在整个科技发展过程中，云计算是最重要的方向之一，也是和我们的生活最贴近的技术。尤其是新冠肺炎疫情，加速了云计算的应用，比如医疗和教育等，都从传统的线下，加速迁移到了线上。

从投资角度来看，云计算是应运而生的技术，市场空间无限。

将来，日常生产和生活中产生的数据只会越来越多，对计算能力的需求也会越来越强。而行业巨头可以垄断整个云计算行业，如果华为云、阿里云、腾讯云这样走向资本市场，就会有比较好的机会。另外，对于投资者来说，寻找整个行业产业链的相关标的，也会发现意想不到的惊喜。

大数据时代，将会带来哪些变化？

日常生活中，当我们在一些购物网站浏览了某种商品之后，在一段时间内，网站会持续把类似的商品推荐给我们。我们知道，这是由于大数据的应用，实现了对消费者的精准营销。

从概念上来说，大数据是指在一定时间范围内，使用常规软件捕捉管理和汇总的数据集合。简单来说就是海量数据。

作为继云计算、物联网之后，IT（互联网技术）产业的又一次颠覆性技术变革，数据的价值被充分发挥出来。大数据时代的到来，对国家的治理模式，企业的决策、组织和业务流程，个人的生活方式等，都将产生巨大的影响，并将引发新一轮信息化投资和建设热潮。

新冠肺炎疫情防控期间助力抗疫的大数据，市场空间无限

2020 年突发的新冠肺炎疫情，为各行各业带来了前所未有的挑战。为应对经济压力，各国纷纷将目光聚焦于数字经济，将其作为经济逆境中的新动力。

而大数据作为数字经济的重要基础，也在这次抗疫过程中大放异彩，不仅在疫情监测分析、人员管控、医疗救治、复工复产等各个方面得到了广泛应用，其也为疫情的防控工作提供了强大的支撑，让人们第一次如此直观地见识到了大数据中蕴含着的巨

大潜在价值。

① 疫情信息动态展示

大数据通过对人员和车辆流动、资源分布、物流运输等信息进行全方位、多角度的实时展示，支撑政府的疫情防范管制工作。通过疫情信息展示、人流迁徙呈现、舆论监测与评价、民众信息上报与展示等，国家及时向公众公开疫情信息动态。

② 疫情防控管制

通过模型建立、分析挖掘等手段，利用位置数据和各类行为数据实现高危人群识别、人员健康追踪、区域监测、市场监管等功能，为社会疫情防控及政府决策提供有力支撑。

③ 医疗救治增效

大数据和智能技术在病情诊断、医学研究、医疗辅助等医护工作的相关场景中，得到了充分应用。比如，百度研究院开放线性时间算法 LinearFold，提升了对新冠病毒 RNA（核糖核酸）空间结构的预测速度；浙江省疾控中心基于阿里巴巴达摩院研发的 AI 算法，上线全基因组检测分析平台，有效缩短了疑似病例的基因分析时间，且能精准检测出病毒的变异情况。

④ 生活便民举措

这是本次数据驱动疫情防控的重点突破口。

尤其是在居家隔离期间，诸多互联网企业采用 O2O（线上到线下）服务模式，形成从线下活动到线上活动的映射，利用大数据技术实现海量生活数据的采集、分类和存储，为居民提供无接触配送、实时疫情地图、互联网医疗等服务，在便利居民正常生活的同时，确保了各类服务的安全性。

⑤ 复工复产管理

在复工复产的重要阶段，依靠国务院办公厅电子政务办指导推出的全国一体化政务服务平台疫情防控健康信息码，解决了数据标准不一致的问题，实现了跨省跨地区的疫情服务互联和有序复工复产。

另外，百度 Hi 企业智能远程办公平台、阿里钉钉、华宇软件等远程办公软件，也纷纷上线，支撑了政企学的异地协同运转。

中国信息通信研究院在《全球数字经济新图景（2020 年）》中预计，2020 年全球数字化转型技术和服务支出将增长 10.4%，达到 1.3 万亿美元，是 2020 年为数不多的经济增长亮点之一。

在这种时代趋势下，我国的大数据产业也得到了飞速发展。2020 年 9 月 10 日国家互联网信息办公室印发的《数字中国建设发展进程报告（2019 年）》显示，2019 年，我国大数据产业规模超过 8 100 亿元人民币，同比增长 32%，依托大数据、人工智能、区块链、工业互联网等技术，数字经济产业得到快速发展。

目前，大数据产业正在蓬勃发展，据 IDC（互联网数据中心）预计，在 2020—2024 年的预测期间内，中国大数据相关技术与服务市场将实现 19.0% 的年均复合增长率，市场潜力巨大。

大数据的安全隐患及解决方案

生活在大数据时代，我们可以得到更精准、更贴心的服务，与此同时，我们的所有行为、偏好、财产在大数据面前也都无所遁形。在数字经济蓬勃发展的大背景下，一旦缺少了平台安全这个前提，数据价值的释放也将受到严重阻碍。

如何理解大数据平台安全与大数据的关系呢?

如果将大数据平台比作大厦，其价值的释放能力和安全能力，就相当于大厦的地面建筑和地基。地基的深度决定了大厦地面建筑的高度，地基不稳的大数据平台，注定只能是“空中楼阁”。

目前，大数据平台普遍存在组件安全配置和安全漏洞方面的风险。尤其是近年来，各种数据安全事件频发，在大数据构筑起的互联网时代，“杀熟”事件屡见不鲜，信息泄露更是让不少消费者感到愤怒。数据安全治理成为各界都无法忽视的焦点问题。

究其原因，一方面，数据应用的复杂性和数据分析挖掘的多样性，增加了数据权属管理和抵御安全攻击的难度；另一方面，越来越多的跨组织间数据流通，也进一步加速了数据被盗用、误用、滥用的安全风险。

除此以外，在大数据平台建设过程中的安全投入不足；大数据平台重视边界防护，忽视内部安全；企业大数据平台安全管理制度滞后；企业技术人员安保能力不足；等等，也是导致数据漏洞出现的主要原因。

针对这些问题，行业也在不断努力进行解决。

① 逐步构建数据安全标准制度体系

数据安全管理的相关标准制度不断完善。比如 2019 年 8 月 30 日,《信息安全技术—数据安全能力成熟度模型》正式作为国标被公开发布，并于 2020 年 3 月起正式实施。

另外，我国也在积极开展行业级数据安全合规的监管行动。2020 年 5 月，工信部发布《2020 电信和互联网企业网络数据安全合规性评估要点》，对行业数据分类分级、安全评估、安全认证、预警处置等关键制度的规范和要求，进行了充分明确。

② 企业数据安全治理实践逐步深入

在数字时代，数据安全治理是一场没有终点的旅程。重视数据安全制度建设也成为各类企业的共识，尤其是作为数据资产拥有者的企业，更是将建立健全数据安全治理体系、提高数据安全保障能力，当成企业治理的头等大事。

比如在小米的安全保障体系中，就建立了事前安全防范、事中安全管控、事后稽核审计等一整套完整的安全管理制度。

这样的数据安全制度体系，不仅针对企业内部数据的管理与应用进行管控，对于企业外部数据的流通共享也建立了有针对性的管理制度，可以覆盖到数据价值流转的各个环节。

目前，随着行业与企业对数据安全治理的重视程度不断提升，一些数据重要性高、数字化程度高的企业，在数据安全治理的创新和实践方面，表现出了更多的努力和成果，而一些传统行业以及中小企业，由于受认知、技术、自身发展阶段等方面的条件限制，在数据安全治理方面，还需要一个逐步演进和完善的过程。

投资机会在哪里？

未来，随着大数据技术的发展，以及安全问题的规避，大数据在日常生活中的应用将会越来越常见，一些相关行业也将插上腾飞的翅膀。

2020 年以来，大数据技术环境发生了一些变化，一些新的技术趋势应运而生。对于投资者来说，最关心的问题莫过于：在大数据时代，哪些领域和机会最值得关注？在其发展过程中，又会带来哪些投资机会？

① 基础技术，控制成本按需索取成为主要理念

由于新冠肺炎疫情对于线下消费的影响，网上购物成为人们"剁手"的第一渠道，尤其是赶上"双十一""618"等网上购物节，巨大的流量不仅给电商行业带来了可观的收益，也为电商平台带来了巨大的 IT 成本，如扩容带宽、CDN（内容分发网络），增加计算资源、存储资源等，给电商行业带来了不小的负担。

在此基础上，"存算分离"技术应运而生，利用云计算优势，采用"存算分离"，使得存储和计算可以灵活配置，单独按需扩缩容，可以有效控制成本、提升计算资源利用率，避免资源浪费。同时，按需索取的处理分析能力服务化概念开始流行，成为包括电商行业在内的众多行业企业建设大数据平台的新趋势。

目前，国内外众多厂商纷纷看到这一需求，进行了深入的"存算分离"和能力服务化实践。

比如，阿里云和华为云等一众云计算厂商，提供了基于各自的云化大数据平台、分布式数据库产品的"存算分离"解决方案。

其中，阿里云用自身 EMR+OSS 产品代替原生海杜普（Hadoop）存储架构的方法，使得整体费用成本下降约 50%；华为则使用了自身 FusionInsight+EC 产品，将存储利用率从 33% 提升至 91.6%。

在能力服务化方面，国外最为出名的是 Snowflake 公司提出的数据即服务（DaaS），使用分析能力以云服务的形式在 AWS（亚马逊 Web 服务）、Azure（微软基于云计算的操作系统）等云平台上提供按次计费的服务，成为云原生数据仓库的代表，并于 2021 年以超过 700 亿美元的市值 IPO，成为软件企业最大的 IPO 案例。

在国内，则有以阿里云的 AnalyticDB、DLA 为代表的一系列产品，提供基于类似思想的服务化数据处理分析能力。

② 数据管理：自动化智能化数据管理需求紧迫

在大数据浪潮下，随着数据资产管理概念的不断升温，市场上的数据管理平台产品也在不断演进、力争上游。

比如，华为、浪潮、阿里云、中国系统、数梦工场、数澜科技、Datablau 等数据管理平台供应商，就在各自的产品中，不断更新自动化、智能化的数据管理功能。其中，华为着重于智能化的数据探索；浪潮关注自动化标签和主数据识别；阿里云实现了高效的标签识别以及数据去冗余；中国系统则聚焦助力数据标准的有效落地。

③ 安全流通：隐私计算技术稳步发展，热度持续上升

除了对数据进行分析、挖掘以外，另一个可以释放数据价值

的方向，就是数据的共享及流通。无论是直接对外提供数据查询服务，还是与外部数据进行融合分析应用，都是实现数据价值变现的重要方式。这就对数据安全提出了更高的标准和要求。

在此基础上，基于隐私计算的数据流通技术，成为实现数据联合计算的主要思路。

尤其在数据合规流通需求旺盛的环境下，隐私计算技术发展火热。作为旨在保护数据本身不对外泄露的前提下实现数据融合的一类信息技术，隐私计算为实现安全合规的数据流通带来了可能，而相关的上市公司，也是值得关注的。

人工智能，解锁未来的无限可能

人工智能，让人类“永生”？

在科幻电影中，我们经常能看到下面这样的情节：

一个生命垂危的人，通过技术把自己的意识移植到一个机器人身上，这样即使他的肉体死亡了，他的意识也还存在，依然可以通过其他身份延续之前的生活。

这些以科技力量实现“永生”的故事，经常让我们看得热血沸腾，忍不住畅想未来，梦想着有一天，人类能借助人工智能的发展，逃离死亡的阴影，找到永生的密码。

而这并非绝无可能，过去，一个人的存在形式，可能是文字、录像等。现在，大数据技术可以感知一个人所有的数据。在大数据面前，我们几乎是完全“透明”的，如果利用科技，把一个人的行动和思想全部记录，再变成对应的数据储存下来，那是否会出现即使这个人消失了，也像永远存在一样的情况呢？

目前，虽然科技“永生”仍停留在梦想阶段，但我们并非一无所获，包括特斯拉创始人马斯克在内的一些人，已经对此有了深入的研究，也许在不久的将来，人类就可以借助人工智能改造身体，拥有超能力或特异功能。

不过，要实现这些，究竟还需要多少年？要想回答这个问题，我们首先要了解的是，目前人工智能发展到了哪一步？

技术飞速发展，让智能汽车成为当下最热的风口

所谓的“人工智能”，是指用机器模拟、实现或延伸人类的感知、思考、行动等智力与行为能力的科学与技术，而现阶段人工智能的发展，主要以智能家居、智能汽车、智能机器人等为代表。

尤其是智能汽车的发展，完全可以用日新月异来形容，成了当下最热的风口。当技术逐渐成熟，实现具体应用的时候，就会产生极大的利益，从而快速迭代，催生技术的进步。

特斯拉事件：尊重生命、尊重消费者知情权是永恒的追求

目前，人工智能最前端的应用是智能汽车，走在智能汽车最前沿的企业就是特斯拉。

虽然智能汽车的研制已经进入实验应用阶段，大家对其抱有很高的期待，但由此引发的问题和讨论也喧嚣尘上。比如，2021年上半年，引起广泛关注的上海国际车展的车主维权事件，正是出于对自动驾驶安全问题的担忧。

一辆汽车载着人在路上行驶，人们最担心的问题是安全性够不够。我们为什么要严禁酒后驾车？就是因为不安全。人会喝酒、会疲劳、会走神、会突然发病，甚至会踩错油门和刹车，这些都是危害行驶安全的不稳定因素。

而自动驾驶技术出现这些情况的概率是非常低的，它不会因为一些人性、健康上的问题导致交通事故。至于技术本身的问题，比如刹车是否灵敏，我认为自动驾驶和人工驾驶是一样的，都是通过技术防止事故的发生。

我们不对特斯拉公司在技术应用、态度方面的表现进行评论，但一家企业想要实现长远发展，就必须尊重生命、尊重消费者的知情权，这是人类永恒的追求。

从趋势上看，智能汽车是未来的新赛道，加强人工智能治理，发展安全可信、负责任的人工智能，都对一个国家的法治化、智能化、专业化治理水平，提出了全新的要求。

从投资角度来看，虽然人工智能在发展的过程中，遇到了很多坎坷；智能驾驶技术发展到今天，也存在很多技术上的不足，但这并不会阻碍人类探索的脚步。即使暂时出现了一些问题，也只能证明一件事，那就是人工智能的发展依然有很大的进步空间。

作为投资者，千万不要以此去否认自动驾驶科技的力量，我们要给予它更高的肯定，而不是去怀疑它。

为什么说未来人工智能一定能发展起来？

可以确信的是，人工智能一定能发展起来，并且一定会发展得非常好。为什么我可以这么肯定？

第一，就像我们一开始说的，思考什么样的事情能发展起来，必须要回到人性层面去进行。能够给人类带来更多自由的东西，一定能够发展起来。无论是汽车的出现、互联网的发展，还是人类对外太空的探索，直至现在的人工智能，都是如此。

第二，人工智能的出现，将会解放人类的双手，替代人类做很多事，甚至最终可能把人类的思想都解放出来，获得科技上的“永生”。

未来，只要你敢想，就没有什么不可能。作为引领未来的战略性技术，人工智能将是新一轮科技革命和产业变革的重要驱动力量，并且已经成为国际竞争的新焦点、经济发展的新引擎，在这一全新赛道上，没有人想落于人后。

美国投入了大量资金，以确保其在人工智能领域拥有全球领先地位；英国利用自己在计算技术领域的积累，致力于建设世界级人工智能创新中心；日本以建设超智能社会 5.0 为引领，旨在强化其在汽车、机器人等领域的全球领先优势；中国拥有世界上最多的人工智能专利，在该领域的论文总数和被引用论文数，均居世界第一。

在时下最火热的自动驾驶领域，中国和美国都处于第一梯队，但又各有所长。美国重视车辆的智能，所以它的道路测试法或相关法律更加灵活；而中国有基础设施方面的优势，所以可以在路边增加很多设备，来提高安全性和效率。

从产业发展角度来看，我国人工智能企业数量位居世界第二，北京是全球人工智能企业最集中的城市之一；从投资角度来看，中国在人工智能领域的投融资占全球的60%，成为世界上最能“吸金”的国家。

由此，我们不难看出：在人工智能技术研发层面，我国正在加速取得技术成果，已处于行业领先地位；在人工智能技术应用层面，中国已处于第一梯队，正以令人惊叹的速度发展。从中，我们也能找到很好的未来投资的机会。

人工智能的四大应用场景

人工智能作为一项通用项目技术，可以应用到自动驾驶、智能制造、智慧城市等诸多领域的场景中，并且能够与大数据、云计算等数字技术互补互促使用，有着极强的技术溢出效应，对经济社会高质量发展显现出强劲的引领带动作用。

与此同时，人工智能的应用场景也十分丰富，在教育、医疗、养老等民生服务领域，都能实现完美落地。我们也能从中找到很好的未来投资的机会。

① 人工智能不断提升医疗水平

当下，人工智能在医疗领域的应用已经非常广泛。从最开始的药物研发，到进行手术，随处可以看到它的身影。特别是在新冠肺炎疫情防控期间，人工智能在疫情监测、疾病诊断、药物研发等方面，也发挥了重要作用。

② 人工智能在教育行业的深度应用

在疫情防控期间，还有一个快速发展的行业，就是教育行业。如今，各大教育 App 的功能越来越多样，越来越智能，比如通过图像识别可以进行机器批改试卷、识题答题；通过语音识别，可以纠正、改进发音；通过人机交互，可以进行在线答疑解惑等。

AI 与教育的结合，在一定程度上可以解决教育行业师资分布不均衡、费用高昂等问题，为师生提供更有效率的学习方式。不过，目前其仍然不能对教育内容产生较多实质性的影响，未来还有较大的发展空间。

③ 养老人工智能的应用创新

随着我国人口老龄化程度的不断加深，养老人工智能在助残养老领域的应用，也在不断丰富和创新，在帮助残疾人和老年人提升生活自理能力和尊严感方面，发挥了重要的作用。比如护理型机器人通过与照护对象进行交互性治疗，可以降低老年人的孤独感，极大改善老年人的生活质量。

④“超人”产业链

2021 年，马斯克的脑机接口公司 Neuralink，发布了一篇新的博客文章与视频，展示了其在大脑控制研究上的最新突破：通过植入脑机接口，一只猴子能在没有游戏操纵杆的情况下，仅用大脑意念玩游戏。

马斯克还表示，他预计 Neuralink 产品的初始版本，可以使瘫痪患者使用智能手机的速度，比正常人使用手指操作手机的速度更快。甚至该产品的未来迭代版本，可以让截瘫的人再次行走。

虽然他的这些主张，听上去有些疯狂，但脑机接口技术已经从最初的科学幻想阶段，走过了科学论证阶段，来到了现在的技术爆发期。也就是说，如今人们所关心的问题，已经由最开始的能不能做，发展到了怎么做。

虽然在将人变成“超人”的路上，依然存在很多障碍，但科学家已经在积极探索脑机接口技术的实现与应用。未来，脑机接口技术将会被应用到更多领域，前景不可估量。

最后，通过以上的分析，我想要告诉大家的是，人工智能已经到了关键的发展时期，并且目前已经有了比较好的技术突破。智能汽车是一个非常大的产业，而这个好的应用场景也会反哺技术的推进。在智能汽车的发展过程中，政府的态度、汽车本身的安全性都是非常重要的。

在人工智能的应用方面，确实仍存在很多问题，甚至会涉及很多伦理道德问题。然而，作为一名投资者，你要思考的问题只有一个，就是如何把握这些投资机会。这里也提到了 4 个应用领域，希望能够帮助大家寻找牛股，发现好的机会，提前上车，享受技术带来的红利。

数字货币乘风而来，区块链技术孕育大牛股

高歌猛进的数字货币，把火烧到了艺术圈

一幅名画，拍卖出几千万美元的高价，大家一定会觉得很正

常，因为它独一无二的收藏价值是无可替代的。然而，如果是一件数码艺术品，也就是计算机上的虚拟的画作，也拍出了几千万美元的价格，会不会让你大跌眼镜呢？但这种情况真的发生了。

这就是 2021 年非常火爆的区块链圈与艺术圈的混搭。有一幅数字画作，在老牌的佳士得拍卖行进行拍卖，竟然卖出了 7 000 万美元的高价，而在外行人眼中，这不过就是一张可以随意下载、复制、粘贴的图片罢了，为何会拍出这样的天价呢？

其背后的玄机就是 NFT（非同质化代币）的概念。究竟什么是 NFT 呢？

如果用比特币来类比，一个比特币和另一个比特币是没有区别的，可以实现等价互换，这就是同质化代币，而且是可以分割的。明确了这个概念后，我们再来看 NFT，它与比特币正好相反，每一个 NFT 都有其独立的价值，是不可替代的，而这个 NFT 的价值就来自它所绑定的那份数字资产，是不可分割的。

就像一幅画，你不能把它分割，否则它就会失去价值。因此，如果收藏家花钱购买了一幅毕加索的画作，就可以把它搬回家。但是，如果这位收藏家购买的是一件以 NFT 形式拍卖的数码作品，它就只能得到所有权的标记，类似于知识产权，而不是实物产品。这就是区块链技术对以往艺术品收藏的一种颠覆，也是区块链技术的“破圈”。

区块链技术破圈的背后是永恒的故事性

每一次区块链技术的破圈，都会掀起一拨支持者的狂欢。前有马斯克支持比特币交易，已经让币圈的人兴奋不已；后有一个天价的收藏品出现，也足以让币圈的人为之狂欢。

如今，NFT 与艺术圈的结合越来越紧密。因为艺术品本身是有价的，其价值容易得到体现。但艺术品还有一个最大的问题，就是屡禁不止的赝品。而 NFT 恰好可以解决这个问题，因为它利用了区块链的去中心化技术，可以通过溯源，辨别独一无二的艺术品。

由此我们可以发挥想象，只要你能确定一个东西是独一无二的，不是复制品、衍生品，也不是最后派生出来的产品，它就会有与众不同的价值，甚至连你发的第一条推特，也可能会变成一个 NFT。

因为艺术品本身就是一个故事，而人类是相信故事的，所以故事性和 NFT 结合体的价值也是真实存在的。未来，NFT 的应用可能还会继续推广下去，不过，至于这个故事是否真的有价值，就是另外一回事了。

区块链真的是未来的趋势吗？

NFT 虚拟作品的拍卖，打开了大家的视野。但这个故事背后的故事，却没有那么简单。

第一，这笔天价的 NFT 交易，更像是一场炒作，一次非常好的营销。因为这笔天价 NFT 交易的买家，正是世界最大 NFT 基金的创始人。

第二，佳士得官网数据显示，参与这次竞拍的 33 位“收藏家”，有 30 位是首次参与藏品拍卖，且多数为“80 后”甚至是“00 后”。

综合以上两点，答案就很明显了，所谓艺术圈的破圈，很可能只是一次自我营销，而且是一次非常成功的营销。特别是在全球数字货币被炒到白热化的现在，一张普通的数字图片也能借着区块链的东风，在二级市场上由几美元炒到几千美元，这种疯狂很容易让人热血上涌，觉得钱来得特别容易。但这样的行情是持续的吗？

我一直在强调一句话：股市是故事，故事的真相不重要，重要的是有人信。

其实任何投资市场都是如此。比如，某一个投资品的炒作，往往会在初期大家还不太理解时，在质疑声中一路上涨；等到大家终于弄清了原委，越来越多的人开始讲“故事”、讲“未来”的时候，这个投资品的行情大概率也走到了尽头。

所以，作为普通投资者，当市场上都在流传“数字货币”的故事时，你反而要擦亮眼睛。这并不是说数字货币现在有泡沫，大家要完全地去否定它，而是要搞清楚究竟什么是数字货币。

数字货币，是支付宝和微信支付强劲的竞争对手？

提起“数字货币”，大家对它的了解，更多的是“去中心化的货币”，类似比特币、以太坊的概念。

然而，这种认知并不全面。还有一种数字化的货币，比如央行推出的数字货币就有别于比特币，并且很有可能在未来替代纸质货币。

说到这里，可能有人会感觉有些糊涂，甚至会把数字货币、央行数字货币、比特币、区块链这些概念完全混淆。因为在炒作的过程中，媒体总喜欢把这些奇奇怪怪的概念扯在一起，让人无法分辨。

其实，这几个概念是有本质区别的，我们分别来看一看。

首先，从概念上来看，数字货币的范围非常广，包括央行发行的数字货币、比特币、虚拟币等。其中，比特币是非常特殊的品种，也是大家谈论最多的品种。

比特币的核心技术是区块链技术，而区块链技术可以实现去中心化，因此给了大家很大的想象空间，甚至由此认为比特币可能会成为全球流行的货币，市场上也因此对其进行大肆炒作，但最终结果我们也知道了，对于比特币的态度，有些国家是支持的，而有些国家是反对的，比特币的暴涨暴跌也引发了“币圈”的一片哀号。

其次，目前央行发行的数字货币（DC/EP）与比特币有着本质的不同。从表面上来看，它只是一个没有去中心化的法币，甚至和电子货币功能差不多，只是对纸币的替代而已，既没有改变货币发行的本质，也没有改变货币的使用和传播路径。

但是，我们为什么会说，央行数字货币会替代纸币呢？

因为它几乎可以实现数字货币的所有功能。不仅可以做到离线支付，还有更关键的一点，它可以做到无法追溯。也就是说，如果你的钱包里存有的是数字货币，当你支付出去时，你钱包里的钱减少了，对方的钱增加了，中间是不会留有任何痕迹的。因为国家关注的重点是抓大额，防止不法分子洗钱，但完全不担心小额的交易。不阻止小额交易的发生才能真正让数字货币普及起来，让大家放心使用。

这也是很多人开始看衰支付宝的原因。毕竟央行数字货币的背后，是国家的背书，无论是方便性还是安全性，都要比支付宝、微信支付等第三方支付可靠得多。如果这一点被央行数字货币完全取代，可能就会对其核心业务造成巨大的冲击。

可以说，这次央行力推数字货币，是我们国家迈出的关键一步，甚至对将来的人民币国际化都有着至关重要的影响。

数字货币：中国在下一盘大棋！

为什么我们如此重视数字货币？

最主要的原因是中国要构建独立于美元的支付体系，在货币领域实现对美国的赶超。

通过前文的分析，我们可以知道，美国的金融体系非常强大，美元作为世界货币，有着强大的信用。美国通过加印美元实现货币扩张，让“有毒资产”流到其他国家，再通过加息实现货币收缩，让外国资产回流到国内，收割全球财富。

举个简单的例子，新冠肺炎疫情防控期间，美国开足火力印钱，不断放水，使大量的钱流入市场。按照经济规律，这样做肯定会导致美元大幅贬值，但实际上并没有。因为美元是硬通货，信用比较好，如果出现全球性金融危机，其他国家的货币都会大幅贬值，唯独美元会成为大家的避险资产。

美国正是通过这个方法，“薅”了全世界的“羊毛”，其他国家敢怒不敢言。“去美元化”也成为所有国家都面临的重要课题。然而，这么多年过去了，美元的挑战者屈指可数，即使有也都以失败告终，比如曾被寄予厚望的欧元以及跨境支付系统、人民币跨境支付系统等，都由于明显的区域局限性，而未能对美元的体系构成实质威胁。

直到区块链技术的出现，才终于打破了这一局面，并有望替代货币的信用职能，挑战以美元为构架的金融信用体系。

所以，我们国家非常重视数字货币，从 2019 年中共中央政治局就区块链技术发展现状和趋势进行集体学习，到央行发行数字货币，再到现在国有六大行齐推，我国在数字货币方面的发展速度在不断加快。

一方面，数字货币的蓬勃发展，为人民币国际化带来了机遇。在中美博弈的大背景下，人民币国际化，让人民币的信用得到全球的认可，建立起一套自己的结算体系，是摆脱美国威胁的最佳路径。可以说，推行数字货币对我国来说，是一次非常好的实现赶超的机会，当然这也会是一场非常漫长的竞赛。

另一方面，如果一个国家能把握住货币的流向，同时加以管理完善，不仅可以打击洗钱、防范金融犯罪，还可以引导资金的合理流向，提高资金使用效率，提前规避很多风险，比如大家担心的信贷资金用于炒房、炒股问题。

而一个能够做到全溯源的货币体系，能够迅速判断资金的流向，精准打击那些违法犯罪行为。甚至，政府还可以做出很多调控动作，调配资源，减少浪费，做到精细化管理，大大提高整个社会的工作效率，创造更多价值。

当然，还需要相应的法律体系，不能因为大数据要进行数据挖掘，就暴露我们的隐私；不能因为要规避风险，就抑制创新，否则就得不偿失了。

伟大企业诞生的摇篮

如今，中国的很多社会问题，归根结底都是金融问题。当我们站到整个中华民族伟大复兴的角度来看，更会发现，其本质就是人民币真正意义上的国际化问题，也是中美之争最终要解决的关键问题。

对于投资者来说，这也是非常重要的问题，因为里面蕴含了很多投资机会。

将来会在相关领域出现很多伟大的企业，包括与区块链技术相关、与数字货币及数字货币应用相关的企业，也可能会派生出新的商业模式。

刚开始，由于这条赛道很长、机会很多，有源源不断的故事可以讲，所以会有阶段性炒作。但随着时间的推移，就会慢慢出现受益于区块链技术发展的企业，它们可能会成长为独角兽企业。所以，建议大家要长期关注与数字货币及区块链相关的企业。

另外，我在本书第七章中曾提到过几个革命性的改变，分别是金融、科技、石油（能源）和军事，里面也蕴含着很多投资机会，大家可以回头看看相关内容。

金融可以叠加科技，科技会出现技术性的突破。数字货币就是金融叠加科技的革命。两个领域的叠加，将带来巨大的投资机会。而同样叠加了两个领域的还有新能源汽车，它叠加了能源和科技这两个领域。同样是长远的赛道、长期的题材，中途也会有波折，但一定会出现很多伟大的企业。

能源是推动科技发展最重要的因素，也是影响人类发展速度的主要矛盾。不管是对太空的探索，还是对基因的研究，人类的终极追求都是自由。技术让我们更自由，能让人类变得更自由的技术领域，就会产生伟大的企业。

因此，我们在做投资的时候，不需要钻牛角尖，盯着太多好的股票，即使你只盯着数字货币和新能源这两个长期赛道，最后的收益也绝对不会差。

数字化对人类社会和产业的影响

小时候，陪伴我们度过童年的是玩偶；现在，孩子们的童年离不开的是电子设备，数字化时代正在改变着人类的生活。

一觉醒来，床边的电子屏幕开始播报今天的天气和待办日程，在中央计算机的控制下，厨房的早餐机开始忙碌，当我们吃早餐的时候，音响会自动响起舒缓的音乐，智能电视开始播放早间新闻。

忙碌了一天，回家路上随手拨一下手机，家里的浴缸就会根据你离家的远近放水调温。到了家门口，门口的摄像头读取到我们的个人信息，门就会自动打开迎接我们回家。

多么梦幻的生活，这些在以前令人感觉很奇妙的事情，在如今的数字化时代，都逐渐变成了现实。

虽然数字技术听上去很高端，但在人们的日常生活中，常用的计算机、电视机、音响系统、视频记录设备、长途电信等电子设备或电子系统，无一不采用数字电路或数字系统。如今，数字技术已经被广泛地应用于广播、电视、通信、医学诊断、测量、测控、文化娱乐以及家庭生活等方面。

了解数字化，就是了解我们生活的未来。

数字化颠覆全球金融体系

随着我国移动互联网领域的技术进步与应用普及，基于手机的支付方式走进了我们生活的每个角落。

以支付宝、微信支付为代表的移动支付，从线上到线下，从家庭日常水、电、燃气、话费的支付，到交通、旅游、酒店、餐饮的预订，移动支付凭借其高效便捷的支付体验，打破了传统支付方式在空间、时间上的局限性，已经取代纸币，占据了主流地位。

如今，有中国人的地方就有移动支付。不管是在欧美，还是在日韩、东南亚等地区，支付宝、微信支付几乎可以涵盖餐饮、超市、便利店、主题乐园等各类吃喝玩乐消费场景。

不仅如此，随着区块链技术在金融领域的不断发展，个人跨境转账底层技术的实现方式也发生了转变。

过去，个人跨境转账需要跨越支付机构、银行和国际间结算网络，流程烦琐且不方便，而现在，我们可以利用区块链技术，作为支付机构与商业银行之间的接口技术，大幅提高信息传递及处理的效率。

更重要的是，数字化时代不仅改变了我们的个人支付方式，也对企业间、国家间的支付结算方式进行了重塑。

在人民币跨境支付系统上线之前，人民币跨境清算高度依赖美国的 SWIFT（环球同业银行金融电讯协会）系统和 CHIPS（纽约清算所银行同业支付系统）。这种高度依赖，也带来了不小的风险。

一方面，在美国行使全球霸权的时代背景下，SWIFT 系统和 CHIPS 正逐渐沦为其进行“长臂管辖”的金融工具；另一方面，SWIFT 系统从技术上来看，也是一个过时的、效率低下的、成本极高的支付系统。

在大数据平台和区块链技术的驱动之下，构建形成了一个新的清算网络，已经成为当前许多国家的共识，并且各国都采取了积极的行动。

目前，全球已有 24 个国家政府投入建设分布式记账系统，超过 90 个跨国企业加入了不同的区块链联盟。比如，欧盟、日本、俄罗斯等国家和地区，正在研究建设类似 SWIFT 系统的国际加密货币支付网络来取代 SWIFT 系统，越来越多的金融机构和区块链平台，正在通过区块链试水跨境支付，试图绕开 SWIFT 系统和 CHIPS。

曾经，我们无法想象没有纸币的世界；未来，货币也将迎来数字化时代的新篇章。

随着以比特币、Libra（天秤币）、央行数字货币为代表的数字货币开始出现，全球货币发行机制也步入了改革的前夜。目前，我国央行推出的数字货币，就是基于区块链技术的全新加密电子货币体系。

之所以说央行数字货币具有跨时代意义，主要有以下三点原因：

① 它不是现有货币的数字化，而是M0（流通中现金）的替代。
② 它使得交易环节对账户的依赖程度大幅降低，有利于人民币的流通和国际化。
③ 它可以实现对货币创造、记账、流动等数据的实时采集，为货币的投放、货币政策的制定与实施提供有益的参考。

这一体系将采用双层运营体系，即人民银行先把数字货币兑换给银行或者是其他金融机构，再由这些机构兑换给公众，而中国人民银行，也很可能成为全球第一家推出数字货币的央行。

在当前数字化浪潮的大趋势下，科技已经从最初仅具有辅助功能，转变成了驱动金融变革的中坚力量，不仅改变了个人间、企业间、国家间的清算方式及主权货币发行机制，更推动了整个经济社会的发展和人类的进步。

数字化推动智慧城市的发展

当手机拥有了智能，便给我们带来了海量的线上应用，开启了一个全新的世界，那么，如果一座城市拥有了智能呢？

所谓“智慧城市”，作为当前城市发展的基本方向和重点，就是利用互联网、物联网、云计算、大数据、人工智能等技术，实现各种智慧应用，对城市进行重塑和再造，构建全流程、全覆盖、全模式、全响应的智能化管理与服务系统，实现城市范围内相关部门、行业、群体、系统之间的数据融合、信息共享、业务协同和智能服务。

目前，我国对新型智慧城市建设的探索，已经有了实质性的进展，比如在一些试点城市上线的智能售药机、智能共享书架、智盘结算台、社保 / 交管业务自助服务机等智能设备等，不仅为市民提供了越来越多的生活便利，也成为新型智慧城市生活场景的一大缩影。

如果把智慧城市建设看作一条纽带，则它一头连接的是城市居民的需求，另一头连接的是大数据、云计算等新一代信息技术。

在数字城市时代，大数据的核心是以人为本。过去，很多城市把管理交通、建筑等基础设施作为工作重心，但很少有城市将注意力放在如何将数字资产应用于智慧城市的建设上。

未来，我们想要打造智慧城市，更需要在推进城市要素数字化的同时，提高城市管理者对数据的驾驭和使用能力。通过数字化赋能，把已获取的数据反向运用到城市管理中，用数据驱动城市治理的现代化、产业发展的智能化和市民生活的便捷化，打造可持续发展的城市创新生态。

数字化将对医疗保健产生根本性改变

2020 年，新冠肺炎疫情的传播，给全世界的医疗机构带来了沉重的压力，同时，也推动了远程医疗行业的快速发展。

如今，IT 技术在医疗保健行业中的应用正在发生深刻的变化，包括机器人技术、分析成像技术和强大的数据网络等，数字医疗创新的步伐和规模呈指数级增长。

据《2020 年数字化医疗技术趋势》报告估计，到 2025 年，该行业估值将超过 5 000 亿美元，年复合增长率将达到 27.7%，数字医疗行业正迎来蓬勃发展的黄金时期。

另外，卫生系统也正在数字技术的帮助下，向以患者为中心的新型护理模式过渡，并开发了“智能健康”方法，使医疗专业人员以更快的速度、更高的质量和准确性来诊断和治疗患者。

在数字化趋势的影响下，全球医疗健康产业正迎来新一轮变革与创新发展的关键时期。医疗行业必将融入更多人工智能、传感技术等高科技，使医疗服务实现真正意义上的智能化，数字化医疗行业的发展潜力巨大，仍然存在很大的进步空间。

数字化对产业发展的影响

数字化时代，不仅改变了人们的生活，使我们的世界更加丰富多彩，也对产业发展产生了巨大影响。

没有数字技术，就没有现代工业领域里的芯片、数控车床；没有数字技术，就没有现代化的生产设备，在现代生活的每一个角落，无论是交通设备，还是自动存取款机、地铁管理系统、交通控制系统……都可以找到数字技术的身影。

如果说，工业 1.0 是蒸汽机时代，工业 2.0 是电器化时代，工业 3.0 是自动化时代，那么工业 4.0 就是智能化时代。随着数字经济的发展，企业生产经营和市场需求对数字化的依赖程度将进一步增强。

依托数字化，可以提高企业把握全流程、全场景、全产业链、全样本信息的能力；能使工业制造实现由客户定制产品，使电子商务更智能；能使产业链金融、贸易支付及信用媒介更加安全；能使付款周期缩得更短，货物周转成本快速下降等，就产业发展而言，工业 4.0 就是工业制造智能化的经典案例。

能被称为工业 4.0 的企业，一般都具有互联、数据、集成、转型这四大特点。能够充分利用云计算、大数据、物联网、人工智能、工业机器人、智能传感器、机器视觉数据采集器、智能物流、网络安全等信息技术，是当代人类社会机器人运作的最高境界。

总体来说，当今时代是一个数字化时代，在大数据、云计算、人工智能、数字货币、数字化等技术的赋能之下，金融科技领域将迎来前所未有的历史机遇。

很多在投资中取得成功的人，总会这样总结自己的经历：我很幸运，在恰当的时间遇到了一生一次的大机会……

然而，这并不是我所提倡的投资思维。

从投资的角度来看，历史机遇确实是真正的财富生产线。面对历史的洪流，一定要跟着走，切莫冷眼旁观，更不可逆流而上。然而，做投资最怕的就是一叶障目、刻舟求剑，按照正确的思考逻辑，我们首先必须确认这是不是大机遇，其次看机遇在哪儿，最后才是因地因时因人制定策略，抓住机遇。

从“数字霸权争夺战”的角度思考，可以帮助我们把市场看得更清楚。

比如，为什么近期网络安全备受关注，不断传出网络安全的相关消息？因为“网络安全战”是“数字霸权争夺战”的关键战役。数据应用类企业对社会最大的杀伤力，就来自数据安全问题。国家要掌握整个市场的风险点，所以会对此情况加以重视。

另外，“数字霸权争夺战”也会出现在投资中，影响我们对那些大型互联网企业的判断。可以说，投资这类企业最大的风险，正在于此。

未来，很多东西都是由数据驱动的。目前，我们理解的世界要素主要有三点：能源，世界是由能源驱动的，要理解能源的终极目标是什么；数据，当下社会正在慢慢地进入由数据驱动的时代；货币，也是具有驱动性质的。

所以，只要我们能把“能源 + 数据 + 货币”里面的逻辑想清楚，很多问题就会迎刃而解，然后再从中找产业、找投资机会，这样找到的可能就是未来价值十倍、百倍，甚至千倍的牛股。

第四部分

国潮大时代，锐不可当

第十章

“东升西降”，国家自信油然而生

新冠肺炎疫情下的中国迅速恢复

2020年初，突如其来的新冠肺炎疫情成为一场波及全人类的巨大灾难。

这场疫情传播速度之快、感染范围之广、防控难度之大，世所罕见。

中国，以“隔一座城，护一国人”的决绝，与疫情展开了生死搏斗。仅用一个月时间，就基本控制住了疫情的蔓延；用两个月时间，使得感染人数增长呈个位数；用三个月时间，取得了“武汉保卫战”“湖北保卫战”的胜利。

中国抗疫成功，注定要在整个人类文明史上留下浓墨重彩的一笔。在随后的一年多时间里，面对持续不断的境外输入病例压力，虽然局部疫情时有暴发，但均在短时间内得到了有效控制，这也反复向世界证明了我们抗疫措施的有效性。

新冠肺炎疫情暴发后，我们展现出了负责任的大国风范，及时向全世界披露病毒属性、传播特性等完整信息，以帮助其他国家得到更充分的准备时间、制定更清晰的防控预案，但结果令人大失所望。

在一年多的时间里，病毒一轮又一轮地在世界各地反复暴发，中国成了全世界的“安全孤岛”。

究竟是什么原因，造成了中外抗疫结果的巨大反差？

抗疫成败的制度根源

在疫情面前，每个人都是病毒攻击的潜在对象。若不能以总体战的方式对抗病毒，就会造成病毒在人群中呈跳跃式地快速传播，动摇社会的根基。

全力医治感染患者、明确传染源、切断传播途径、保护易感人群，是疫情“总体性治理模式”的几个主要环节。

这是人类从同病毒的千年搏斗中总结出的最科学、最有效的防控方案，原理并不复杂，最终考验的是国家制度下的社会治理能力，是官民上下一致的凝聚力。

然而，某些国家的疫情治理模式，不是以阻击和消灭疫情为目标，而是以逐渐延缓疫情峰值的到来为目标，甚至希望能拖到夏季，用温度升高来使病毒自然消失。这种针对疫情的“有限性治理模式”，是西方国家一贯的做法。比如，2009 年，H1N1（甲型流感病毒）疫情暴发的时候，美国所采取的治理模式就是如此。

西方国家之所以采取这种被动、低效的疫情治理模式，不是一种偶然，而是由其基本经济、政治、意识形态制度所决定的。

首先，西方社会奉行自由开放的经济政策和最小政府的国家制度。国家只是个人权利和契约关系的守护者，只行使与保卫国家安全、维护公共秩序相关的权力。这种制度设计，导致政府缺乏责任担当，也没有足够的能力充分调配资源、发挥国家意志来做整体性的抗疫安排，导致人民不相信、不服从政府的管制安排，使得强制性隔离措施无法实施。

其次，资本主义国家的行为逻辑是以金融资本的利益为导向、以经济利益的优先为原则。资本首先考虑的是赚钱，而不是人民的生命安危，不仅有时抗疫封锁要让位于经济开放，而且抗疫本身也成为某些商人大发国难财的工具。

综合以上原因，疫情治理模式的根本区别并不是认知的不同，而是政治经济制度区别的表现，疫情治理模式的博弈其实是政治经济制度博弈的延伸。

中国特色社会主义制度优势尽显

与西方国家先是采取“鸵鸟战术”，后又采纳“有限性治理模式”不同，我国的疫情治理采取的是“总体性治理模式”，利用人民战、总体战、阻击战相结合的方式，全力医治感染患者、明确传染源、切断传播途径、保护易感染人群，联结各条战线形成合力，全面进行疫情防控。

14 亿人口的大国，全国一盘棋，举国抗疫，最终才使疫情得到有力逆转，成为防控的典范。

这一成功抗疫模式的背后，完全是中国制度优势的体现。

首先，中国是由中国共产党领导的社会主义国家。社会主义政权是以强有力的大政府形式存在的，拥有自上而下全国一心的组织力，各地方均服从中央统筹规划。既可以为保全国而使武汉封城，也可以举全国之力支援湖北、支援武汉。

其次，在中国共产党人民生命安全高于一切的政治理念下，经济利益必须让位于抗疫安排，我们不惜一切代价救治疫病感染者。在社会主义核心价值观的引领下，集体主义和爱国主义意识深入骨髓，医护人员不计生死，普通民众自觉执行防控要求。

面对来势汹汹的疫情，我们的社会体系展现出了强大的应急应变能力，全中国上下迅速进入战时状态。

不但迅速激发、调动起各级政府力量和各种社会力量，采取卓有成效的行动，而且社会秩序和大众心态也表现出了良好的适应与配合，因此不仅没有出现大规模的抢购风潮、发生群体性事件等，还表现出了超强的凝聚力。

在疫情最凶险的那段时期，全国各地各部门坚决服从统一指挥、统一协调、统一调度。基层党组织几乎全部行动起来，全面落实联防联控措施，构筑群防群治的严密防线，全民普及新冠肺炎知识，才终于截住了疫情的蔓延之势。

正是这种全国上下万众一心的执行力，使得在全国大部分人民居家隔离的情况下，依然没有出现重大的民众生活必需品断供的情况，这就保证了社会秩序的基本稳定，哪怕是一夜“封城”的武汉，也只在疫情暴发的初期出现了医疗资源、医疗物资紧张的情况，其他方面一切正常，有粮、有水、有电，可以保证人民的正常生活。

更为重要的是，在全国其他省份局面稳定后，各地的医疗人员和志愿者，纷纷报名支援武汉、支援湖北，火神山、雷神山医院被火速建成，各方仓医院迅速启动，最终实现病患应收尽收，疫情得到快速控制。

在大灾大难面前，中国人民万众一心、众志成城，不管身在何处，都心系祖国，心系家乡。国内社会平稳运行，人民心态稳定。

这场疫情对中国和中国人民来说更是意义非凡。

这场漫长的“战疫”，不仅让世界看到了中国制度中的政治优势、文化优势以及我们党的执政力量，也让更多的中国人看到了独属于我们的中国力量。同时，也证明了一件事情，那就是：中国人民不是一盘散沙，越是在危机面前，越会表现出空前的爱国热情和民族凝聚力。

经此一“疫”，14 亿中国人集体重新认识了世界，也重新认识了自我，并以前所未有的速度重建了民族自信。

中国人的政治自信，油然而生

一场新冠肺炎疫情，给全人类造成了沉重的伤害。这种伤害不仅仅包括疾病导致的死亡，更包括由于疫情扩散、民众情绪不稳定而导致的诸多社会深层问题的加剧暴露，进而造成的二次伤害。有时候，这种伤害甚至高于灾害本身带来的伤害。

可以说，有效控制二次灾害的发生，是对社会制度，包括政府治理能力的综合考验。面对这一难题，中国的整个社会体系再一次经受住了考验，交上了一份高分答卷。

虽然我们的国家在发展中确实存在一些问题和弊端，但道路是曲折的，未来是光明的，我们已经在“强起来”的道路上走得越来越有力。

实际上，随着国人的全球化视野逐渐拓宽，越来越多的人开始觉醒：哪里都有丑陋的角落，不存在完美的制度，只有最适合的制度。通过这次疫情的“高压测试”，让更多国人看清了世界的真相，拥有了独立判断的能力，对自己的国家、政党、政治制度更加自信，对中华民族的未来更有信心。这一点，具有非凡的战略意义。

科技、金融是强国手段，文化自信是强国之魂

大国崛起与强国梦，是近10年来人们一直在谈论的一个话题。

毕竟从现在往回看几千年，中国在绝大多数时期，都是世界一流的强国，综合国力首屈一指。中国，在沉寂了很长一段岁月之后，终于开始爆发出惊人的力量。

自2010年中国GDP超过日本，成为全球第二大经济体以来，我们也感觉到，离中华民族的“伟大复兴”，似乎越来越近了。曾经再度崛起的“梦”，也终于照进了现实。

正所谓“行百里者半九十”，越是靠近目标，往往越是难以跨出那最后的一步。毕竟从古至今，没有一个国家的崛起是一帆风顺的，更何况我们的崛起，触碰了世界“龙头”的利益。

事实也确实如此，特别是自2018年以来，以中兴通讯为始，到全方位堵截华为、实体清单封杀一众中国科技企业，中美贸易

之争，逐渐演变成科技战和金融战。

虽然在科技、金融领域，我们与全球第一还有一些差距，但我们已经走在了快车道上，追赶甚至超越都是可预期的。

然而，要想真正实现民族的崛起，除了需要拥有强大的综合国力，还有一项不可或缺的要素，就是文化软实力。

文化自信，才是强国的标配

提到“文化”二字，很难不想到我们中华民族绵延五千年的悠久历史文化，放眼全球，也没有几个国家可以超越。然而，历史悠久不代表实力强大，如果放在国力层面考量，我国的文化软实力与美国相比，确实还相对贫弱。

有人可能会觉得奇怪，如果输给别的国家也就算了，美国成立才 200 多年，又是一个移民国家，哪有什么文化可以与中国相较呢？

虽然美国的文化历史较短，在文化传统传承以及文化行为方面，实力远不及中国。但在过去的近 100 年，依托自身强大的硬实力，美国在对外文化输出方面，确实做得非常出色，“美式文化”已然成为美国稳坐世界头把交椅的“护城河”。

仅仅在几年之前，很多人一谈到美国，就会想起所谓的“民主与自由”制度优势，对美国的民族多样性和文化包容趋之若鹜。美国文化的影子，更是在中国人的生活中无处不在，一些中国年轻人的生活方式，甚至完全被“美国化”了。直到 2020 年，突如其来的疫情才多少让人们有了一丝清醒。

通过这些现象，我们不禁要思考：为什么美式文化，会在中国大行其道？为什么美国的文化输出、意识形态输出如此成功？中国应该如何借鉴，才能拥有自己的发声渠道，进而在世界拥有话语权？

因为，要成为一个强大的国家，只拥有强大的科技、金融实力是远远不够的。拥有文化自信，才是一个真正强大国家的标配。在提升硬实力的同时，软实力的塑造与输出同样不容忽视。

虽然中华五千年文化的传承历史，为软实力打造提供了坚实的基础，但酒香也怕巷子深，在“讲好中国故事”、输出中华文化方面，我们在过去几十年确实没有做好，甚至远远比不上欧美、日韩。

比如，提到日本，人们除了会想到樱花、富士山、索尼、本田，还有影响世界的黑泽明、宫崎骏。美国好莱坞更是难以超越的高峰，美国电影产业的发展不仅影响了美国的文化产业，还影响着全球电影产业和文化产业。通过电影，好莱坞将美国精神和价值观念输入全世界观众的心中，影响广泛。

可喜的是，这种情况正发生变化：中国国产动漫电影《哪吒》创造了世界动漫电影的新票房纪录，《姜子牙》无论在票房和口碑方面都超越了《花木兰》。国产电影开始在民族文化 IP 塑造方面与好莱坞一争高低。

讲好中国故事，才能创新中国品牌。

电影作为一种工业与文化相结合的产品，既要有强大的资本、制作水平做基础，又要有丰厚的文化底蕴当后盾。可以说，电影产业的发展是中国经济实力的强大与文化实力的复兴相辅相成的结果。

国潮品牌强势崛起，投资者把握机遇

没有中华文化的繁荣兴盛，就没有中华民族的伟大复兴。一个民族的复兴既需要强大的物质力量，也需要强大的精神力量。

如今，我们的社会已经走进了一个物质极为丰富的时代，与之同时到来的，还有消费品位的升级，尤其对于年轻消费者来说，物美价廉已经不再是他们追求的目标，商品的品质、品位及其背后的文化内涵，才能吸引他们的注意力。

面对新一代消费者，曾经以价格低廉为优势、在国际巨头的夹缝中挣扎求生的国产品牌，早已不再单纯地把性价比放在首位，而是更注重产品品质、设计创新。特别是将新潮的设计与中华传统文化的审美相结合——国潮，应运而生。

比如，以“东方彩妆，以花养妆”为理念的中国彩妆品牌花西子、定位精品咖啡大众化的三顿半等，都是乘着互联网东风快速崛起的国产品牌。这些品牌的消费群体以“95后”“00后”为主，拥有较强的消费能力。

本土品牌的崛起，归根结底是文化自信的回归。当国人对国家实力越来越自信，国货品牌的回归自然是水到渠成。

同样一件东西，你会选进口还是国产？很多“70后”“80后”并不是不想买国货，而是对国产品牌充满着一种不信任的心理，觉得国产品牌创新意识淡薄，产品质量差，不如进口的品质好。

这些问题，确实曾经是国产品牌的通病。然而，随着中国经济的不断发展，我国产品质量国家监督抽查合格率，已连续4年保持在90%以上，“中国制造”正在努力向“中国质造”转变，这才使得更多国人对国货品牌重拾自信。

与“70后”“80后”对国产品牌的固有印象不同，现在是年轻消费者成长的时代，也是国货崛起的时代，加上国人对传统文化有着深深的认同感，年轻消费者对不断创新的国货产品有了一定的信任，接受起来更容易。

因此，“国潮”将传统文化与时下潮流相融合，既符合年轻消费者对时尚的认知，又能够吸引他们对中华文化的关注；既能展现他们对中华传统文化价值的认可，又能引发年轻群体的情感共鸣，满足他们的情感寄托，因此，国潮文化得到了广泛的认同。

可以说，国潮文化是中国经济崛起过程中的必然，而消费者对国家文化的自信，是国潮火爆的主导因素之一。

如今，所有的投资者均面临百年未有之大变局，资本大时代催生科技大时代，带来国潮大时代，环环相扣展现出的是遍地机会的投资大时代。国潮大时代，正是我们对美好新生活的终极追求，它体现在我们的文化上，体现在我们所用的物品上，体现在我们生产生活的方方面面。

之前我们的国货走向全球，可能靠的不是品牌，而是价格。但当产品的科技含量提升之后，中国商品走向全球，就意味着中国品牌要被重新定义，每一个火爆的国产品牌都代表着国人自信心的提高，代表的是文化自信的力量。

第十一章

中国制造崛起，铺就强国之基

“衣食住行”见证中国品牌创新实力

中国作为世界第二大经济体，在很多领域都名列前茅，即使是《财富》世界500强企业，我国至少也占据了整个榜单的1/3。然而，在世界品牌500强榜单中，中国却只占了区区38席。

可以说，中国品牌的国际化之路才刚刚开始，任重道远，同时潜力无限。而目前中国品牌所展现出的特色，也正是国潮的魅力所在。

说起中国特色，什么样的品牌才算有中国特色呢？

首先澄清一个概念，并不是有国风，就算是有中国特色。真正的中国特色，必须是五千年中华文明孕育出来的独一无二的品牌。它源于中华传统文化，代表中国市场，具有中国特色的消费文化、消费体验和消费习惯。

比如，白酒、汉服、中医、京剧等，目前，白酒是这几者中的大头，也是世界最熟知的中华传统文化，其次是酱菜、中药，也是独一无二的中华文化，很多外资来到中国就是在抢这些核心资产。

这类企业起源于中国，立足于中国，兴起于中国，发展在中国，但它们的天花板也停留在了中国。

由于这类企业的现代企业治理、生产模式、交易模式等，都与国际化相去甚远，加上文化差异、消费习惯及消费模式的差异，它们不易成为国际市场上的巨头，走国际化道路相对困难。比如，白酒王者茅台的市值超高，在国际上也有较高的品牌知名度，但它仍然称不上是一个国际化的企业，同仁堂亦如此。

为什么这么多在本土非常优秀的企业，始终无法成功“出海”呢？

原因很简单，这些企业的核心竞争力都没有问题，问题出在游戏规则上。很多中国企业就是不适应海外市场的游戏规则，刚出国门就折戟沉沙，这样的例子我们已经见过太多。

我国企业必须适应国际上的游戏规则，才有可能在海外取得成功。

特步的全球化之路

从1987年的福建晋江三兴体育用品公司到2001年的“特步”品牌，再到2019年开启多品牌发展，特步跨越三个年代的发展之路，是中国体育品牌发展的一个缩影。

30多年前，特步等一批体育用品制造企业出现在了泉州晋江。经过几十年的发展，福建体育用品企业也从家庭式的作坊模式，走向了规模化的生产模式，从贴牌加工到自主品牌，从本土扩张到布局国际化，初步形成了体育用品制造产业集群。

到了20世纪90年代，随着中国改革开放程度的进一步扩大，中国制造业水平进一步提升，中国体育用品也迎来了最繁荣的代工期，中国产品通过对外贸易被卖到全世界，中国成为“世界工厂”。

2000年，随着扩大内需政策的推行，创立自主品牌成为国家战略，一大批运动品牌纷纷涌现，并随着时间发展，逐渐走向差异化道路，特步也是其中的一员。

在进军海外市场的过程中，特步抓住四大重要趋势特点：全球化、年轻化、个性化、智能化。其中，全球化既指“中国产品”向“中国品牌”的转变，也指让更多全球化的产品满足中国消费者多样化的需求，即“国潮大时代”。

随后，特步在全球化道路上一路狂奔，2019年，特步与渥弗林公司成立合资公司，共同在中国内地、香港及澳门开展索康尼及迈乐品牌旗下鞋履、服装及配饰的开发、营销及分销工作。并于同年8月，完成对盖世威和帕拉丁两个品牌的收购。

也正是在这一年，特步正式成为多品牌、全球化的中国体育用品企业。

李宁之国潮兴起

作为20世纪最杰出的运动员之一，“体操王子”李宁在1989年退役之后，创办了以自己名字命名的体育用品品牌，并伴随着中国经济的腾飞快速崛起。

从赞助中国体育代表团参加国内外各种赛事，到率先在全国建立起“自营＋特许专卖”的销售网络体系；从不断完善品牌定位，到2004年香港上市，有过辉煌，走过低谷，凭借着营销上的扩张型战略，李宁品牌在专业化、国际化的道路上一往无前。

从品牌布局来看，李宁赞助过国内外多家体育组织，签约成为NBA（美国职业篮球联赛）的官方市场合作伙伴，助力品牌国际化走向深层布局；从品牌传播方面来看，李宁作为首次出现在NBA赛场上的中国运动品牌，联手NBA球星，共同推出了球星专属产品线，打开了中国篮球市场。

然而，李宁的多品牌融合战略与盲目扩张，也为其日后亏损埋下了伏笔。由于战略目标不明确、品牌模糊，加上管理混乱、库存危机，转型失败的李宁在2011年之后问题频发，连续三年的巨额亏损不仅让公司元气大伤，也影响了受众的好感度，使品牌发展逐渐滑向低谷。

2015年，创始人李宁回归，将品牌定位从“体育装备提供商”，变成了“互联网＋运动生活体验商”，自此，李宁开始重回大众视野。

然而，真正让李宁实现崛起的，还是其对国潮元素的成功运用。

2018年，李宁首次参加纽约时装周，将经典的中国元素与潮流相结合，以“悟道”为主题，从运动的视角，重新定义了中华传统文化与现代潮流时尚。无论是设计还是款式，“中国李宁”正式以自己独有的国民气质走向世界。

以此为里程碑，李宁从一家运动品牌，一跃成为“国潮文化”的典型代表，销路和口碑直线上升，“悟道”等系列的鞋均在发布后快速售罄，甚至被炒到四五千元每双的高价。可以说，李宁借“国潮”的东风，打了一场漂亮的翻身仗。

如今，作为中国的本土品牌，李宁已经与“国潮”牢牢绑定在了一起，并做了很多大胆的尝试，比如与《人民日报》推出联名款、与中国红旗合作、与中国歼-20合作等，将中华文化与运动和潮流相结合，打造出独特的核心竞争力，从众多潮牌中脱颖而出，既带领了国内新兴消费的崛起，又将中华文化推广到了全世界。

李宁的海外突围之路，并不是简单的模仿或拷贝，而是抓住了国潮的大势，从全球消费思维入手，讲好了一个中国故事，引发了人们对探求中华文化的兴趣，并产生共鸣。

国潮大时代，是一个长期的历史趋势，李宁的成功案例不过是其中之一。未来，还会有更多因国潮而兴起的本土品牌，我相信它们会带给我们更多的奇迹。

中国茅台走向世界

茅台作为国内领先的酒类品牌，在中国几乎是家喻户晓。然而，茅台并不满足于现有的华裔客户群体。

大约20年前，茅台开始探索美国市场，并选择在纽约、洛杉矶以及旧金山建立经销中心。通过赞助当地活动，融入茅台文化，吸引主流客户，扩大美国市场。

由于饮食文化的不同，在北美洲推广中国白酒并不容易，但贵州茅台在国际化的进程中，认真对待品牌及文化，具有良好的发展前景。

2015年秋季，中国茅台高调跨出国门，在海外密集展示中华民族品牌形象，在欧美刮起了一阵“中国茅台风”，在国内外引起了极大反响。

虽然茅台国际化的步伐走得越来越扎实有力，但质疑的声音也一直如影随形，有很多专家认为，中国白酒尚未完全具备国际化条件，在经济和文化因素上都面临着制约，目前很难取得重大突破。

然而，茅台却无视这种声音，用一系列踏出国门的创举，为民族品牌“走出去”创造了鼓舞人心的新模式，出口业绩不断攀升。

除此以外，对于投资者来说，茅台这一概念，也有着非比寻常的意义。

首先，贵州茅台跟其他的白酒不一样，作为白酒界的奢侈品，除了送礼请客很有面子外，它还有一个重要特征——保值、增值功能。

因为茅台酒的品质好，而且限购，很多人购买并不是为了喝，而是收藏起来升值。同样，有很多人购买贵州茅台的股票，认为茅台的股价即使短时期内估值高了，最终也会被时间消化。正是这种“只输时间不输钱”的思维，推动着贵州茅台的股价大涨。

在整个白酒板块，最后被调整的恰恰是茅台、五粮液，因为其他品牌已经调整了很长一段时间。这其实就是我一直说的，一个板块里有“城门立木”，有“牵牛绳”，而贵州茅台就是整个白酒板块中典型的“城门立木”，因此，茅台对整个市场上人气的影响非常大，也是最后一个倒下的，这说明了一种现象，价值投资领域具备了一种趋势投资的特征。

其次，“抱团股”较为集中的白酒板块走势的关键逻辑是什么？茅台与市场上其他的白酒有什么本质上的不同呢？

如果我们实际统计一下，则不难发现，在最近几年，整个白酒板块的产量甚至销量，其实是一直在下降的，但相关上市公司的业绩却一直在增长，导致股价也一直在涨，最主要的原因就是涨价。

究其原因，一方面是因为消费转型，与人们追求高品质的生活有关系，尤其是我们国家启动内需消费，希望国内的消费占比变得更大。正是各种情况的叠加，造成了白酒板块的爆发。

另外，还有一个很重要的原因，面对新冠肺炎疫情、中美博弈这些不确定因素，投资者在选择股票的时候，希望选择的是确定性机会，故而那些确定性更强的股票就会受到投资者的青睐。因为白酒具有加价功能，它未来的业绩其实是比较稳定的。这就是投资者选择白酒导致整个白酒板块股价不断上涨的原因。

反之，当疫情被控制住了，中美关系也有了一定的缓和，在不确定性因素消除之后，人们的风险偏好会提升。此时，这些确定性的东西可能就不会成为人们的第一选择，投资者会转而选择与经济相关的领域。这个时候，一些顺经济周期的股票就会开始走强，同时所谓的“抱团股”也会开始松动，导致相关的股票价格开始下跌。

家电龙头美的集团

2011 年春天，美的开始了自己的转型升级之路，试图从以前“大规模、低成本”的旧发展模式中脱离出来，开拓一片新的蓝海。

美的的思路一直非常清晰：在需求旺盛的时代，低价是王道，产能是优势；而一旦需求不足，产能就会被闲置，就会成为企业的沉重负担。因此，市场最疯狂的时候，一定是变局的前夜。

于是，在2011年那个市场红火的春天，美的给自己定了三个全新的目标：产品领先，效率驱动，全球经营。

首先，产品领先。

截至2015年，美的的研发费用增长到53亿元，是之前的三倍多。在管理人员中，美的的研发人员占比为47%，并且这一数字还在不断提升。如今，美的在美国、日本、意大利、新加坡、深圳、顺德，都建立了自己的研发中心，申请的专利不计其数，在其推出的高端智能产品中，有近1/3都是全球首创技术。

其次，效率驱动。

从2011年开始，美的开始去产能、清理低效资产。不仅没有再在产能上投过一分钱，还按照原价给各地政府退还了6 000多亩[①]土地。面对别人的惋惜，美的集团董事长表示，美的不是房地产公司，只有壮士断腕，才能脱胎换骨。除此以外，它们还在生产线上提高了机器人的比例，工人的劳动效能也有了显著提升。

最后，全球经营。

过去，美的的全球化仅仅是市场的全球化，就是“中国生产，全球销售”。如今，美的的全球化，是在全球配置资源，在全球经营一盘棋，真正实现了资源要素在外、市场销售在外的市场新格局。

---

① 1亩约合666.7平方米。

比亚迪的成功之路

作为国产汽车品牌的代表，比亚迪为很多人所熟知，然而还有很多人不知道的是，如今的比亚迪早已冲出国门，走向世界，成为“中国制造”和“中国智造”的一张闪亮名片。

得益于全球市场的逐渐铺开，比亚迪已在美国、法国、匈牙利和巴西等国家，开设了纯电动巴士工厂。尤其是在英国，比亚迪占据了纯电动大巴市场 50% 以上的份额，排名第一。在以大巴闻名的伦敦，这一占比更是超过了 90%。

比亚迪的全球化之路之所以走得如此顺畅，并不是运气使然，而是努力的结果。

2010 年，在很多人都不看好的情况下，比亚迪就联手国际巨头，与戴姆勒成立了合资公司，打造出中国第一个新能源汽车品牌——腾势。

除此以外，丰田也选择与比亚迪牵手，2019 年，比亚迪与丰田汽车合作成立纯电动汽车研发公司，签订合资协议，双方各出资 50%。对于汽车市场来说，这是丰田首次对中国自主品牌开展“技术对等”的整车研发合作；对于比亚迪来说，此次与丰田的合作，也是它接受国际级要求检验、零部件供应走向全球的第一步。

从戴姆勒到丰田，凭借自主研发的技术实力和具有前瞻性的交通理念，比亚迪可以放眼全球进行充分竞争，以自主研发的技术优势，进入了“新合资时代”。

可以说，在比亚迪的全球化之路中，技术是最重要的因素，而作为唯一一家掌握三电核心技术的新能源汽车研发、生产企业，比亚迪底气十足。不仅在深圳市坪山区花费超10亿元，建立了比亚迪汽车实验室，还在新能源领域，重金打造了e平台，将20多年来积累的电池、IGBT（绝缘栅双极型晶体管）、电机、电控、电子等核心技术进行集成创新，并面向业内进行开发共享。

在打造技术硬实力的基础上，比亚迪也在持续推进更加国际化的软实力。

2020年6月，比亚迪全球设计中心正式落成，成为全球“未来城市交通产品”的诞生地，这也为比亚迪的国际化布局再落一子。

这些史无前例的开放，在让比亚迪成为汽车市场变革新规则制定者的同时，也标志着汽车行业的“中国智造”开始走向世界。

探索整个汽车行业上行逻辑

虽然我们的民族品牌走向世界的数量并不多、话语权也不高，目前只有茅台、特步、比亚迪等几个品牌崭露头角，但随着中国综合国力的继续提升和科技实力的继续提高，未来，我们的科技行业一定也会出现类似甚至超越微软、苹果的世界领先企业。

比如，在最有发展潜力的人工智能、5G、物联网等赛道，如果用第三层思维来思考，那么我们会发现，我们在这些领域是领先于美国的，拿下代表未来赛道的话语权，才是我们国家现在需要考虑的大事。毕竟，微软、苹果等代表的仅仅是现在，即使目前我们没有可以与之匹敌的企业，也没有太大的关系，只要我们在未来能够拥有新赛道的“苹果”和“微软”就足够了。

另外，对于投资者来说，新能源汽车的三大造车新势力，也是我们需要关注的重点。

在过去的一年中，不少投资者在这一领域经历了股价接连翻倍、市值迅速飙升，又全线哑火、泡沫破灭，面对周而复始的过程，我们应该如何选择投资方向呢？

首先，投资不能只看一两天的行情，还要找到背后的逻辑。

在A股市场，我们的国产新能源汽车，爆发的时间相对晚了一些，但我认为这是中国制造一直以来的基本发展路径。就像早年的手机市场，从山寨机起步，后来做低端手机，再到后面做高端手机，甚至可以直接与苹果手机叫板。

同样，新能源汽车的发展，也基本遵循了这样的路径。如今，我们已经走到了一个非常关键的节点之上，各个国家都在制订2025年计划或2030年计划。到那时候，所有的燃油汽车都要被新能源汽车取代，这个趋势几乎是不可逆的。

那么，新能源汽车和燃油汽车的本质区别是什么？

从投资的角度看，其本质区别，不是新能源汽车代表未来，而是这一次中国新能源（以及智能）汽车制造与世界同步，并有可能引领世界，按照目前传统汽车的数量来预估，新能源汽车未来的发展空间是非常巨大的。

在我国，汽车产业是一个体量非常大的产业，GDP占比在10%左右。很多人都认为，这是一个长赛道，是一个可能长期上涨的概念。然而，短期快速上涨必然会造成市场跟风追捧的情况。如果在上涨的过程中，出现相关新能源汽车的概念股回调，从一定程度上来说，也是非常正常的。

对于这一点，投资者心中要有个底线，即从传统汽车过渡到新能源汽车是一个不可逆的过程。我国整个汽车行业的产业链，尤其是在新能源领域和未来的智能汽车领域，已经走在了世界前列，实现了一次非常完美的赶超。

这就意味着，中国汽车制造的能力和竞争力，可能会第一次站上世界舞台。到时候，不仅是这三大造车新势力，还会有中国其他本土的汽车企业，它们要面对的不仅是国内巨大的汽车市场，还有全球的汽车市场，这个想象空间是非常巨大的。

所以，在市场上做多的投资者，是很有底气的。虽然在做多的过程中，有一些炒作的风气，但也是有一定合理性的。

换一个角度，这对整个产业来说还是一件好事，因为能够聚焦大家的眼光，把更多的资源聚集到这个新兴的大产业中。这不仅是汽车行业的利好，也是中国的利好，尤其是在新冠肺炎疫情之后，各个国家都需要恢复经济，而恢复经济就一定需要通过消费来拉动。汽车，就是一个非常好的消费品，它对经济的拉动作用是非常大的。

因此，作为普通投资者，在面对汽车板块狂涨的时候，一定要保持理性，同时保持一点点耐心。在下跌的时候，也不必过分紧张，小心别被上涨过程中的“锯齿”所伤。

“吃喝玩乐”引爆新国潮

在强大的外部压力面前，中国有制度优势，有强大的组织力量，还有团结一致共渡难关的美德。比如，2021 年的“新疆棉事件”，利好的不仅是我国的服装产业，还加速了国潮大时代的进程。

未来，随着国人自信心的增强，国货品牌的文化底蕴也会逐渐凸显，彼时，国人会以使用国货为自豪，最终用文化自信续写中华文脉，带领中国制造走上新的高度，甚至引领全球时尚，走向世界舞台。

汉服热，文化自信的崛起

近年来，汉服文化在中国年轻人中成为一种流行趋势，并逐渐走向日常化。不管在公园、校园，还是繁华的商业街，甚至在公交地铁上，都可以看见三三两两穿着美丽汉服，梳着古典发髻的年轻人，形成了一道亮丽的风景线。

如今，汉服文化，已经从少部分人的自娱自乐，逐渐走进大众的视野。汉服的“出圈”，不仅使更多人领略到了中华文化的内涵，也带动了汉服产业的逐渐成熟。

据初步估算，目前全国汉服市场的消费人群数量已超过200万，产业总规模约为10.9亿元，2012年4月，更有一家汉服国风品牌宣布完成上亿元的A轮融资，在市场上引起了很大的关注。

从2003年身穿汉服出街的第一人开始，随后的十几年间，有关汉服的话题，在社交媒体上一直热度不减，可是为什么在近年来才突然火爆了呢?

作为投资者，我们一定要能透过现象看出事物的本质。

其实，汉服并不是突然火爆的，这是国人对于中华传统文化的认同感和自豪感逐步增强的必然结果。

回顾改革开放的前30年，举国上下的重心都放在经济发展上。国家的主要任务，在于快速提高经济水平，满足国民对物质生活的基本需求。如今，随着经济的飞速发展，大多数国民的物质生活已经非常富足，当物质生活的要求基本得到满足后，人们就开始寻求精神上的满足。

穿什么、怎么穿，就是精神需求中的重要组成部分。过去，由于我们国家的软硬实力，与西方甚至我们的邻国都有很大的差距。所以，国人的审美和流行习惯，也没有形成自己的风格。那时年轻人所认为的时尚，几乎全部都是“舶来品”，比如来自西方的LV（路易威登）、爱马仕，来自日韩的和服和韩服等，本国文化反而被挤得没有了立足之地。

经济上的“不自信”，造成了我们文化上的“不自信”，反之，随着近年来我国经济实力的不断增强，中国成为世界第二大经济体，硬实力的强大也让我们开始重新反思：为什么外国的文化就是时尚？为什么五千年华夏文明的承载物，就不能被称为时尚？

正所谓，“华夏复兴，衣冠先行”，于是，一批拾起民族信心的先行者，开始大力弘扬传统文化，表现在衣着方面，就是汉服的复兴和流行。

另外，新冠肺炎疫情也成了汉服文化流行的催化剂。

自疫情出现之后，中国的抗疫表现可谓教科书式的“范本”，无论是疫情暴发初期时的控制，或是后续传染的防控，还是对国外的援助和经济的复苏，我们用事实向全世界传达出了一个信号，中国的崛起不可阻挡，这种态度，也彻底激发了国人的民族自豪感和民族自信心。

而汉服，作为中华民族几千年来的传统服饰，不仅包含着中华民族染、织、绣等杰出的工艺和美学，更是传统文化和民族精神的重要承载物。

很多人表示，前几年穿汉服出门会被人当成怪物看，但是从2020年开始，有越来越多的人认同汉服，就像日本人穿和服，韩国人穿韩服一样，中国人穿汉服也不再是什么奇怪的事情，这体现了国人逐步接受并认可了中华传统文化，而不再是单纯的崇洋媚外了。

未来，不只我们国人穿，随着中华文明在世界话语权的提升，借助抖音等自媒体平台，汉服文化也会快速地辐射到世界各地，让世界各地的人也“崇洋媚外”，接受中华文化。

于是，在这种时代大背景下，汉服文化迎来了爆发期，越来越多的年轻人穿上汉服走上街头，向人们展示汉服之美，各大汉服品牌的销售额也持续上升，带动相关企业数量逐渐增多，形成了一股新的经济风潮。

花西子，国货之光

2017年3月8日，“花西子”品牌诞生于杭州，通过对中国古代女子“以花养颜”历史传统的把握，提出了“东方彩妆”的发展方向，并将自身的产品定位于“东方彩妆，以花养妆”，以此打造真正适合中国消费者使用的彩妆品牌。

在国内彩妆市场进入白热化竞争的大环境下，花西子仅用三四年的时间，就树立起了自己东方时尚彩妆的品牌形象，成为深受年轻人欢迎的“国货之光”。这不禁让我们思考：花西子究竟有什么秘密武器，可以让它在一众品牌中脱颖而出呢？

第一，从市场角度分析。如今，中国已经成为仅次于美国的全球第二大化妆品消费国。不过，我国化妆品市场集中程度较低，与发达国家相比还有很大的上升空间。

据前瞻产业研究院 2021 年 4 月发布的《2021 年我国面膜行业市场现状与竞争格局分析　企业竞争激烈》，截至 2021 年初，我国化妆品持证生产企业数量达 5 400 余家，各类化妆品注册备案主体 8.7 万余家，有效注册备案产品数量近 160 余万。

受多重因素影响，彩妆市场近年来也在迅速发展，规模持续扩大。2019 年，我国彩妆行业市场规模已经突破 500 亿元。即使受到新冠肺炎疫情冲击，也没有停止其发展的脚步。据艾媒咨询于 2021 年 3 月发布的《2020 年中国化妆品电子商务行业发展规模及前景分析》，仅在 2020 年“双十一”期间，中国彩妆销售额同比增长 26.59%，至 131.54 亿元。预计到 2023 年，我国彩妆行业市场规模将突破 650 亿元。

正所谓，量变引起质变。在彩妆市场，中国已具备了诞生新一代品牌的完备条件，我们可以明显感觉到，国产美妆正在我们身边以惊人的速度崛起。然而，外有国际巨头已完成市场圈地，内有同行的激烈竞争，要在这一片红海中找到自己的一席之地谈何容易。

打造品牌差异化，是摆在花西子面前的唯一选择。

基于对行业同质化竞争现状的精准洞察，花西子将目光对准了当下的年轻消费群体，通过对中国古代女子“以花养颜”历史传统的把握，提出了“东方彩妆”的发展方向，将“东方彩妆，以花养妆”，作为自身的产品定位。

为了从内到外地展示品牌的文化底蕴，花西子在产品命名上也充满古典气息。花西子中的“花”，是指“以花养妆”；“西子”二字，则来源于苏轼的诗句：“欲把西湖比西子，淡妆浓抹总相宜。”

意境深远又朗朗上口，品牌名称中所体现的中华传统文化底蕴，也极大地降低了品牌的传播成本。

第二，随着中国国际地位的提升，消费者对于国产美妆品牌的认同感也得到了增强。

2019 年，可谓是国货美妆崛起的一年，越来越多的国人转变了对国际大牌美妆的盲目追求，逐渐认可了本土美妆品牌。

年轻人内心的民族意识觉醒，对东方传统文化元素的好感度也逐渐提升。花西子以其充满文化及故事性的“中国符号”，作为连接消费者的“纽带”，形成了其独特的产品美学，成功激发起了人们心中积极的爱国情感和民族自豪感。

可以说，花西子的快速走红，正是国潮大时代下的一个品牌缩影。从传播“中国青年潮流文化”，延伸到中国传统美学、文化传承，再到用国货唤起年轻人的民族自豪感，随着“国潮”身份的转变，很多国内外品牌纷纷开始借势“中国风”做营销。

未来，随着世界对中国的逐渐认同，以花西子为代表的更多国货品牌，也会承载着中华文化走向世界各地。

万达电影，中华文化自信的带头人

作为投资者，你可以没看过电影，但你应该不会不知道万达集团。

在践行文化自信方面，虽然其采取的现代企业管理理论和方法主要还是来自美国，但作为中国的优秀企业，万达对企业文化的建设，依然是以中华文化为核心。

为了培养员工对中华文化的自信，万达长期坚持对员工进行中华传统文化教育。它不仅是全国第一家带领员工集体学习《论语》的企业，还会给员工推荐中华优秀传统文化书籍，如《大学》《中庸》《弟子规》《礼记》等。

我们在前面讲过，电影是各国宣传自身文化的主要阵地，美国就是利用好莱坞的电影和明星，向全球输出以美国价值观为基础的意识形态，以实现美国文化在全球的“一家独大”，达到其“文化霸权”的目的。

基于这种认识，万达在努力践行中华文化、中华传统的同时，还积极向全球推广中华文化、讲好中国故事。

① 让中国电影走向世界

万达影业是全球第一个跨洲的国际院线集团。虽然这一计划在成立之初，受到了不少人的质疑，但万达还是决定要这样做。

2012 年，万达集团以 26 亿美元的价格成功并购了美国 AMC 影院公司，开启了自己的海外扩张之路。截至 2017 年，除了美国 AMC，万达还在全球并购了美国卡麦克、澳大利亚赫伊斯、欧洲欧典、北欧院线集团等很多院线，成为全球规模最大的电影院线运营商。

虽然受新冠肺炎疫情等方面的影响，万达集团于 2021 年 5 月退出了 AMC 影院公司董事会，仅保留了少数股权，但万达集团表示，未来还会与 AMC 签订长期战略合作协议，定期开展交流、培训活动，双方在电影产业上仍将有广泛的合作空间和前景。

② 通过建立全球电影渠道，传播中华文化

中国电影之所以在海外的影响力有限，一个很重要的原因就是没有发行渠道，处处受制于人。

从2012年到2016年，万达累计在海外放映中国电影162部，创造了商业化放映中国电影的纪录，占到中国电影海外票房的近八成。为中国电影走向世界，提供了绝佳的展示平台。

③ 建立符合中国国情的企业管理体系，影响全球

企业管理的概念，最初来自美国，日本也有自己的一套体系，唯独中国在这方面仍处于起步阶段。未来，随着中国经济的发展，可能会很快出现一批大企业甚至是跨国企业，因此我们决不能一直照搬美国和日本的经验，而要建立符合中国国情的管理体系。

为了推广东方智慧以及中国管理品牌，2015年，万达出了一本书——《万达哲学》，并面向全球发行，仅用半年多的时间，其英文版全球销量就已经超过25万册，创下了中国企业管理类书籍海外发行的新纪录。

作为中国企业家首次全球出版发行的企业管理类著作，此举也充分显示了中华文化的软实力，表明中国企业已经从输出产品的初级阶段，进入输出管理思想的更高级阶段。

我们坚持中国特色社会主义的道路自信、理论自信、制度自信、文化自信，然而最根本的还是要有文化自信。

那么，对于中国人来说，究竟什么是文化自信？我们为什么要坚持文化自信呢？

首先，文化自信可以增强民族凝聚力。一个民族的文化越自信，人民越有民族自豪感，凝聚力就越强。随着近年来国民文化自信的觉醒，尤其是经过2020年新冠肺炎疫情的考验之后，国人眼中对于欧美的美好滤镜突然消失了，取而代之的是对国家的自豪与信任。正是这种文化自信，让全国人民的心紧紧凝聚在了一起。

其次，文化自信可以提升国家竞争力。国家竞争力包括硬实力和软实力，硬实力主要包括经济、军事、科技等方面；软实力包括文化、教育、政治、外交、发展模式等方面，软实力的核心就是文化。文化越强大，越能提升国家的竞争力。

最后，文化自信可以唤醒民族生命力。曾经惊艳世界的四大文明，只有中华文明一直延续至今，足以说明中华文化具有强大的生命力。这也是中华文化自信的来源。

不管是汉服的复兴、花西子的走红还是万达的扩张，都仅仅是中华文明崛起的缩影。

未来，还会有更多代表国潮的企业出现，而希望出现更多这样的企业，绝对离不开资本大时代，而资本大时代又需要绝对强大的资本市场。然而，目前我国资本市场的力量远远不足以扛起此等重任，改革迫在眉睫，做大做强中国资本市场，刻不容缓。可喜的是，从注册制的稳步推进来看，管理层显然已经意识到了这一点，一个强大的资本市场就在不远的地方。

“中国制造”转向“中国智造”，备受期待

说起“中国制造”，相信全世界大多数人都非常熟悉。

“Made in China”“Made in PRC”，作为世界上认知度最高的标签之一，被以各种形式烙印、缝制在商品之上——从服装到电子产品，从玩具到家电——再从中国被运往世界各地。其背后，是快速发展的中国和庞大的工业制造体系。

然而，在中国制造快速发展的同时，也产生了诸多问题。如今，我国已经进入全球智能制造标准体系建设的先进行列。未来，中国制造业“大而不强”的局面，将被彻底改写。

中国制造的成长之路

改革开放以后，中国的制造业开始快速崛起。尤其到了20世纪80年代后期，随着国家政策的不断放开以及沿海地区开放程度的逐渐提高，民营企业迎来了发展的黄金时期。

大量的劳动力、廉价的土地和原材料成本，以及巨大的中国市场，吸引了大批国外制造企业进入中国，中国开始有了外资、合资和合作企业。

很快，中国进入了改革开放后的第二个10年。这一时期，正好是发达国家和地区纷纷开展“去工业化”和产业转移的关键时期。一个想转出去，一个想引进来，两边一拍即合，大量海外

资本开始涌入中国，形成了如今数量庞大的外资与合资制造企业，以及同样大量的台资、港资企业。

利用中国的低成本优势，沿海地区的制造业得以快速发展，获得了大量的 OEM（代工）订单，中国逐渐成为国际制造业的生产外包基地，“ Made in China”开始走向世界，逐步形成规模化经济。

2000 年以来，中国制造业进入新一轮的迅速发展时期，船舶机床、汽车、工程机械、电子与通信等产业的产品创新层出不穷，进而大幅拉动了对重型机械、模具以及钢铁等原材料的需求，从而带动了整个制造业产业链的发展。

更重要的是，2001 年 12 月，中国正式加入世界贸易组织，标志着中国的产业对外开放进入了一个全新的阶段，中国制造业开始迅速融入全球经济，国际贸易额开始迅速攀升。很多中国制造业的优秀代表，如联想、海尔、华为等开始走出国门，见识更大的世界。

与此同时，制造业产品成为我国出口商品的主体，为国家换取了大量的外汇，我国财政收入的近一半来自工业。到了 2010 年，我国工业增加值占 GDP 的比重高达 40.1%，比 1952 年的 17.6% 增加了 22.5 个百分点。随着制造业的迅速发展，中国逐渐成了名副其实的“世界工厂”。

然而，由于采用粗放型、规模化的生产模式，这些企业仍然大多是在为外国加工产品，没有自己的核心科技和自主知识产权，生产再多的商品，也不过是“为他人作嫁衣裳”。

甚至很多无自主品牌、无自主设计、无核心技术的“三无”中资企业，只能靠代工生产来赚取微薄的利润。我们繁忙的“世界工厂”，在其他人眼中，不过是一个利用人口红利和全产业链优势替他人做工的“世界加工厂”而已。

如今，随着我国经济的发展和劳动力素质的不断提高，以往传统的“中国制造”已经太过陈旧落后，不足以支撑我国未来发展的宏伟蓝图，改革转型势在必行。而要想实现中华民族伟大复兴的中国梦，就必须要从“中国制造”转向“中国智造”。

何为“中国智造”？

关于“中国智造”，国家一直在提倡，也有很多人在讨论，但每个人对此又有各自的理解，这个词到底是什么意思呢？

从概念上来看，中国智造是以数据为核心，为我国加快推进产业结构调整，适应需求结构变化趋势，完善现代产业体系，积极推进传统产业技术改造，加快发展战略性新兴产业，提升中国“智造”水平，全面提升产业技术水平和国际竞争力的一项重要发展战略，也是我国当前，以及今后一段时间经济工作的重要内容。

然而，这样的说法实在太过笼统，为了帮助大家理清思路，我们可以从宏观和微观两个方面去进行简单的理解：

从宏观上来说，“中国智造”可以分为5个方面，即工业化和信息化的融合，产业的转型升级，从价值链的中低端逐步迈向中高端，产品质量和效益的不断提高，产品国际竞争力的进一步提升。

从微观上来说，也有5个方面，即更加个性化、差异化的产品设计，更加智能化、数字化的生产过程，更加高效率、低成本的制造与服务的一体化，更加精细化、科学化的企业管理，更加一体化、全球化的标准体系。

下一个问题，为什么我们说“中国智造”是未来趋势，而且是必然要完成的转型升级呢？

首先，我们如今正处于中美贸易战的关键时期，在美国的“压力测试”下，我国原有的经济发展方式的不适应性，在当前阶段表现得更加明显。其中，我国产业发展的突出问题主要有以下三个：

① 产业不稳，抗御自然灾害的能力较弱。

② 产业不强，除个别行业技术领先外，大部分行业的技术相对落后，“中国制造多，中国创造少”。

③ 个别产业发展严重滞后，特别是与现代农业、现代工业相适应的现代第三产业，即现代金融、现代保险、现代信息业等的发展严重滞后。

这些问题由来已久，但在中美贸易摩擦的背景下，表现得更加尖锐。因此，为了摆脱美方的“威胁”，我们必须加快经济发展方式的转变、优化并调整产业结构、推进产学研相结合，才能实现由“中国制造”向“中国创造”的飞跃。

其次，即使没有中美贸易摩擦，随着智能化的发展，企业的生态和边界发生的剧烈变化，也使得实现产业升级成为经济规律的必然。

改革开放40多年来，我们已经从之前相对落后、相对不发达的工业体系、制造业体系，进入了一个比较强大的工业体系，竞争也越来越激烈。为了保持竞争优势，就必须实现产业升级，否则就会被市场淘汰。

最后，在新一轮工业革命的大背景下，每个国家都在思考未来经济和制造业部门的发展战略。

如果按照原来的赛道，我们距离发达经济体还有很大的差距，所以，如果我们想要实现赶超，就必须抓住每一次工业革命和产业变革带来的巨大机遇，而制造业部门作为其中的核心方面，自然是我们需要关注的重点。

因此，中国的制造业必须要实现从传统生产方式到现代生产方式的转变，只有这样才能增强对全球产业链、价值链和需求链的整合能力，实现从“中国制造”到“中国智造”的转变。

“中国智造”的重心在哪里?

总体来说，“中国智造”是一个比较宽泛的概念，它不仅体现在国之重器上，在民企中也是一样。同时，它也不是单纯指工业自动化，制造业智能化将不仅局限于制造环节，还包括产品的开发、供应、生产制造、营销和服务等环节。

那么，投资者应该如何把握“中国智造”的投资重心呢?

① 智能机器人

机器人作为“智慧工厂”的核心载体，在智能制造中占据着非常重要的地位。机器人的智能化改造，也是未来的重要发展方向。

目前，就算是一些比较高端的工厂自动化生产线，也大多处于工业 3.0 的时代，比如广泛使用的 MES（制造执行系统），由于其主要功能还停留在生产数据采集、生产管理、自动化程序管理等阶段，便产生了两大弊端：一是产品合格率只能无限接近100%；二是系统只能制造一种或少数几种型号，而无法满足最新的“个性化”需求。

然而，如果用机器模拟人工生产，便有望达到“拟人化”的效果，大大提升生产质量和效果。

② 数字制造

数字制造作为工业3.0时代末期的产物，其核心是采用大量PLC（可编程逻辑控制器）、传感器去控制或获取生产过程中的工艺数据。

由于所有拟人化机器人的动作执行，都是以大量制造工艺数据为基础的，因此，拥有一个智慧工厂的前提，便是拥有一个大的制造工艺数据库。

③ 人工智能

在人工智能的助力下，第四次工业革命已经来临，一个由“智能经济”“智能社会”构建的时代，正在开启。

利用人工智能技术，不仅可以将一部分劳动者从重复、低效、繁重的工作中解放出来，还能推动三次产业的转型升级，大幅提高生产效率，全面提升产业智能化水平。

目前，人工智能技术已渗透到交通、城市、金融、工业制造、能源、医疗、物流等产业领域，推动着各产业结构的颠覆、重组与转型升级，也促进了经济社会的变革发展。

根据国务院《新一代人工智能发展规划》中提出的战略目

标：到 2025 年人工智能基础理论实现重大突破，部分技术与应用达到世界领先水平，人工智能成为带动我国产业升级和经济转型的主要动力，智能社会建设取得积极进展。人工智能核心产业规模超过 4 000 亿元，带动相关产业规模超过 5 万亿元。到 2030 年人工智能理论、技术与应用总体达到世界领先水平，成为世界主要人工智能创新中心，智能经济、智能社会建设取得显著成效，为跻身创新型国家前列和经济强国奠定重要基础。人工智能核心产业规模超过 1 万亿元，带动相关产业规模超过 10 万亿元。

人工智能引领人类社会进入一个全新的“智造”时代。

④ 芯片

除了“AI 大脑”之外，“中国智造”还离不开“中国芯”。

近年来，围绕芯片发生的事件和展开的讨论，成为市场关注的重点。以华为为首的众多企业，在全球势头正猛之时，接连遭受美国的各种打压：从“孟晚舟事件”开始，到迫使各国放弃与华为的 5G 合作，再到 2020 年断供芯片等一系列操作，的确给华为带来了不小的困难。其中，断供芯片更是一着狠棋，使我国由于光刻机技术受制于人，而被“卡住了脖子”。

中国在追赶之路上，类似核心技术受制于人的领域还有不少。美国等西方国家正是针对中国这些技术的短板进行了重拳打压。再举个例子，堪称“新能源汽车 CPU”的车规级 IGBT，也曾长期被国际巨头英飞凌、三菱等垄断，“卡脖子”态势一度严峻，极大限制了中国新能源汽车产业的自主发展。

一片指甲盖大小的芯片，却承担起了产品的命脉。芯片研发之路，也成了政府及科技企业重点关注的对象：从“百万年薪招聘芯片人才”到“芯片制造商优惠税收政策”；从“建立人才储备基地”到“鼓励科技股证券交易板块上市”，我们的芯片之路逐渐走出了自己的一片天。

2020年8月，国务院印发了《新时期促进集成电路产业和软件产业高质量发展的若干政策》，明确指出中国芯片自给率要在2025年达到70%。

从“制”到“智”，虽仅一字之差，却蕴藏着千万企业背后“科技强国”的使命。当物联网、云计算、大数据、人工智能等新信息技术，贯穿于设计、生产、管理、服务等各个环节时，中国制造业便不再是一块块被缝在衣服上的印有“Made in China”的布料，而成为一串集智能化研发生产于一体、全流程自给自足的“链条”。

中国制造，引领全世界经济复苏

2020年，在中国的外贸行业，流行着这样一个段子：“2月的口罩,3月的额温枪,4月的熔喷布,5月的头盔,6月的自行车”，这不仅是世界经济夹缝求生的缩影，也是中国经济逆势上扬的具体表现。

自从新冠肺炎疫情暴发以来，全球经济也被按下了暂停键。在一片狼藉之中，承担着保障物资生产任务的中国制造业企业最先清醒过来，在国家的统一部署下，迅速落实产能，开始有序复工复产，为世界经济的复苏注入了强劲动力，也成为全球贸易的稳定器。

面对世界各地抗击疫情所产生的各类需求，国内相关制造企业不仅将原生产线开足马力，还购置了新设备，进行了全面扩产，最大限度地扩产能、增产量、保供应。从商务部统计数据可以查到，2020年我国进出口总值为32.16万亿元，同比增长1.9%，其中对美国和东盟的进出口分别增长 8.8% 和 7%，成为全球唯一实现货物贸易正增长的主要经济体。

这一次新冠肺炎疫情，使中国制造、中国速度震惊了世界，中国利用制度优势，以最快的速度控制住了新冠肺炎疫情在国内的走势，也是第一个走上经济复苏轨道的国家。

中国不仅给很多国家带去了信心，也从实质层面给予了它们不少帮助。比如抗疫物资的援助，包括口罩、呼吸机及疫苗。据外交部网站，截至 2021 年 7 月，我国已向亚洲、非洲、欧洲、美洲和南太平洋地区 100 多个国家和国际组织，提供了 5 亿多剂新冠疫苗和原液，相当于当前全球新冠疫苗总产量的 1/6。中国企业为世界卫生组织主导的“新冠肺炎疫苗实施计划”（COVAX）生产的疫苗也已下线，并被快速提供给世界卫生组织。同时，对于所有向中国提出疫苗合作需求的国家，中方都克服困难给予积极回应并启动合作。

作为世界第二大经济体，中国经济与世界经济的联系密不可分。一个稳定的中国市场，对于全世界的经济复苏有着举足轻重的意义。不仅投资者看好中国的发展，国际货币基金组织、世界银行、经济合作与发展组织也普遍认为，中国经济增长将回到正常的运行轨道，对 2021 年中国 GDP 增速的预测值分别为 8.2%、7.9% 和 8%，显示出全球对中国经济复苏的强烈信心。

中国制造——值得关注的产业链

随着中国实力与创新力的不断提升，“中国制造”已经开始逐渐摆脱“低质低价”的标签，尤其在智能化领域，占国际市场的份额越来越高，甚至有不少中国的品牌手机在新兴市场出现了供不应求的情况。

中国制造在其他领域的进步也有目共睹，比如，在汽车市场，多年的技术积累加上智能化的浪潮，使中国品牌汽车在产品上实现了质的飞跃，甚至可以与合资品牌一较高下；在家电行业，美的集团推出的智慧楼宇系统，不仅可以对远程楼宇进行自动化操作，还能通过监测系统状态及能耗，进行节能优化控制。

另外，还要重点介绍一下工业互联网平台情况。

工业互联网产业链包括设备层、网络层、平台层、软件层、应用层和安全体系六大板块，其中，网络、平台、安全是工业互联网的三大体系，网络是基础，平台是核心，安全是保障。

最核心的整个平台又包括边缘采集（数据采集）、基础设施层、平台层、应用层和工业安全层 5 个体系，虽然从术语角度比较不好理解，但我们可以从投资的角度依次进行说明。

① 边缘采集

边缘采集，是指通过大规模、深层次的数据采集和各个数据库的协议转换与边缘处理，构建工业互联网平台的数据基础。数据采集体系，包括设备接入、协议转换和边缘数据处理三层。

边缘采集领域涉及的企业，主要有工业自动化企业和工业互联网企业，比如西门子、安控、电信、中兴通讯、华为等提供工业协议转换服务的企业。

② 基础设施层

基础设施层主要解决的是数据存储和云计算的问题，设备以服务器和存储器为主，其关键点在于，能够完成大规模资源的整合并且可以根据客户需求，在各类资源之间进行快速匹配，也就是资源整合和资源调度。

该部分涉及的国内企业，基本都是行业内领先的大型企业，如阿里巴巴、腾讯、百度、金山等，产业格局已基本形成。

③ 平台层

平台层，是指通过不同的编程来构建数字模型，也就是在现有的基础设施平台上，构建一个可扩展的工业操作系统，为应用层（工业 App）的开发提供基础平台。

该领域涉及的企业包括：装备和自动化企业、领先制造企业、软件企业和 ICT（信息通信技术）企业。

④ 应用层

工业 App，是基于工业 PaaS（平台即服务）平台开发的满足特定场景的工业应用软件，特点是面向特定行业、特定场景。

由于国内起步较晚，目前只有少量工业 App 被开发出来，且技术尚不成熟，很多高端工业 App 仍主要依赖进口。

⑤ 工业安全层

工业安全涉及工业领域的各个环节，贯穿整个平台架构，可分为产品类和服务类两种。其中，产品类主要包括：设立工业防火墙、检测审计平台、漏洞挖掘平台和统一安全管理平台，服务类则包括咨询、实施和运营服务。

从下游的工业互联网企业布局来看，目前已经基本形成三足鼎立的局面。

比如，在云计算和大数据处理方面较为突出的企业，有华为、腾讯、阿里巴巴、浪潮、百度等，另外还有一批新兴的创新型企业，如寄云科技、索为系统、普奥、机智云等，也逐渐展示出了自己的优势。

以上举的例子只是冰山一角，大家可以顺着这些思路，去延伸思考“中国智造”所蕴含的投资机会。

应用篇　如何寻找国货中的大牛股？

10 年前，国人还对外国品牌趋之若鹜，把外国产品当成追求品牌、彰显品位的标志。10 年后，国潮之风兴起，国货品牌的崛起、国产替代，成了国人谈论越来越多的话题。不少国产运动品牌、汽车品牌、化妆品品牌，已经走进大众视野。

那么，这股国潮之风究竟能刮多久？会是未来的主流投资方向吗？我们又该如何从中寻找投资机遇呢？

国潮崛起，势不可当

所有的大时代一定是财富大爆炸和财富大挪移的时代，国潮大时代更是如此。

尤其在近几年，国货不再仅仅是一种情怀，更代表着实实在在的利润。投资者作为个体，处在“资本、科技、国潮”叠加的大时代中，一定要先想清楚一些关键的大逻辑，才能找对投资路径，做到有的放矢。

首先，国潮的兴起，是时代的必然选择：

① 中国经济的强大，是国货兴起的根基。综合国力强大的表现之一就是国潮的兴起。

② 要实现中华民族的伟大复兴，一定会体现在民族自信上。曾经的中国，在世界上是非常有影响力的大国，现在我们要通过国家的发展，综合国力的强大，找回这种自信，而国潮就是文化自信回归的必然体现。

③ 社会结构的构成，支撑国潮的兴起。当一个社会从生存型社会走到发展型社会，未来再走向享受型社会，年轻人就会拥有更多的话语权，也会有更多的自主性和独立性，而年轻人的这种变化，很大程度地体现在对国货的选择方面。

④ 产业上的进步。

过去，我国的汽车产业是远远落后于其他国家的，现在情况已经完全不同了，我国不仅出现了很好的品牌，还有三大造车新势力均已赴美上市；过去，我们的很多服装是“假冒伪劣”的代名词，现在李宁、安踏的质量，甚至可以和耐克、阿迪达斯相媲美。

除此以外，中国的白酒是世界上最好的，我们的很多食品、医药器械，都可以去挑战全球顶尖的同类产品。

因此，国潮之风加速盛行不是一种偶然，而是时代到了。天时、地利、人和，三者齐备，使中国迎来了国潮大时代。

其次，国货的未来空间无限。

在很多人没有注意到的角落，很多国货仍然是“小荷才露尖尖角”。毕竟国货要替代在中国人脑海里根深蒂固的外国品牌是需要一段时间的，这段时间，就是投资的黄金时期。

从市场角度来说，国际大牌都有着专业的运作，能够把品牌植入消费者的“骨髓”中，但高昂的价格决定了它不可能走进下沉市场。

而随着互联网时代天猫、京东等新型零售平台的成熟，使新的国货产品既可以不用花大量的时间和资金去铺线下渠道，直接做线上渠道，又可以借助网红带货、直播带货等方式，迅速打开产品的知名度。

凭借中国人口基数大的独特优势，迅速积累起一批用户，实现快速发展，只要产品质量好、口碑好、价格实惠，消费者就会自动对比同类产品的性价比，最终国货品牌胜出的可能性更大。

如果说，过去“支持国货”更多的是一句口号、一种短时间的情感宣泄，那么，随着民族自豪感和民族自信心的提高，会有越来越多的人将其转变为一种长期的坚持与信仰，这就是国货崛起的群众基础，也是由时代趋势所决定的。

未来，国潮的趋势还会继续被强化，我们的产业会更加精细化、更加符合消费者的需求、更有竞争力，产品也会更具民族特色。届时，资本市场也会更加认同国货，国货品牌会变得更加强大。

对于投资者来说，未来最好的机会在中国，中国最好的机会在国货。国潮的机会很多，但坑也不少，一定要做预期可控的投资，宁可不投，也不能乱投。

寻找国货中的大牛股

投资最重要的是在不确定中寻找确定的机会，而不是去预测那些不确定的事。

国货投资尤其如此，在任何超级品牌立起来的过程中，一定会有无数小品牌被垫在脚下。

此时，正是国潮涌起之时，国货品牌也如雨后春笋般崛起，有的品牌是想做实事，而有些品牌只是想圈钱变现……可谓“各有各的想法，各有各的打法”。

作为投资者，一定要擦亮眼睛，看清楚再投资，切忌跟风盲目投资，而要从中找出一些真正的大牛股。这里，给大家提供几条思路：

① 从身边寻找牛股

曾有人开玩笑说，牛股都在厨房里。这并不是一句戏言，事实上，厨房里的酱油、食用油等生产企业的股票都涨得非常好，可惜很多人从来不进“厨房”，或天天在厨房也没想到。

所以，在日常生活中，我们可以对自己特别喜欢使用的产品，或身边人喜欢使用的产品进行挖掘，挖掘其背后的上市公司。

尤其是对于一些很好的、身边很多人都在用的产品，在资本市场还没有开始重视之前，我们就可以提前介入了。否则，等知道的人越来越多，资本市场开始重视，股价可能就会一飞冲天，那个时候再关注就晚了。

② 科研占比决定投资决策

科学技术是第一生产力，科技研发水平代表的是产品竞争力。

当投资者面对很多产品时，如果拿不定主意要不要投资，可以抛开产品的故事和包装，将目光聚焦企业本身的研发能力上。比如，看企业是否有自己的产品研发基地，看其每年的科研投入占比等，一般来说，如果企业的科研投入占比较高，或能够达到一定的量，就是值得投资的。

③ 时间沉淀下来的品牌，经得起考验

时间能够检验真理，也是见证一家企业真正实力的标准。

品牌需要时间的沉淀，尤其是那些我们耳熟能详的国际大品牌，往往都经历了上百年甚至几百年的历史沉淀。

因此，在选投资品牌时，可以选那些成立时间相对久一些的企业，重点关注其是否有精益求精的匠心精神，是否对产品有着极致的追求等，如果答案是确定的，就值得投资。而对于那些急于变现，无心追求产品品质的企业，必须第一时间远离。

④ 传统文化赋能，弥补国货短板

我们在前面提到了时间的沉淀，这是品牌的优势，也是很多

国货品牌普遍存在的共性（短板）。

毕竟，很多国内品牌发展时间都不长，很多企业都是近年来新成立的，然而，“新”并不表示“没有内涵”。这些扭转局势的关键，在于如何用优质传统文化为自身产品赋能。

文化是生活的沉淀，传统是胜出的文化。中华民族有着悠久的文化，国货的优势在于文化赋能，新国货的优势在于科技赋能叠加文化赋能。

如果我们从文化自信和科技赋能的角度去理解国潮大时代，就可以找到投资的方向，比如当科技赋能美的追求，得出的答案就是医美。这也是我特别看好一些国产化妆品和医美的原因。

利用这种思维，我们还可以找到更多方向，比如把中医的思维运用到化妆品或医美体系中，或者用文化赋能健康，中医养生（老龄化）自然备受关注。

用传统文化（古人留下来的智慧）赋能现代产品，就可以弥补国货品牌的短板——时间沉淀不够。如果一家成立时间不长的企业，使用了传统文化的工艺或思维，让产品焕发了新的光彩，这就是一种赋能，可以很好地弥补时间上的不足，所以，相关标的走得很不错就是这个道理。

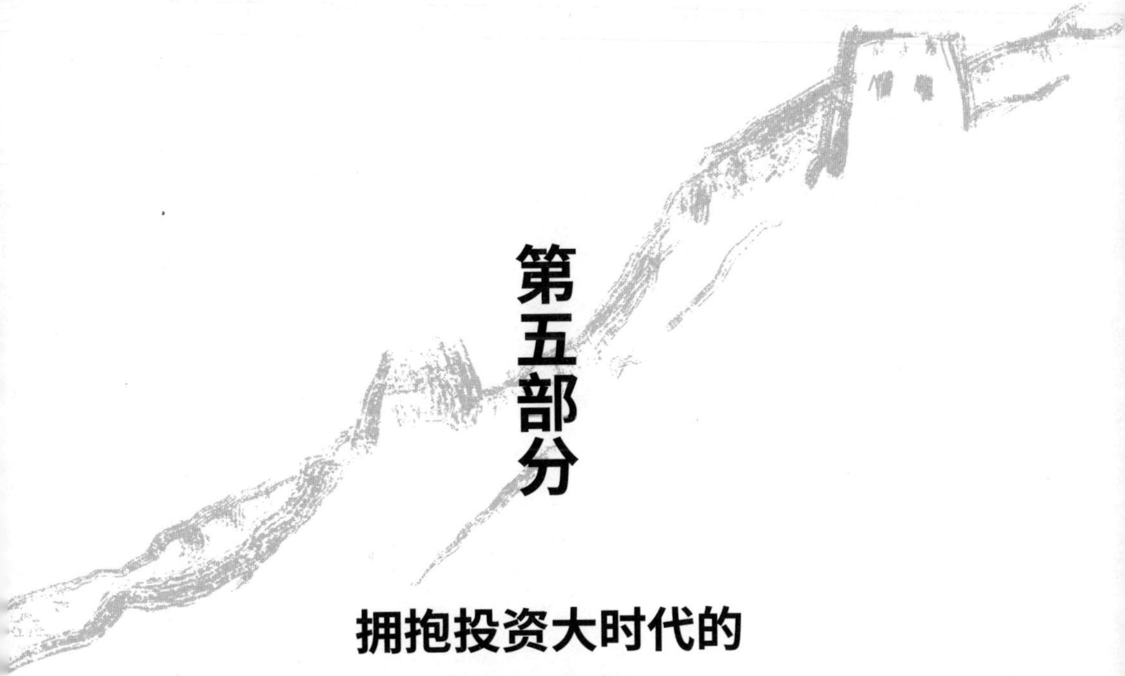

第五部分

拥抱投资大时代的最优路径

第十二章

认清趋势，与国家站在一起

后疫情时代经济复苏

投资，就是投未来。

在这百年未有之大变局的开端，我们通过前几章的抽丝剥茧，总结出了一条未来经济发展的主线，即资本大时代催生科技大时代，带来国潮大时代，三者环环相扣。对于投资者来说，三者叠加在一起，展现出来的结果就是遍地机会的投资大时代。

全球经济或将超预期复苏

在投资中，我们最重视各种“超预期”，因为只有“超预期”才会影响股价。

有时候，明明有一个利好消息，但股价就是不涨，因为这一消息是在预期之内的，它的出现反而减少了大家的期待，所以不仅不涨，甚至还会下跌。

在后疫情时代，经济复苏是全球的主旋律，不管是中国的经济、美国的经济，还是世界的经济，都会进入报复性反弹的阶段，这是一定会发生的事，很多人也早有预料。但我认为，经济不仅会复苏，而且极有可能会超预期复苏，尤其是在市场资金充足且政府又肯投入的情况下，这种灾后重建会产生一股强大的力量。

对于投资者来说，这种“超预期”的机会，几乎是百年一遇，值得我们为其下一些赌注的。

首先，我们都知道，拉动经济的三驾马车，分别是投资、消费和出口。

如今对中国来说，出口这方面已经没有问题。在新冠肺炎疫情之下，我国的出口不减反增。即使是在人民币持续升值、很多人认为出口数量会因商品价格上涨而减少的情况下，我国的进出口总额却创出了新高。也就是说，出口不仅没有受到影响，反而是持续增长的。

摆在我们面前最大的问题是内需消费拉动的不尽如人意。无法靠消费拉动的经济，现在就只能靠投资来拉动了。

而西方国家同样要面对这三个问题。不同的是，它们无法像中国一样靠出口拉动经济，因为此消彼长，中国的出口大量增加，其他国家就会相应减少。最后，它们也会发现，最容易拉动经济的那驾马车还是投资。

在这种共识之下，西方可能会出现近10年甚至20年以来最大的投资风潮。事实上，现在西方国家房地产的价格都在大涨，而房地产又会拉动家电等配套需求，相关产业便值得关注。

其次，国潮大时代中的中国品牌、中国制造也大有可为。

顺着这个思路去思考，我们会发现：资本市场，基本上是沿着全球经济复苏超预期这条主线炒下去的。

2015年，我们见证了A股市场的股灾，2020年，我们见证了全球市场的股灾。面对美国股市的大幅下跌和“熔断”，连巴菲特都说，他活了89年都没见过这样的情况。

人类在面对灾难的时候，出现短期的恐慌程度是谁也无法预料的，但是，如果我们把时间拉长一点来看，就会发现：每一次灾难其实都是一个“黄金坑”。

后疫情时代，经济复苏的源动力

后疫情时代，经济需要复苏，面对未来可能出现的超预期，我们应该如何权衡自己的仓位配置，又该从哪些方向上择股呢？

首先，消费是经济稳定运行的“压舱石”，经济复苏一定要拉动消费。那么，最大的消费是什么？

我们前面讲过，“房住不炒”是大逻辑。对于老百姓来说，不能买房子，会选择的第二件大商品，也是单笔开销最大的东西，就是汽车。

因为很早就抓住了这个经济复苏的主要矛盾，所以我在2020年上半年的时候，就很明确地提出，下半年看好汽车板块的行情。果然，2020年下半年，汽车板块乘风而上。

其次，能拉动经济的消费，除了汽车，还有吃喝玩乐，比如电影，也就是影视传媒行业，是最容易引起广大民众关注的，也是大家都有可能消费的。

之前，在新冠肺炎疫情的影响下，大家看电影的欲望被强制打消，而在后疫情时代，戴个口罩就能看电影，人们的吃喝玩乐需求基本可以得到正常满足了，这方面的消费也开始慢慢恢复正常，甚至会超预期。

另外，对于影视传媒行业来说，还一个更大的逻辑。过去，我们国家对该行业一直持打压的态度，如今随着利空慢慢出尽，加上在后疫情时代，经济要复苏，要拉动消费，影视传媒行业是最直接的受益者，因为每个人都消费得起。那么，利空出尽就是利好。

同时，随着文化自信的提升，人们也意识到这种娱乐文化的兴起，是可以促进民族和谐的，那么它的发展就是历史必然。

享受泡沫，主动出击，拥抱机会

随着国潮大时代的逻辑在市场上被越来越多的人认可，相关行业的空间会越来越大，机会也会越来越多。那么，一些借着民族自信东风发展起来的行业，在未来就会有比较好的发展预期，而科技类的企业更是如此。

不可否认，科技企业将来会有泡沫，但我们作为投资者，应该抱着享受的态度应对科技泡沫，而不是如临大敌。一方面，科技泡沫会吸引大量的资金和人才，这对整个行业的发展至关重要；另一方面，就算科技泡沫最终破灭了，留下的也将会是大量的科技人才和资金。

所以，只要它代表的是未来，包括与数字货币、大数据，甚至是人工智能相关的企业，就是我们现在需要留意的。一旦时机成熟，在这些领域，势必会诞生一批大牛股。

对于投资者来说，这个过程可能比较漫长，需要多一点耐心，但有些机会确实需要你站得高一点、看得远一点，才能抓住。

当然，我们没有必要耗费太多时间，当某个板块的机会尚早，我们也没有必要把钱都押在一个盘子里，甚至押到一只股票上。在等待的过程中，我们需要去观察验证自己所持有的股票，是不是龙头板块或龙头股，是不是痛无可痛的股，是不是不平庸的股？如果这三者都不符合，应尽早做到断舍离。

当你学会用“新常态”思维来应对外界的各种波动时，就会发现，一切其实都非常简单。

不管是中美博弈常态化、全球疫情常态化、新股发行提速常态化、促内需常态化、“房住不炒”常态化、稳就业稳经济常态化、外资流入常态化，还是理财资金入市常态化等都是如此，要知道，当一件事情经过了风险测试，就不再是可怕的事情。相反，那些我们未知的、不可预测的事情，才是最可怕的。

就像2020年初的新冠肺炎疫情暴发，因为无法预知、不可预测，市场非常恐慌，开盘第一天大盘就暴跌。而当第二次北京出现疫情反复时，市场反而没有第一次那么紧张了，因为这一次我们已经有经验了，而且人们也有了心理准备，那种严重的威胁感就消失了。

当我们回过头来看这两次疫情带来的市场机遇，假如第一次你能够克服恐惧，就能很容易地抓住这个“黄金坑”，获取不菲的收益；而第二次，很多人能够克服恐惧，但市场的机会也变得非常有限了。

所以，无论发生什么事情，都不要考虑得太复杂，生活还在继续，要学会用平常心去对待。对于一些好的行业方向、好的公司，我们要有信心，同时给予一些耐心，毕竟资本大时代已经开启，未来不会让你失望。

当然，在A股市场，依然会发生很多让人意想不到的事，而最好的规避方法就是用操作策略去应对，用H333策略（见附录）解决踏空问题、满仓套牢问题、好心态问题，就能以最小的成本撬动最大的收益。

以内循环为主体，构建国内国际双循环新格局

2020年是我国经济发展的关键之年，在新冠肺炎疫情影响之下，为保障中国经济安全，拓展经济发展空间，适应内外部环境变化，国家提出了以国内大循环为主、国内国际双循环相互促进的经济发展方向。

“双循环”战略，包括外循环和内循环两部分。其中，外循环有两种方式：一种是国内生产国外消费，指的是出口；另一种是国外生产国内消费，指的是进口。内循环指的就是国内生产国内消费。

推动形成“双循环”新发展格局，是未来一段时期我国经济发展的主要任务，也是“十四五”时期金融改革发展的着眼点。

为什么要打造经济内循环？

所谓“经济内循环”，简单来说，就是扩大内需，扩大消费。

那么，我国为什么要在此时提出经济内循环呢？

① 消费拉动经济增长成为共识

过去 40 多年，拉动我国经济增长的主要动力，是投资、消费和出口这“三驾马车”。其中，消费是内循环，投资和出口既有内循环也有外循环。

2008 年以前，我国经济主要依靠出口，也就是外循环。从商务部统计数据可以查到，2006 年，我国对外出口总额占 GDP 的 65% 以上，达到历史最高水平，之后逐步下降，2019 年占比降到 32%。再看投资，由于边际效应递减，投资增长率从 2007 年的 24% 降到 2018 年的 7% 左右，所以，靠消费拉动经济增长已经成为共识。

② 艰难大环境下的明智抉择

国家现阶段提出打造以经济内循环为主的“双循环”战略，可以说是在艰难大环境下的明智抉择。

首先，因为新冠肺炎疫情的关系，尤其是以美国为代表的国际社会疫情防控压力很大，短期内无法恢复到正常水平，各国经济都出现了不同程度的衰退。这对中国的对外贸易造成了一定程度的影响，导致中国第一季度进出口出现萎缩，直至 2020 年中数据才转正。

其次，中美博弈升级，“贸易战”“科技战”风波不断，前有中兴通讯，后有华为、TikTok（抖音国际版）事件，限制芯片进口，扩大出口限制，对我们的内需产生了很大影响。

最后，恶化的中美关系必将影响到经济全球化的发展，逆全球化趋势难以避免。

所以，我们更重视，也更期待经济内循环，要通过资本市场扩大投资、促进消费构建内循环，而内循环中最重要的一环就是——上市公司 + 资本市场 + 信心 + 消费 + 经济。

③ 启动内循环是当务之急

中国最大的特点是人多，也是最有可能实现基本内循环的超大经济体。要想顺利启动内循环，目前有两种做法：

第一，出口转内销，原来出口的东西，现在要转到国内消费。

第二，要补上一些缺失的产品，比如，我们过去生产不了或因受制于人而不能生产的东西，要慢慢转移到国内来生产，生产出来后也在国内消费。

经济内循环，表面上看起来好像是一种被迫采取的无奈之举，实际上，这是基于经济形势转变的主动选择。

内循环是“闭关锁国”？

很多人觉得，如今世界经济开始走下坡路，是因为受新冠肺炎疫情的影响。实际上，世界经济从 2008 年开始，就已经进入衰退期，外面的蛋糕越来越小，竞争压力越来越大，而 2020 年的“黑天鹅”不过是加速了衰退的进程罢了。

当全球经济的未来开始变幻莫测，内循环的提出就是未雨绸缪，而不是像有些人认为的“闭关锁国”。

从国内经济角度来说，做好内循环可以解决一些核心难题，比如居高不下的房价。

由于内循环启动的关键是扩大内需，而高房价在很大程度上抑制了消费，故而成为推进内循环过程中不得不面对的坎。那么，市场就会对房价有下行的预期，甚至可以说除了全国一、二线城市外，三、四线城市房价下行几乎成了必然，高房价的难题也会逐步被化解。

从发展角度来说，做好内循环会使中国发展得更好，如对内要增加新老基建的投资，新基建会带来科技和产业的转型；而老基建的翻新，则会带来大量就业和城镇的发展等。

内循环，是做好自己、强化内功，在一定意义上也可以对外循环起到促进作用。那些说内循环是“闭关锁国”的人，完全没有理解内循环的意义。

如何做好双循环，拉动我国经济增长?

我们说过，做投资要讲政治，炒股要跟党走。其实，关注管理层的思维变化，或是他们认为的着力点，对我们做好投资是非常重要的。

双循环，作为近期热门的经济词汇，也许会成为影响中国未来发展方向的新名词，需要我们去深刻理解：在这种大时代的变革中，该如何去抓主要矛盾，才能抓住历史性的机会。

① 资本市场是枢纽，在双循环中占据重要席位

循环最重要的是什么？比如血液循环，最怕的是被阻塞。那么，要想保证双循环的顺利运行，最重要的就是保证内循环和外循环的畅通。

中国经济发展有几条“高速公路”，传统的高速公路解决的是商品、物品大流通问题，建设的路越多，流动的速度就越快，循环就会越畅通。

而资本的流通，同样需要建设“高速公路”，需要资本市场的制度性建设。所以我们提出资本大时代要修建一条全新的“高速公路”，让资本流动起来，还要修一条“科技高速公路”，通过投资新基建，加速科技的发展。

2020 年 11 月 25 日，《人民日报》刊登了一篇署名文章，《加快构建以国内大循环为主体、国内国际双循环相互促进的新发展格局》，文章的核心在于“循环”二字。

这篇文章的第三部分，也是最重要的部分，讲的是全面落实加快构建新发展格局的决策部署，也就是如何加快双循环流通，总共提出 6 点意见，对此我简单谈一下我的理解：

第一条，推动科技创新在畅通循环中发挥关键作用。这其实跟我在前文提出的科技大时代，修建一条“科技高速公路”的思路是一致的，科技创新是循环中一个非常关键的主动脉。

而第三条可能是投资者最关心的问题，原文如下：“推动金融更好服务实体经济，健全现代流通体系。金融是实体经济的血脉。坚持以服务实体经济为方向，对金融体系进行结构性调整……”这段话其实很值得思考，是不是意味着银行和券商之间，有些结构可以进行调整了？

在这句话后面，还有这样一句话：“大力提高直接融资比重。”按照我的理解，提高直接融资比重是为了调整金融结构。因此，这句话的意思就是，过去的券商扛不动资本市场的发展重任，只有调整结构，才有可能调整比重，否则是行不通的。

所以，接下来国家对金融资本市场的改革，值得期待。

另外，这部分还提到了一个更重要的点，就是“改革优化政策性金融，完善金融支持创新的政策，发挥资本市场对于推动科技、资本和实体经济高水平循环的枢纽作用”。这句话的意思，就是要发挥资本市场对推动科技资本和实体经济高水平循环的枢纽作用。注意，这里再次提到了“枢纽作用”。

综合这篇文章的主要内容，我们不难得出一个结论：金融资本市场确实是枢纽，无论是推动传统意义上高速公路的建设，还是推进资本市场“高速公路”的建设，都要发挥重大作用。

② 确保“高速公路”畅通无阻，加快双循环步伐

如果从经济的角度去解读双循环的目的，我们得出的结论是启动内需，然而，如果站在循环和畅通的角度去思考，就会得出不一样的结论。

现在，我们也意识到了，这个循环并不是简单的经济内需，而应该是资本市场的循环流通。金融资本市场的改革速度正在加快，这样才能支撑或适应双循环的国家战略。

这就验证了我在前面一直讲的“资本高速公路”、“科技高速公路”、传统意义上的高速公路，以及“物流高速公路”，这几条高速公路是相互制约或相互促进的。比如：科技可以提高循环效率，资金可以加快循环流动、提供循环支撑、提高循环速度和效率；传统意义上的高速公路使物流的运转速度加快，也可以提高资金周转率和资金使用效率等。

也就是说，想要把双循环做好，这几条高速公路必须畅通。反过来说，这几条高速公路的建设速度就必须要加快，按照这个

思路，希望投资者可以站在更高的层面去思考投资方向。

③ 新基建的必然性

第一，新基建是中国实现赶超的必由之路。

前面讲过，科技是国运之争，华为 5G 让我们拥有了在科技领域实现赶超的机会，尤其在科技赋能新生活方面，很多项目已经走在了全球前列。既然想实现赶超，我们就希望把这条路拓得越来越宽，也就是要靠新基建扎实基础，把整条路打通。

第二，新时代提前到来，全球竞赛新基建。

由于新冠肺炎疫情的出现，让很多远程服务得以大量应用，也许会提前开启智能互联网新时代。到那时，全球都会进入新基建的竞赛阶段，各国要想拥抱 5G 带给我们的新时代，一切都要以新基建为基础。

第三，中美脱钩提升新基建需求。

全球进入新基建竞赛阶段，还有一个特殊的原因，就是所谓的中美技术脱钩。就像分家后，双方都需要采购一些新东西一样。放在全球的角度，新基建相关方面的需求会大大增加。

第四，稳经济增长首选新基建。

疫情对经济的冲击非常之大，稳经济要靠什么？

当然是选择既符合时代要求又有需求的新基建领域，未来，国家也一定会提供大量的资源支持新基建发展。

④ 国家重提西部大开发正当时

2000 年，我国提出了西部大开发战略，如今，时隔多年再次提起，蕴含着什么投资机会呢？

简单来说，由于受到新冠肺炎疫情的冲击，国家需要通过投资来拉动经济，而只有广袤的西部才能够吸纳体量如此之大的投资额。无论是旧基建还是新基建，西部大开发都是一次大规模的投资。这次投资，不仅可以拉动经济，还是缩小东西部差距的绝佳机会。

国家有这个需要，西部正好有这个需求，实施便势在必行。

最好的投资不应该只考虑现在，还要能够考虑到未来。

国家重提西部大开发的第二个目的，是要解决一个长期的问题，就是内需启动的不足。

我们要想缩小东西部的差距，提高西部广大民众的生活水平和薪资待遇，就必须要靠投资，才能建设更好的设施、更好的交通，让西部的资源能够发挥更大的作用。

中国的纵深度极大，作为我们的一个优势，可以使国家的发展更有层次、更有弹性。同时，我们也要清楚，这一次借国家大投资的东风，再加上科技转型的趋势，重提西部大开发，是中国内需全面启动的前奏。

国家重视内循环，对资本市场会产生什么影响?

改革开放让中国制造迈向全球，我们的商品越来越丰富，在全球具备了竞争力。但过去生产的很多商品都出口了，国内商品的供应反而会出现一定程度的不足。

所以，一直以来我们会有一种感觉，物价总是在往上涨。这其实不是错觉，而是我们把生产能力更多地用在出口上，从而造成供应短缺，这就是价格上涨的真相。

那么，一旦启动内循环，国内生产国内消费，会给我们的资本市场造成什么影响呢？

① 降息预期，利好股市

首先，会起到抑制物价的作用，也就是物价有可能会下降，至少不会像过去升得那么快。同时也给降息带来了一定的空间，或者让市场对降息有所预期，及时进行储蓄转投资，从而利好股市。

② 扩大内需，增加收入预期

只有内需上来了，才能够真正地启动内循环。所以，现在内循环的问题，就落到了能否扩大需求能力上来。

要想扩大需求，最好的方法就是提高老百姓的收入预期。因为，只有当人们确定自己未来的收入会增加，对未来保持乐观时，才会愿意去消费。

举个例子，疫情严重时，人们的消费意愿很低，储蓄意愿却很高，这源于人们对未来的悲观预期。而疫情被控制后，随着全面复工复产，大家对未来的预期逐步乐观，商场也逐渐热闹起来，餐饮业的活力逐步恢复，就连电影院也重新开放。

同时，要想提高收入预期，就需要通过股市的作用。资本市场走得好，人们就会预期未来能获得更多的财产性收入。从这一点来说，内循环是利好股市的。

③ 上市公司利润增厚，利好股市

既然要启动内需，国家肯定会出台相关的政策来辅助，比如降低生产端的成本、给企业降税让利、降低企业的开支，甚至直接拨款等。

如此一来，不仅会增厚上市公司的利润，还可以减少企业裁员、增加就业机会、解决部分就业问题，同时也会带来更多的消费机会，提升上市公司业绩，这些对股市都是直接利好的。

④ 股市上涨，拉动消费

一个最基本的逻辑：股市上涨，投资者的财产性收入增加，对未来更加乐观，更愿意消费，上市公司的业绩自然会变好。

这是由股市上涨拉动的消费，拉动消费本身就是启动内需的必要条件，这些都是环环相扣的。

对于投资者来说，紧跟大时代，把握大机遇，是投资的主旋律。

不要陷入短期行情中，不要整天追涨杀跌，把自己搞得很辛苦，也很痛苦。在未来的投资中，我们要坚定站在国家战略一边，回到主要矛盾上来，把眼光拉长，才能够抓住资本市场的机会，才能够在部署投资策略时做到游刃有余。

碳中和、碳达峰投资机会

如今，人类正站在第四次工业革命的关口，面对这一时代机遇，国家为了长远的发展，从国家战略的角度提出了碳中和的发展目标，承诺要在2030年实现碳达峰，2060年实现碳中和。

这一项目，不仅是我们实现赶超的机会，也是下一个经济发展产业升级的爆发点。

什么是碳中和与碳达峰?

相信很多关心能源领域发展的投资者一定对这两个新词非常熟悉。不过还是要简单解释一下。

所谓碳中和，指的是在碳的排放与植树造林、节能减排等减少碳排放行为之间形成“中和”，最终实现二氧化碳的零排放。简单来说，就是在一段时间内，排出的二氧化碳和吸收的二氧化碳正负抵消，净和为零。而碳达峰的意思，则是指“在能源消费中，碳排放曲线中的峰顶和最高值”。

在2021年两会和“十四五”规划中，我国首次把碳达峰和碳中和作为重点工作，设定了碳排放的主要目标并制定了碳达峰的行动方案，重点内容如下：

① 落实2030年应对气候变化国家自主贡献目标。加快发展方式的绿色转型，协同推进经济高质量发展和生态环境高水平保护，单位国内生产总值能耗和二氧化碳排放分别降低13.5%、18%。

② 扎实做好碳达峰和碳中和各项工作，制定2030年前碳排放达峰行动方案。

③ 优化产业结构和能源结构，推动清洁高效地利用煤炭资源，大力发展新能源，在确保安全的前提下积极有序地发展核电。

④ 扩大环境保护、节能节水等企业所得税优惠目录范围，促

进新型节能环保技术、装备和产品研发应用，培育壮大节能环保产业。

⑤ 加快建设全国用能权、碳排放权交易市场，完善能源消费双控制度。

⑥ 实施金融支持绿色低碳发展专项政策，开发碳减排支持工具。

除此以外，在这次两会上，还重点强调了碳中和战略。

在此提示一点：之前市场上有很多人对 2030 年前碳达峰产生了重大误解，认为 2030 年前碳达峰，是指“2030 年才达到碳排放的峰值”。其实不然，2030 年前碳达峰，不等于往后的晚碳排放量会越来越多。

相反，我认为这只是一个碳排放峰值的最后期限。正所谓“预则立，不预则废”，以我国如此巨大的经济体量，必须要提前做好战略规划。否则，等到退无可退时，才去想如何转型发展，就会完全丧失主动权。

碳中和产生的影响

在新冠肺炎疫情的影响下，不仅全球经济面临严峻挑战，环保与能源形势也遭受着巨大考验。作为一个负责任的大国，做好碳达峰和碳中和，成为我国 2021 年的八大重点任务之一。同时，碳中和战略的推进，带来的影响也是全方位、全领域的。

首先，从国家层面来说，碳中和战略是可再生新能源发展之争。由于当下电力、供热和交通运输的碳排放占比已经超过

60%，如果发电端能做到零碳发电或者比现在的火力发电有更高的性价比，那中国落实碳中和战略的速度会更快。

如今，我国正处于可再生新能源的领跑位置，如果能早一点占领新能源发展的制高点，并建立起新能源全产业链的强大优势，则不仅能靠碳中和战略进一步打通双循环的血脉，还能助力中国经济的高质量发展。

其次，从行业影响角度来说，碳中和的主要矛盾是零碳排放，碳排放的源头可以分为两大端：发电端和用电端。

发电端是指发电企业的发电碳排放，现在主要以传统的石化能源发电为主，未来达到碳中和战略的路径是由石化能源慢慢转向光伏发电、风电、水电、核电等清洁可再生能源发电，最终实现零碳发电。

用电端主要是指制造业生产用电碳排放和居民用电碳排放，若想实现碳中和的战略目标，制造业需要进一步淘汰“老、差、小”等落后产能，那些高排放的工业领域相当于进行了一次供给侧结构性改革，居民碳排放主要是汽车出行，可通过用电动汽车替代燃油车来解决。而连接着发电端和用电端的是输电端，主要由特高压、智能电网等组成，还有配套的储能。

最后，对于A股市场上的投资者来说，此次碳中和战略，作为一场前所未有的全球绿色革命，比“一带一路”倡议的想象空间和市场规模更大。

从光伏产业的成功经验看，目前我国拥有全球超过60%的光伏产业链资源，我们国家有实力、有能力在人类碳中和战略的必经之路——新能源的发展中做好领头羊，为全人类的绿色经济发展做出更加突出的贡献，同时为国外大循环的发展锦上添花，并构建好以国内大循环为主体、国内国际双循环相互促进的新发展格局。

实现碳中和的主要路径

按照我国的经济发展阶段和结构特性来说，实现碳中和的路径主要有以下三种，即工业节能减排、新能源替代和林业碳汇。

工业节能减排的主要措施有：

① 淘汰那些落后的、“老、差、小”等高耗能行业的企业，高耗能、高排放的工业生产，主要是钢铁、有色金属、电解铝和建材行业，从中长期看利好那些行业龙头企业。

② 倒逼生产企业提高生产质量、生产效率、生产技术，大大降低各单位的排放量，甚至达到“低排高产”的创新发展水平，包括那些资源循环再利用的企业。

③ 促使一些工业企业购买减排、节排的设备或捕捉二氧化碳的设备，相关的节能环保企业会受益。

④ 购买碳排放权来加大、扩大生产，碳排放权的买卖交易也需要一些基础设施，比如碳排放云监测、碳排放云审计、碳交易所等。

除此以外，林业碳汇就是通过植树造林增加碳汇，而新能源替代的相关路径包括可再生新能源、电动汽车和输电系统。

碳中和的市场规模

据方正证券于2021年3月发布的《碳中和专题研究报告：碳中和的博弈与破局》，目前我国的能源结构依然以传统能源为主，煤炭占比56.9%，石油占比19.3%，天然气占比8.1%，三者累计占比83.7%；非化石能源占比仅为16.3%。距离实现碳达峰与碳中和的战略目标，还有很长的路要走。

有关机构预测，未来我国在新能源方面的新增投资规模将超过100万亿元，每年投资将超过3万亿元，占社会固定资产投资规模的5%以上，由此产生的市场规模也会空前巨大。

对于碳中和的市场规模，中国人民银行行长易纲表示："中国提出2030年碳达峰和2060年碳中和目标，实现碳中和需要巨量投资，要以市场化的方式，引导金融体系提供所需要的投融资支持。对于实现碳达峰和碳中和的资金需求，各方面有不少测算，规模级别都是百万亿元人民币……总体看，金融体系可以在支持绿色转型、管理气候相关风险上发挥积极作用。下一阶段，人民银行将更加积极主动作为，落实新发展理念，支持经济绿色、低碳、高质量发展，服务实现碳达峰、碳中和目标。"

如此大规模的市场，也将给很多行业与投资者带来巨大的投资机会。

碳中和产业链的机遇

我之前说过，投资者要想找到正确的投资方向，一个有效的方法就是去关注中共中央政治局开会学习的内容。国家反复强调的，一定是非常重要的内容。

按照这一标准，自2020年9月开始，我国就多次表态，要在2030年实现碳达峰，2060年实现碳中和。目前，全国已有20个省、自治区和直辖市提出，要在2021年研究、制定碳达峰方案。如此明显的投资信号，也让很多人跃跃欲试。

比如，高瓴资本集团创始人张磊就在积极布局碳中和产业链，他表示，在助力实现碳达峰、碳中和目标的方向上，PE/VC（私募股权投资 / 风险投资）机构大有可为。他认为，当绿色转型成为未来最大的确定性，将有力地引导大量社会资本转向碳中和领域，绿色股权投资正当其时。

那么，普通投资者该如何进入这个涉及数万亿美元，甚至是数十万亿美元的新兴市场呢？

总体来说，碳中和产业链的机会可以分为以下几类：

① 可再生能源：光伏、风电、水电、核电、生物质电等。

② 电动汽车：锂电池、氢能源、燃料电池等。

③ 输电系统：特高压、智能电网、储能等。

④ 上游材料：有色金属等。

⑤ 工厂制造业：供给侧结构性改革。

⑥ 环保企业：废气处理等。

⑦ 碳交易市场。

下面，我们来重点说一下碳交易市场。

2021年，作为全国碳交易市场首个履约周期的启动之年，全国碳交易市场已于7月在上海环境能源交易所上线交易。目前，全国碳排放权注册登记系统（以下简称“中碳登”），已落户湖北省武汉市，主要承担碳排放权确权登记、交易结算、分配履约等业务。这一系统，不只是全国碳交易市场体系建设的核心和基础，更是全国碳资产的“银行”和“仓库”。碳排放权交易所和中碳登都是碳交易市场的基建核心。

根据路孚特对全球碳交易量和碳价格的评估，2019 年，全球碳交易市场的总交易额约为 1 940 亿欧元，同比增长 34%；交易量达到 87 亿吨排放配额，同比下降 4%。

虽然中国目前还处于区域试点阶段，碳交易的规模还处在发展的初始阶段，但一些城市已有了地方性的碳交易市场，“十四五”报告中也提出“加快建设全国用能权、碳排放权交易市场”，未来打造全国碳交易中心市场、全面实行推展已成定局，无论是碳交易量还是碳价格，都会有很大的发展潜力。

因此，从碳市场以及碳排放权的买卖交易看，最终受益的将会是林业碳汇和可再生新能源。

一方面，这两类企业都有大量的碳排放指标可出售，以增加企业收入，比如，林业企业不仅是零碳排放还可以吸收大量的二氧化碳，拥有大量的碳排放指标。而新能源企业的代表特斯拉，仅 2020 年碳排放权的收入就高达 16 亿美元。

另一方面，从“可再生新能源”的当下发展来看，目前中国处于遥遥领先的位置，未来则有望通过“可再生新能源”掌握“碳定价”的话语权。

投资者要看到，除了我们之前提到的碳中和产业链，这次两会报告还给了我们一些更美好的期待，比如未来要推出的碳交易所、设立碳减排支持工具等，都是我们在进行趋势事件围猎时要密切关注的机会。

在选股方面，必须避开2020年已经抱团大涨过的股票，因为没有太大的超额收益，若想获得巨大的超额收益，要选择二、三线中盘股等相关企业，也可以寻找新抱团，炒主题投资者也要严格按照炒主题的原则去参与。

最后，碳中和是值得所有投资者长期跟踪的大主题，里面甚至会催生一些长期的投资机会，因此，要主动挖掘那些有补涨需求的企业，寻找那些会真正受益的企业，可以早一点建好自己的"观察池"，提前思考、提前做好准备，一旦季节温度合适就先人一步地介入。

疫情重塑世界，中国崛起不可逆

新冠肺炎疫情暴发以来，全球各种乱象层出不穷。曾经笼罩在世界之上的文明的面纱，似乎已经被疫情冲击得千疮百孔，导致全球治理体系局部失灵，露出了野蛮的一面。

正如恩格斯所言，"没有哪一次巨大的历史灾难，不是以历史的进步为补偿的"。在疫情的刺激之下，世界多极化格局正在加速深化。后疫情时代，谁能绝地反击？

国潮大时代，王者归来势不可当

当一个国家，有越来越多的人变得自信，对自己有信心，对未来有信心，对国家有信心，最后一定会到达更高的高度——文化自信。

文化自信，迎来的就是国潮大时代，是中国人对国货的自信，对中国潮品的追逐。

中华文明五千年，文化自信可以体现在很多方面，比如中国的酒文化、中医文化、电影文化、传统节日文化等。最关键的是，通过新冠肺炎疫情的考验，现在国人对中华文化更加自信了，这是对我们文化传承的自信，也是国人自信的回归。

另外，由于之前受疫情影响，整个影视娱乐行业，包括传媒文化的发展几乎被按下了暂停键，在后疫情时代，这些文化娱乐活动会慢慢复苏，文化会变得更加繁荣。

对于投资者来说，文化自信和后疫情时代的文化繁荣，可能会是比较长远的逻辑，但也是一定会实现的逻辑，因为疫情最终一定会消失，文化自信一定会被建立起来。

这是具有确定性的强逻辑关系，不仅会有大的未来，还会有实现的业绩拐点。也就是说，只要某个行业中出现了真正意义上的行业拐点，叠加行业中具备垄断性的企业，出现了业绩拐点，真正的王者就会归来，势不可当。

RCEP 的签订，是非常大的超预期

与美国、欧洲相比，其实亚洲的实力并不弱，但总给人感觉有些不足。所以大家都在期待，下一个亚洲时代什么时候会再来。

首先，要明确一点，亚洲时代要出现，必然以中国的崛起为

前提。其次，亚洲还有几个非常厉害的国家，比如日本、韩国，如果亚洲这三个国家能联手，一定可以与美洲及欧洲相抗衡，甚至可以占得上风。

然而，由于历史原因，中日韩之间确实存在许多不可逾越的鸿沟。所以对中日韩能否达成一个比较好的贸易协定，很多人的态度并不乐观。不过，现实却给我们送了一个“大礼包”。

2020 年 11 月 15 日，在历时 8 年的努力之后，我国终于正式签署了 RCEP（《区域全面经济伙伴关系协定》），作为全球最大的自贸协定，其成员国包括东盟 10 国以及中国、日本、韩国、澳大利亚、新西兰，这 15 个成员国的总人口、经济体量、贸易总额均占全球总量约 30%。

在我看来，这其实就是一个亚太自由贸易协定，因为其中已经涵盖了亚太地区最重要的国家。这次协议的签署，在对外经贸领域可被看作仅次于世界贸易组织成立的标志性事件，也会对增强各国疫后经济恢复、促进长期繁荣发展，产生极为重要的推动作用。

对于国家来说，RCEP 的实施将全面提升区域内的贸易投资自由化和便利化水平，进一步加深中日韩在亚太产业供应链中的紧密关系。

对于投资者、行业企业来说，这次协定带来的优惠成果也会直接作用于市场，丰富消费市场选择、降低企业贸易成本。

这一次 RCEP 的签署，其实是送给了我们一个非常大的超预期“礼包”。

贸易自由化是不可阻挡的历史趋势

对于全球经济来说，中美之间的贸易摩擦，因为美国想走单边孤立主义，加征关税，逆全球化而行，而发出了一个很不好的信号。然而 RCEP 的签订，却似一剂强心针，重振了人们的信心，用一个突围动作，向全世界宣告：贸易自由化的实现是不可阻挡的。

除此以外，RCEP 的签订还有一个更大的意义，就是在协议签订后，贸易捆绑紧密，经济活动密切相关，那么美国想要联合欧洲，甚至亚洲的日本和韩国，对中国形成合围的攻势，所带来的威胁就会大打折扣。

顺着这个思路，我们可以继续思考，如果美国在贸易上不能做太多动作，那它可能就会在另一个方向进行极限加码，就是对科技进行打压，甚至可能会联合欧洲和日韩，对我们形成一定的压力，历史上它也是一直这样做的。

另外，我们国家为了应对美国的挤压，已经做了重要的准备，即用以内循环为主的双循环去发展我们国家的经济，因为我们对内循环是可控的，是可以通过自己的努力做到的。

而 RCEP 的签订，不仅给了我们一个"外循环是存在的，并且是有一定保障的"信心，而且可以帮助我们做好内循环，让我们对双循环战略有更多的信心和底气。

最后，这一次签订 RCEP，不仅重振了中国市场的信心，对韩国、日本这种以外向型经济为主的国家，也非常有利，尤其是日本，在协议签订之后，其曾表示"日本的春天又到了"，日经指数的走势也几乎是直线上行。这一极高的定位，更让我们对"中国制造"充满自信，对中国充满信心。

协议的签订选了一个特别好的时间窗口

再大的困难中国人都不怕。过去，我们曾经历过比现在艰难百倍的时刻，即使是在加入世界贸易组织的时候，我们面临的困难也比现在要多上许多，但我们迎难而上，并在很短的时间里，迅速确立了“中国制造”在世界的地位。

这是中国的实力，也是中国的魅力所在。东盟 10 国就是看中了这一点，希望通过签订这一协议，减少贸易摩擦，降低贸易成本，从而提高相关企业的竞争力。

尤其在最近几年，经历过中美贸易摩擦，经历过百年一遇的疫情，大家更加期待全球更好的合作，这样才可以尽快让经济走出低谷。

在这样的背景下，我们抓住这个机会，不仅可以激发企业的活力，也有利于我们与欧洲相关协定的签订，这对我们未来经济的发展是非常有利的。由此，我们甚至可以看好后疫情时代中国经济的发展。

这样看来，这一贸易协定的签订，对每一个成员国来说，都是当下最好的选择，这个协议来得正是时候。

投资大时代来了，每个人该如何实现个人价值？

随着时代的变迁，我们能够明显感觉到，现在 100 元的购买力，与10年前相比，已经急速下降。10年前，拿着100元去超市，可以买几大包东西，而今天，100元能买到的东西实在少得可怜。

由于货币超发导致的通货膨胀，钱代表的价值越来越低。我们也越来越明白一个道理，钱不是财富，购买力才是财富。所以，如何保证购买力，才是我们需要重点考虑的问题。

对于普通人来说，如何提高购买力呢？就是在恰当的时机，通过投资把钱变成资产。

现在是资本大时代，必将涌现出巨大的投资机遇，实现财富重新分配，而普通投资者，只有搭上资本大时代这趟列车，才能分享时代红利！

前文提到，作为投资者，有两种参与资本大时代的方法。

第一种，通过投资股市，分享资本大时代的成果。比如，投资资本市场“高速公路”旁的“收费站”、投资“修路”的公司、投资沿“高速公路”办厂的公司、投资“高速公路”到达的企业、投资核心资产、投资强对冲股票等。

第二种，通过创业或转型，直接参与资本大时代。比如，在资本市场“高速公路”旁开设“收费站”，成为“修路”的公司，沿“高速公路”办厂等。

接下来，我们继续就作为企业家、创业者、政府工作人员、择业人员等，面对这一时期，应该如何思考和行动，才能成为投资大时代的合格参与者展开分析。

企业家

如果你是一名企业家，一定要提醒自己：我们现在面临的是一个真正意义上的投资大时代，过去那个靠低端商品撑起的大时代，已经结束了。

价格战失去了它的优势，相反，有科技含量的商品会更具竞争力。

所以，要学会用投资的眼光看世界。比如，你喜欢某个品牌，你不仅能够买到它的产品，还能够买到这个品牌企业的股票，获得财富收益。这就意味着，你不仅是产品的消费者，还是股权的消费者。作为一名企业家，你不仅要维系好与用户的关系，还要维护好股东的权益。

另外，你还要充分利用好资本市场，站在投资的角度运营你的企业。

资本市场不仅可以为一家企业的创立和成长提供资金保障，还能帮助企业实现再融资，不断增强企业实力。如今，国家空前重视资本市场，希望更多资金进入资本市场，帮助企业发展，对于企业家来说，这是一个绝佳时期。

创业者

如果你是一名创业者，现在就是最好的创业时代。只要你坚持把企业做好，赢得口碑，很容易就能上市融到资金，加速企业的成长。

既然是最好的创业时代，那么哪些行业最具发展前景呢？

选择的标准很简单：处于“风口”的行业，一定是符合三个大时代（资本大时代、科技大时代和国潮大时代）方向的，尤其是沿着“资本高速公路”、“科技高速公路”和国货潮品体系展开的行业，比如券商行业、科技行业、国货品牌等。

当你进入这些领域，你会更容易成功，这就是企业家思维，它可以帮你选到好的赛道，可以让你深挖一口井，打造你的竞争壁垒。

政府工作人员

如果你是一名政府工作人员，面对一个新时代，该如何去寻找需要的抓手呢？

其实，科技是抓手，资本市场也是抓手。

过去，我们的模式可能是招商引资，从现在开始，可能要变成“招资引商”。因为，只有资本先到位，企业才能得到更好的发展，“资”有了，“商”自然会跟着一起进来。

当时代发生变化，相关监管部门的思维可能也会有所变化，会更加关注资本市场，以便资本市场助力企业更好地发展。

择业人员

如果你是一名面临择业难题的人员，或家里有要上大学、选专业的孩子，应该如何寻找未来的潜力行业呢？

你可以站在三个大时代的角度，去寻找就业方向或专业方向，选那些有前途、未来增长空间较大的赛道，去赚钱更快、更容易的地方，你才可能事半功倍。

当我们把整个投资大时代的逻辑思考清楚后，我们脑海里就会出现一张图，它可以指导我们未来 10 年、20 年甚至 30 年的投资方向，这是一幅符合时代发展的投资主线图。

对一名投资者来说，在投资中选对时间很关键，可以事半功倍；一个人的人生也一样，选对时间和赛道，成功的道路便没有那么艰难。

罗永浩的成败皆因选时

提到前面关于“成败皆因选时”的观点，就不得不提罗永浩（老罗）。

过去，大家看了老罗的一些笑话，甚至调侃他是“行业冥灯”，只要他进入哪个领域，哪个领域就会遭到厄运，很多人以他为案例，用洋洋洒洒几万字，分析他的成功与失败之处。其实，在我看来，他在能力方面有很多强项，唯一的错误就是选时。

举个例子，当年雷军进入手机行业的时候，高端手机品牌只有苹果，山寨手机随处可见。所以，雷军看准了这样一个时间窗口，做低端小米手机进入市场，这叫抓住机会。而等罗永浩决定做这件事情的时候，市场已经发生了根本变化，手机从高端到低端的整个产业链已经非常成熟，包括华为也已经崛起，这个时机就不对了。

这就是我经常讲的投资理念：一个好的投资能否取得成功，并不是看你的能力有多强，也不是看你有多少资源，而在于是否选对了时机。因为只有在对的时间做了一件对的事，你才能取得成功。

这个时机的把握非常重要，你必须具备超前的眼光，如果等到所有人都认为这是个好的商业模式，都认为市场空间特别大的时候，你再选择切入，届时你所面临的竞争对手就已经完全发生了变化。

分享一个共享单车的案例。2018 年初，曾有一位企业家对我说，他想做共享单车。我立刻制止了他，并花了几分钟的时间打消了他的这一念头。

原因很简单，这不是一个合适的时机。当时，这是一种全市场都认为可以取得成功的商业模式，市场上所有人都有可能投入资源做这件事情，如果此时介入这个行业，他将面临的，可能是全市场最厉害的竞争对手。后来，事实也证明了我的判断。

同样，当所有人都意识到了手机是个非常好的市场，同期还有很多其他公司，都把资源投入该领域，成功的可能性就会微乎其微，即使你有再大的号召力、再大的决心、再大的理想也是如此，因为时机已经过了。

这个道理同样适用于股票投资，当一个领域人人皆知、人人认同的时候，往往就是行情结束的时候。

生活中，很多投资者都会有一个错误的认识，认为只要自己能力强，就一定能成功。其实不然，做一件事情要取得成功，讲究的是天时、地利、人和，其中天时是排在第一位的。尤其是在投资领域，必须要站在时代的角度，跟着时代的步伐，否则就是逆势而行，与成功背道而驰。

在手机之后，老罗又做了好几件事，都没有成功，这跟他的能力没有关系，完全是因为时机不对。他甚至想做电子烟，后来因为政策问题被搁浅了。如果当时他真的做了，结果也是一样的。因为电子烟也是当时市场非常认同的一种商业模式，很多企业都已经介入，很难再有技术上的突破。

不过，老罗还是在最后做了一件时机相对正确的事情，就是“网红带货”，并引发了很多人的关注。

由于“网红带货”这一模式，发展的时间还很短，加上中间受新冠肺炎疫情的推动，才真正开始高速发展起来。而老罗身上仍有“第一代网红”的基因，所以，这就是在对的时间做了对的事，因此成功也就水到渠成。

选时，对于普通人来说，是取得成功的第一步，也是最关键的一步。面对一个财富大挪移的投资大时代，在这个时间点做投资，就是非常正确的选择，可以让我们的投资事半功倍。

做多中国，未来大有可为

中国制造的绝对优势

改革开放40多年来，我们国家在制造业方面形成了强大优势，背后的原因是什么？

很多人会说，是因为我们的产业非常完整，但我认为核心是中国人多。

过去所谓的“人口红利”，甚至“人才红利”，都是在这一基础上发展起来的。制造业能在中国发展起来的关键，就在于中国人的聪明、勤劳、有组织力量，否则一盘散沙是不可能赢的。

这就是独属于我们的制度优势：集中精力办大事。我们的改革开放，就是集中精力办了一件制造业的大事，取得了非常辉煌的成果。也是因为这种优势，让我们拥有了打价格战的能力，让我们的产品可以以比较低廉的价格卖到全球。

未来，社会是由科技推动发展的，科技类的电子产品会变得越来越多。包括现在的汽车，也已经逐渐变成了电子消费品。

但不管到什么时候，企业都是追求效益的，谁的成本低，谁的竞争优势就强。同等质量下，价格低的更占优势。如果未来一切都是数字化、电子化的，电子消费类的产品，只有具备了价格优势（比别人的价格低，却能赚到更多的钱），才会具备更强的竞争力。

所以，谁能用好价格这个撒手锏，谁就能开拓出更大的市场，从而拥有更好的未来。否则，只会被时代淘汰。只要中国人拥有让我们的产品具备价格竞争力的能力，这个世界就没有能与我们竞争的对手了。

价格优势 + 科技优势 + 人才红利 = 所向披靡的力量

在科技大时代，科技是未来世界的主导力量，将会有大量的科技产品替代传统意义上的产品。这会给我们的市场带来哪些影响呢?

举个例子，过去我们无法想象，一辆汽车可以像手机一样，成为一个典型的电子消费品，而如今这已经成了现实。如果继续发展下去，随着汽车硬件价格的逐渐降低，汽车的价格也会大幅回落，有价格优势的汽车就会有更强的竞争力，而这就是中国的优势。

当过去一直被世界知名品牌垄断的品牌类产品变成电子消费品的时候，它的竞争模式就会发生变化。

比如汽车的轮胎，在整个汽车的生产成本中占比较高。以前我们所熟知的轮胎品牌，几乎都是海外品牌，很少听到国产品牌。而近年来，很多中国企业生产的轮胎产品质量也很好。最关键的是，中国生产出来的轮胎，质优价廉，大大降低了生产成本。之前特斯拉使用中国生产的电池后，价格下降了一回。如果再用上中国生产的轮胎，价格可以再降一回。

其他产品的逻辑，与汽车的电池和轮胎是一样的。只要价格低，质量有保障，就非常有竞争力。

所以，只要中国始终具备打价格战的能力，叠加未来的科技大时代，使得中国制造的产品不仅质量有保障，价格还很便宜，就能所向披靡。

另外，除了具备产品优势，中国还具备人才红利。虽然人口红利没有了，但每年接受过高等教育的毕业生数量，却越来越多。我曾看到过这样一个数据：中国每年招考的研究生数量达到 110 多万。这是个多么庞大的数字啊！

当产品价格优势叠加科技优势，再叠加人才红利，便可以汇聚成一股所向披靡的力量，这就是我们中国的绝对优势，任何人都模仿不了。

做多中国：纵向看未来，横向看世界，底层看中国人

为什么现在中国生产的汽车越来越有竞争力？

因为随着时代的发展，我们所拥有的优势越来越多。

曾听一位汽车专家说，一辆德国汽车，从研发到真正上路，要历经很多年。其间会通过很多实验，不断发现问题，不断去修

正。但中国不一样，我们的迭代速度非常快，那些非安全性的问题，都可以在实践中去发现，然后迅速进行反馈改进。

所以，同样是花3年时间推出来的一款车，中国生产出来的车，可能会比德国生产出来的更加实用可靠。因为中国的汽车是经过市场验证的，而德国的汽车，给人的感觉却更像是刚从实验室里研发出来的第一代产品，二者是完全不一样的。

作为投资者，当我们思考一项业务，或者一个行业能否在中国具备优势时，要从中国最底层的优势去思考，从人性的角度去思考。当它能与底层优势相匹配，并符合人性的需求时，它就能得到比较快速的发展。

比如，我为什么看好医疗、医药，因为中国人多，这是符合中国优势的。有钱人年纪慢慢变大了，他们对健康的需求会越来越多，这是一个可以预料到的结果。

所以，看多中国，做多中国，中国的未来，大有可为。

未来，我们不仅会有价格优势，还会有质量优势，甚至会有创新优势，同时具备这三种优势的产品，就会形成品牌，走向全球。目前中国具备这些优势的产品并不多，但未来会有很多。

所以，从现在开始，我们作为投资者要学会一种能力：纵向看未来，横向看世界，底层看我们中国人，包括我们的制度、核心竞争力，然后结合时代特征、全球形式，去研究、寻找那些已经开始具备全球竞争力的中国品牌。

另外，还可以从中美竞争中去寻找，寻找那些可以突围的，或者暂时受制于人但时间一到就可能爆发的品牌。

以上这样的产品、这样的企业，就是值得我们去投资的，甚至可能就是下一只百倍甚至千倍的牛股。所以，早点发现这样的企业，提前介入，就能分享到企业成长的红利。

当我们把这些问题思考清楚了，你就会发现，投资其实可以变得很从容。

第十三章

所有的路都是“光明路”，所有的坑都是“黄金坑”

一个新时代崛起的时期，往往是财富重新分配的时期

巴菲特说，没人能靠做空自己的祖国赚钱。

我非常认同这句话，从投资的角度分析，在这句话背后，有着符合追求投资大概率成功的逻辑：

一个国家前进的方向往往代表人类进步的方向，自然也是财富增长的方向。

一个国家发展中要解决的主要矛盾中，一定蕴含着最大的财富重新分配机会。

一个国家发展中聪明钱的聚集地，一定是投资机会最多的地方。

一个国家的中长期发展预期都是不确定性中最确定的，是相对可控的。

站在历史长河的角度看，年轻的中国风华正茂；站在短期的

经济周期角度看，高速发展后的中国经济正初步走出转型的冬季；科创未来、资本市场已搭上了开往春天的列车。

未知的科技未来是年轻人掌握的和“功成名就”的老年人重新分配财富的密钥，是社会进步和人类发展的必然选择。

颠覆性的时代，任何人都不可能与趋势为敌

曾经，很多实体大佬对互联网不屑一顾，他们的财富积累得益于城镇化带来的 20 年房地产时代，内心深处对房地产时代的稳固深信不疑，对实体经济也是信心满满。然而，时代很快发生了变化。

2019 年，福布斯富豪榜王健林财富缩水 682 亿元人民币，排名滑出前十，昔日首富逐步走下神坛。从某种意义上来说，王健林的转型，是时代赋予的，也是一种被迫的选择。

2019 年，已经退休的李嘉诚在接受采访时称，世界经济还很复杂，大家要小心点，买房要量力而行，自住可以，但是炒房就千万不要了，因为波动很大。

几乎同时，王石在深圳的跨年演讲上说，市场是很公平的，你怎么投机赚的钱，它一定让你还回去。你培养的投机队伍遇到不投机的市场，就不会做了。

在大佬们看来，当房地产由增量时代进入存量时代，楼市的逻辑就变了，游戏规则也会随之改变，意味着一个“暴利时代”的终结。

20 年房地产时代弹指一挥间，在一个时代的终结之时，也是另一个时代的开启之际。上一个时代的辉煌已经过去，在新的

时代，一定会出现下一个王健林、李嘉诚、王石，但绝对不会出自房地产领域。

我们已经到了一个颠覆性的时代，任何人都不可能与趋势为敌。

董明珠是一名曾让中国掀起一场新国货品牌革命，把“让世界爱上中国造”的口号喊彻全球的“营销女皇”。雷军曾嘲笑她不懂互联网，她怒斥雷军，说互联网只是工具不是产业，表明她不看好互联网的态度。

董明珠与雷军的赌约，最终以其 2 000 亿元的营业收入赢了雷军的 1 749 亿元的营业收入。但 2019 年，小米营业收入达到 2 058 亿元，而格力的营业收入为 2 005 亿元，雷军实现了反超，这个增长速度是惊人的。雷军代表的是互联网经济，董明珠代表的是传统经济，这个反超，正是互联网经济力量的显现。

任何人，任何行业，都不可能与趋势为敌，尤其是时代的大趋势。在趋势面前，只有顺势而为，才能获得时代的恩赐。

那么，普通人如何才能抓住时代的大趋势呢？

抓住时代趋势，顺势而为

正所谓“趋势为王”，抓住了移动互联网崛起趋势的小米，如今已经成为最年轻的世界 500 强企业，每年的营业收入超过 2 000 亿元。

2009 年底，雷军辞职创业，这几乎是一个最好的创业时间点。如果早两年，大概率会成为被拍死在沙滩上的前浪；如果晚几年，当市场空间快速扩张的阶段结束，市场可能就已经被几家寡头垄断，小米只能在夹缝中求生存。这就是择时的重要性，也是洪攻略极端交易体系中特别强调的一点。选对时机，事半功倍，无论是创业还是投资，都是如此。

那么，雷军是如何做到精准地选择创业时间点的呢？

答案就在终局思维，也就是雷军所说的“要做风口上的猪”。

曾经，在那个满街都是诺基亚的时代，手机在人们眼中只不过是一个通信工具而已。然而，2007 年苹果手机的横空出世，无论是从外观还是功能来看，苹果都是一个划时代的产物。它的出现彻底刷新了人们对手机的认知，原来手机不仅是一个通信工具，还可以兼备很多功能。

虽然乔布斯在发布会上向大家展示的 iPhone（苹果手机），获得了市场的高度认可，但由于价格太高，只有很小一部分愿意尝试新事物的玩家才愿意购买。当这些人深深体验到智能手机的功能后，就会逐步变成其忠实的拥护者和传播者。越来越多的人开始尝试使用智能手机，整个行业也迎来了爆发的节点。

也就是在这个时候，雷军开始创业做手机，并且主打性价比，因为他知道，只要手机的价格足够低，就会有足够大的市场。但如果再晚一点，市场都会被别人瓜分殆尽，他再想做起来就会比较难。这也是罗永浩做锤子手机没能成功的原因，当老罗进入手机领域的时候，这个领域几乎已经被其他“玩家”覆盖了。

从 2010 年开始，智能手机迎来了换机潮，到 2013 年，智能手机的份额占到了市场的一半，而到 2014 年的时候，这一占比已经达到了 90%。

雷军之所以能够精准地选择创业时间点，正是源于他看清了手机行业的终局：手机行业将被重新洗牌，功能手机将被智能手机取代，行业新玩家也将崛起。

雷军在看清了行业未来的方向后，倒推出自己当下要做的重要决策，比如主打性价比、做好小米社区、培养忠诚的种子用户等，然后全身心投入，静待花开，享受趋势带来的红利。这就是雷军的“终局思维”，也是小米能取得如此成功的重要原因。

而这种“终局思维”，同样适合用于投资领域。我们在前面已经说过很多次，未来是资本大时代、科技大时代和国潮大时代交织的时代，资本大时代催生科技大时代，科技大时代带来国潮大时代，这是中国未来的发展方向，巨大的投资机会就蕴含其中。

只有从这三个大时代入手寻找投资主线，寻找潜在的大牛股，然后敢于下重注，最终才能享受到时代带来的红利。

比如，近年来我国的数字化转型成果在抗击新冠肺炎疫情中发挥了重要作用，数字经济将会是未来中国经济新动能的主力。同时，我国数字经济新动能的飞跃已经具备两个条件：一是我国数字化基础设施将被进一步强化，二是新冠肺炎疫情迫使全民数字化。那么，这些领域就是未来十倍甚至百倍牛股的诞生地。

其实，不仅是投资，用在人生中也一样。如果你现阶段感觉到迷茫、不知所措，那就想想 30 年甚至 50 年后的自己，认真研究那些确定性比较高的趋势，然后在心里描绘出一幅未来的蓝图，再一步步倒推，为了实现这幅蓝图，30 年后要做什么、20 年后要做什么、10 年后要做什么，进而倒推出当下要做的事。如此一来，你就不会感到迷茫，同时也能做到顺势而为，让自己受益无穷。

锁定年轻人财富转移路径，拥抱财富大爆炸

这是一个财富大爆炸的时代。然而，很多年轻人却选择“躺平”，认为当下中国内卷严重，财富已经聚集在少数人的手中，贫富差距越来越大，与其苦苦挣扎碰得头破血流，不如一开始就直接放弃。

实际上，这一想法在逻辑上存在很大的问题。因为在人类历史发展的进程中，存在一个永远不会改变的规律：社会一定会通过一些方法，把财富从富有的年长者手中，转移到年轻人手中，这就是财富的大挪移。

那么，年轻人该如何实现财富转移？最佳路径是什么？

财富重新分配的两种方法

目前，财富重新分配的方法，主要有两种：

第一种方法，世界会朝着多数人看不懂的方向发展，尤其是对于年长者来说。

比如科技的发展，常常让我们的父母一代感觉自己跟不上时代的步伐，即使是常见的智能手机，他们用起来也会觉得很麻烦，更无法理解，但另一部分人则通过手机，完成了自己的创业梦。

还有让人看不懂的互联网时代。21 世纪初，互联网刚刚兴起之时，很多人表示看不懂、不看好，而那些看懂的人，已经充

分享受到了互联网带来的红利，拿走了巨额的财富。

如果我们总结一下这些幸运儿的特点，就会发现其中最大的相同之处在于他们大多是一些年轻人。因为年轻气盛，即使看不懂，也敢全力往前冲，甚至每天泡在网上，研究互联网时代的奥秘。这在多数年长者眼中，就是不务正业。

最终，财富被从那些“务正业”的年长者手中，转移到了那些“不务正业”的年轻人手中。

科技是人类前进的动力，随着科技的快速发展，未来年长者会不可避免地落后于时代，而年轻人，恰恰就是用这样的方式，重新得到了财富的分配权。

第二种方法，当年长者青春不再，开始被健康问题所困扰时，就会需要一些行业的辅助来提高生活质量，比如医美产业、健康产业等，通过这样的方式，年轻人可以从年长者手中拿走大量财富。

人类的前进发展并不会变成死循环，年长者的财富会以各种形式转移出去，从而完成财富的转移。

因此，对于年轻人来说，财富并不会被固定在某些人的手上，而是一直在流动。世界为了保证自身的发展，已经给出了两种方法：让年长者看不懂世界，又让他们留恋这个世界，从而推动世界不断向前发展。

把时间浪费在“看不懂”的事情上

前面提到的财富重新分配的两大方法，对应的就是投资赚钱的两大方向。对于投资者来说，要么去投那些让你看不懂的科技，要么去投那些可以帮助人们提高生命质量的产业。

投看不懂的科技产业很好理解，那么什么产业可以提高生命质量呢？

举一个简单的例子，比如医美行业，一个人可以通过整容焕发新生，获得以前享受不到的关注和赞美，从这个角度来说，医美确实提高了一个人的生活质量和生命品质。

同样地，还有科技催生的人工智能、医疗健康，以及那些让你看不懂的事物，带来的就是一个财富大挪移的时代。面对这样的时代，我们要做的，就是选一个好赛道，提前占据有利位置，这样才有可能重新分配到更多的财富。

在这里说句题外话，如果你已经有了自己的孩子，当孩子对一些你看不懂的事情表现出兴趣时，可以给予一定的支持，而不是在第一时间就表示反对。

我对自己的孩子也是一样，因为知道他的本性是好的，所以会“放任”他做一些事情，甚至让他犯一些“错误”，鼓励他多去探索未知的东西，最好是做一些很多人都看不懂的事，而不是把时间浪费在那些我们大家早都知道，并且都能做好的事情上。

赢家姿态

如何才能从股市中赚到钱？

我曾经说过一个很简单的投资原则：如果你做人不错，做投资也不会太差。

进一步说，如果你是个乐观主义者，从长期的角度来看，在A股市场你能赚到更多的钱；如果你是个悲观主义者，总想规避风险，那你在股市中是赚不到什么钱的。因为股市并不是零和游戏，而是要赚社会发展的钱，社会发展又是由企业发展推动的。

想要在股市中分享到利益，自然要参与其中。过去20年房地产市场走得非常好，但前提是你参与进去了，才能分享到利润。股市也一样，那么如何才能参与社会的发展、企业的发展，赚到企业成长的钱呢？

在A股市场，有三种赚钱的方法：

第一种，赚企业成长的钱。选到牛股、选到好股票，然后长期持有，也就是价值投资。

第二种，赚别人的钱。A股市场有个特点，经常暴涨暴跌，只有遇到更极端的行情，才能赚到别人的钱、赚到“折线的钱”[①]。

第三种，赚央行的钱。货币会贬值，但当你把货币变成股权，变成房子后，不仅可以防通胀，还可以赚到更多的钱。

当然，要想赚到股市的钱，还有一点非常重要，就是要站得高、看得远。

投资者要学会站在更高的角度，看得更远一点，看看有没有系统性风险，看看后面的市场风险究竟有多大，看看风险点究竟在哪里……如果只看短期的行情，一惊一乍，可能就会错过一个能改变自己命运的机会。

所以，作为投资者，我们每天要思考的问题，就是这种钱目

---

① 折线的钱：上市公司股价上涨过程中会因为种种因素形成波浪形的曲线，结合极端交易原理，找到波浪曲线中极端上涨的高点和极端下跌的低点，分别做卖出和买入交易。从而在持有该公司股票的过程中，使总收益高于阶段涨幅。

前处于什么阶段，哪一种钱更好赚，哪一种钱赚不了；思考清楚要选择在某个阶段、某个周期或时期，能赚到什么钱……这些都是很重要的。

如果你关注每年的基金排行榜，很容易就会发现一个问题：很多当年评选出来的冠军基金，几年后可能都无法进入排行榜。原因很简单，A 股市场会受峰终定律限制，很多板块今年走得好，明年不一定好，江山轮流坐是很正常的一件事。那么，市场变幻莫测，如何才能抓住其中的机会呢？

挖掘消息中蕴含的投资机会

想要抓住市场中的机会，我这里有一个好用的方法：挖掘消息中蕴含的投资机会。

基本上每一个做投资的人都有看新闻的习惯，但有些人是当热闹看，看了就过了；有些人是用投资的思维来看，去分析这些消息背后的投资逻辑，两者的收获肯定会大不相同。

比如近两年开始炒作的“网红带货”概念，实际上网红带货很早就兴起了，只是相关的股票到后面才开始被炒作起来，而且炒了很久。如果你对这个现象并不是简单停留在看热闹的阶段，就有可能抓住特别好的投资机会。

所以，我们在平常的生活中，要学会透过现象看本质。

先看新闻、看社会现象，再去琢磨、总结、推导，然后挖掘出消息中蕴含的投资机会，这是一种非常好的投资思维。有了这种思维之后，再结合 A 股市场的炒作路径，就可以做到先人一步。

好心态是防止被“割韭菜”的护身符

2020年大事太多，政府太忙，反而为“游资”提供了“割韭菜”的好机会，全球嗜血资本本性表露无余，都在忙着“割韭菜”：原油采用极端下跌“割韭菜”；黄金采用极端上涨“割韭菜”；股市中，科技、消费、医药板块也在“割韭菜”……

做投资，谁都不想成为被“割”的“韭菜”，都希望能抓住改变命运的大机会，最好是那种绝对赚钱的机会，但幸福从来都是相对的。

你的持仓股票涨了5%，你不开心，因为你持仓的股票板块涨了7%，而且很多都涨停了；你的持仓股票跌了2%，你很开心，因为你持仓的股票板块跌了6%，而且很多股票都跌停了。

这就是人性，而股市却是反人性的。只有当你忘记仓位，忘记成本，根据季节来操作时，才可能抓住真正属于自己的那个机会。否则，在大多数行情下可能只是当个陪跑，顶多赚个辛苦费。

人生是一场没有终点的投资，无论是遇到百年一遇的疫情，还是遇到美国重手压制我国科技发展，或是A股市场的残忍围猎……投资都要继续，人生也要继续。站在历史的长河看，我们有幸遇到了历史上一次比较大的“黄金坑”，不幸的是我们不知道要付出怎样的心力、经历怎样的考验，才能从这个“黄金坑”中爬出去。

但不管怎么样，都不要做倒金字塔投资，不要猜底猜顶，不要高抛低吸，不要卖掉赚钱的股票，却拿着亏损的股票。

记住，投资本来就不是件容易的事，股市也从来都不好做。

决定最终成败的，永远都是心态。要相信，没有过不了的坎，人生其实很长，一切皆有可能。播下好心态的种子，待时机成熟，它会发芽成长，然后在不经意间给你惊喜，让你感动。

如何用对冲思维化解风险，转被动为主动？

“对冲”是一个金融学术语，指特意降低另一项投资风险的投资。它是一种在降低商业风险的同时，仍能保证投资获利的手法。一般对冲的操作方法，是同时进行两笔行情相关、方向相反、数量相当、盈亏相抵的交易。

而股市中的对冲逻辑，就是我们最担心的事和可能发生的危机，都可以通过购买相应的股票去化解。如 2020 年新冠肺炎疫情暴发后，可以通过投资防疫物资类的上市公司对冲风险；2021 年全球面对通货膨胀预期，可以通过购买那些会因通胀而受益的股票对冲风险。

强对冲思维的成功应用

很多投资者经常犯一个错误，即在风险刚来的时候只顾着看热闹，等风险到了眼前，又把自己吓个半死，最后什么都做不了，什么都不敢做，让大好的机会白白溜走。要改变这种情况，就必须要建立一种强对冲思维。

① 2020 年的“神来之笔”——强对冲

在 2020 年新冠肺炎疫情发生之后的一段时间，有些股票走势非常不错，如防疫物资。为什么这些股票走势好，我们又是如何抓住这些机会的呢？

我在 2020 年度的策略中，曾提出过一个非常关键的词——“强对冲”。在制定策略时，疫情尚没有任何迹象，我提出这一策略的原因，主要考虑的是在中美博弈下，地缘政治的不确定性，强调的是黄金、军工和进口替代三大方向。也正是出于对风险的预期，所以制定的年度整体策略是风险对冲后的激进型 H333 月滚动，即慢一拍的 H333 月滚动。而事后从主板和创业板的走势来看，几乎是涨一个月跌一个月，此时采用月滚动的方式是非常舒服的。

这不仅是一种对冲风险的方式，更是一个选股的思路。

在对冲前加了一个“强”字，意味着对冲持仓必须能完全覆盖其他持仓的风险，甚至成为阶段性盈利的主要手段。如果不能完全覆盖，那就是弱对冲，而不能称为强对冲。强对冲就意味着一旦出现风险，我们的对冲持仓就会逆势上涨，进而完全抵消其他仓位的下跌风险。

具体应该如何操作呢？我们来看一个例子。

2020 年新冠肺炎疫情出现，我们首先要把各种可能出现的风险排列出来，然后把对应的能够逆势上涨的股票一一选出来。

疫情之后会出现什么风险呢？市场最担忧的是疫情会不会更严重？会不会扩散？会不会更持久？当时的判断是“会”，于是，我们便持仓了一些防疫物资类股票，后来风险蔓延时，这类股的股价如期上涨，从而对冲了防疫情所带来的风险。

同样的思维，我们继续思考：疫情扩散之后，还会不会出现其他的风险呢？比如抢购风险，粮食会不会出现短缺等。为了应对这个风险，有些人储备了粮食，有些人买入相应的股票。

这就是强对冲的选股逻辑，这一逻辑对于2020年来讲非常重要，因为疫情之战已经超出了疫情本身，市场开始思考可能由疫情引发的其他更长远的风险。因此，在一定的阶段，选择相对应的股票作为强对冲的标的，是非常明智的选择。

② 乘风破浪，稳坐钓鱼船

如今，2020年已经过去，今后又该如何应用对冲思维呢？

第一个对冲思维：担心货币政策退出会对一些产业产生比较大的影响。

顺着这个思路，我们继续思考：货币政策一般会在什么样的情况下退出，从而影响我们的投资决策呢？

一般来说，经济走势越好、反弹越快，或经济报复性增长速度越快，货币政策退出的可能性就越大。按照这个逻辑，顺周期会走强，所以2021年第一季度顺周期走势比较强。另外要思考的是，一旦货币政策真的退出，企业相对利润会提升。这就是一些以通胀为主线，对可以抗通胀的企业，或会因通胀而受益的产业应该重点关注。

第二个对冲思维：市场对中美之间博弈的担忧变得越发严重。

比如，如果拜登联合欧洲各个国家对我们进行打压，可能会出现一些地缘政治方面的风险。此时，从对冲策略的角度选择一些军工类的股票进行投资，就是比较好的思维。

第三个对冲思维：受疫情影响，全球印了很多钱，货币贬值的预期，让更多的资金流入币市和期货市场，以此来对冲风险，造成比特币和大宗商品价格上涨，国家也会因此打压炒作行为。

第四个对冲思维：美国越是对中国进行打压，我们的内循环就越是重要，这有助于民族自信和团结，从而为国货提供一个良好的发展空间，这也是一个比较好的机会。

过去，我们选股会从行业发展、公司成长的角度去考虑，而反过来面对风险时，则倾向于规避掉相关股票。但现在特意提出对冲策略，是站在主动交易的角度来思考这个问题的，把风险作为选股的依据。

正所谓“危中见机”，在大家都在讨论还有什么风险的时候，我们要预估风险发生的可能性有多大。市场越害怕这个风险，风险受益类股票就越可能会被炒作，这时我们提前做一些布局，就显得很有必要。当然，在布局的过程中要采用洪攻略的方式，也要看那些股票所处的季节。

总体来说，强对冲是一种特别好的选股及投资方式，我特意提出来，主要是因为未来风险很多，这也就意味着机会很多，我们不要只顾着看热闹，或者风险来了只顾逃避。要知道，在担心风险的时候，如果你什么都不做，什么都不敢做，就会错过机会。

通胀并不可怕，通胀恐慌才可怕

为了加速经济复苏，自 2020 年 3 月以来，美国已累计放水 6 万亿美元。美元超发，加大了美国的通胀压力。美国劳工部网站的最新数据显示，2021 年美国 5 月 CPI（居民消费价格指数）同比大涨 5%，增速创 2008 年 8 月以来最高；核心 CPI 达 3.8%，增速创 1992 年以来新高。相比之下，国家统计局在 2021 年 6 月发布数据，中国 5 月 CPI 同比上涨仅为 1.3%，PPI（生产者物价指数）同比上涨 9%，创近 13 年以来新高。

面对通胀压力，美国的消费似乎依旧旺盛，美联储也并不着急。很多投资者对通胀的担忧愈演愈烈，甚至出现了“通胀无牛市”的观点。事实果真如此吗？通胀究竟会对社会产生什么影响？普通投资者应该如何做，才能对冲风险呢？

① 可怕的通胀恐慌

通胀并不可怕，可怕的是通胀恐慌。

市场恐慌的出发点是对货币政策的预期，担心货币政策收紧，导致市场资金量减少。这就需要我们从问题的源头出发，搞清楚通胀背后的真实逻辑。

首先，国外“直升机撒钱”导致通胀，我国没放水为何会出现通胀？

美国通货膨胀产生的原因很明显，就是疫情防控期间，美联储“直升机撒钱”导致的 CPI 通胀。

而我国作为一个资源进口国，石油、铁矿石等各种资源主要依赖进口。前段时间大宗商品价格上涨，我国虽出台了各种打压政策，阶段性地把价格压制住了，但大宗商品涨价带来的 PPI 通胀（输入型通胀），依然不可避免。

在中国，主要有三种性质的通胀：

第一种，资源价格上涨带来的平民化通胀，对中低收入群体影响最大。

第二种，股市上涨带来的通胀，对中产阶级影响最大。

第三种，豪宅价格上涨，将豪宅的价格作为通胀指标，如果豪宅价格涨得比较多，相当于是高收入人群出现了通胀。

目前国内出现的就是第一种通胀，只是CPI和PPI并不同步，似乎让普通人感觉不到通胀。等2021年下半年猪肉价格企稳后，CPI和PPI慢慢趋于同步，CPI通胀的压力便会显现出来。

其次，面对通胀，中美的态度和对策有何不同？

面对通胀，国内和国外的态度及应对政策也大不相同。

对于国外来说，其通胀是放水带来的，只要发钱政策退出，老百姓手里没有多余的钱，消费能力就会下降，通胀问题就会随之解决。这也是美国政府认为不会有持续性通胀的原因。

对于国内来说，国家一直强调政策不会急转弯，稳定货币是第一位，所以国内货币政策收紧的概率会比较小。

既然如此，我们就要思考：市场是否有足够的资金池，来吸收疫情防控期间多出来的钱，从而慢慢消除通胀风险呢？

其实，这个资金池，未必会在原材料或工业品上有所体现，很有可能流入股市，甚至投入科技建设中，如果可以用科技的泡沫来消化这些钱，即可助推中国梦的实现。

但无论如何，通胀是真实存在的，当通胀超出市场预期的时候，就会出现恐慌。所以我们接下来要关心的重点就变成了：通胀会不会出现超预期，也就是会不会出现恶性通货膨胀呢？

② 是否会发生恶性通货膨胀？决定因素是什么？

所谓“恶性通货膨胀”，指的是物价急速上涨，每月通货膨胀 50% 及以上。

历史上，最严重的恶性通货膨胀发生在二战后，当时旧中国、希腊和匈牙利货币尤其混乱，其中，匈牙利连续一年每月通货膨胀率高达 19 800%。由此产生的影响也非常恶劣，不仅严重影响了人民收入和生活水平，还打乱了进出口秩序和金融秩序，降低了国家竞争力，影响了国家声誉。

那么，中国这次会不会发生恶性通货膨胀呢？

先说结论：中国是制造业大国，除非是资源价格上涨带来的通胀，导致工业品涨价，进而推动终端产品的通胀，否则不会出现全面的通胀。

接下来，我们再来分析一下原因：

首先，对于资源价格上涨带来的通胀问题，我国在短期内可以把原材料价格压下来，如果长期无法压制的话，美国会不会利用原材料对我国进行打压呢？

第一，如果美国借此打压我国，不断提高资源产品的价格，反而会让俄罗斯这类资源类国家受益。

第二，如果是简单的资源产品价格上涨，一定会推动工业品甚至商品价格的上涨，从而抑制全球需求，阻碍其他国家的经济复苏。这是一种损人不利己的行为，美国要大搞基建，自己却主动提高原材料价格，将极大地增加预算成本，这对美国来说也是不划算的。

第三，目前，我国对原材料的价格已经有了足够的控制权，有能力把原材料的价格控制在一定的范围内。市场有了这个共识之后，便不会胡乱炒作商品期货价格。

所以，我们基本不用担心资源价格上涨带来的通胀问题。

其次，接下来是否会出现恶性通货膨胀，关键看两点：

第一，需求是否旺盛？如果需求很旺盛，有可能生产不过来。

第二，生产力足不足？在中国，不可能存在生产力不足的情况，我国的生产力一直都是过剩的。

当然，我国也出现过供给端导致的通胀，但那是因为供给侧结构性改革政策的实施，限制了生产能力。

如果在当下社会发生了恶性通货膨胀，只可能出现两种情况：第一种情况，供给端完全没有了，如今世界运转需要的关键要素，如粮食、能源都完全被卡住；第二种情况，货币无序超发，超发之后再超发。

从目前来看，这两种情况出现的可能性都非常小，所以基本不存在发生恶性通货膨胀的可能性。

再次，科技的发展，改变了传统物价上涨的传导路径。

我曾讲过一个观点，科技的高速发展，确实改变了传统意义上物价上涨的传导路径。人类越发展，无形的价值就越高，这与资源无关。

比如一部手机，所有与金属相关的东西，在手机中的占比价值可能是 5%，即 5 000 元的手机中只有 250 元是和金属相关的。而把铁矿石变成手机能使用的材料，本身就有一个很大的传导机制。铁矿石可能只占 250 元中的 10%，也就是说在一部手机中只用了 25 元的铁矿石，但加上加工费等费用，最后就变成了 250 元。

所以，原材料价格上涨，手机中使用的材料价值也不可能翻倍涨价。即使因为铁矿石价格上涨，让原材料的价格增加了 50 元，这 50 元相对 5 000 元来说，消费者几乎是感受不到的。

最后，经济全球化增强了全世界抗通胀的能力。

随着社会的发展，出现了越来越多的高科技产品，人的服务价值也越来越高，让全社会的抗通胀能力大大提升。而全球化之后，全球的抗通胀能力也会更强。

因为中国有屈指可数的全球供应链，这一点在中国成功抗击新冠肺炎疫情的过程中已经得到了充分的凸显。因为中国具备消化通胀的能力，当中国把产品卖到其他国家后，就间接地让其他国家也拥有了抗通胀的能力。

总体来说，全球化本身就是一种抵抗通胀的方式。从这个角度来说，出现像石油危机那种极端情况的可能性是极小的，不必过于恐慌。

③ 通胀无牛市？投资者该如何对冲风险？

市场上有这样一种观点，认为通胀无牛市，果真如此吗？

我认为这是存在疑问的，关键是看通胀的温和度。

比如 1993—1994 年的股市，1993 年 CPI 同比增幅为 14.7%，1994 年则为 24%，1993 年 7 月至 1994 年 3 月中旬，上证综指一直在 800 点上方徘徊。之后指数跌破 800 点，出现了快速下跌，至 7 月中旬，跌到 325 点，跌幅达 60%。

再比如 2007 年的股市，我国的通货膨胀早在上证指数 3 000 点左右的时候就显现了，2007 年 5 月 CPI 增速开始超过 3%，8 月攀升至 6%，但指数一路涨到了 10 月的 6 000 点，而且从年初就开始加息，加了五六次，最终在全球金融危机的影响下，股市上涨的脚步才停了下来。

所以，通胀和股市有时候是正向的，有时候是反向的，有时候甚至是无关的。我们也不能简单地得出“通胀无牛市”的结论。

那么，普通投资者该如何应对通胀呢？

既然通胀是市场共识，只是程度问题，那么合理范围内的通胀，大家都可以忍受。

所以，货币政策未必会发生转向，但我们可以通过所选的股票对冲风险。具体该如何选股呢？主要选以下两类股票：

第一类，是因为通货膨胀而受益的股票。首先是资源价格涨价，控制着上游资源的人最先受益；其次是能顺着产业链顺利传导下去的企业受益。

第二类，是在通货膨胀出现时，具有提价能力的企业。企业可以把原材料价格的上涨，转嫁到自家产品上，从而对冲通胀风险。

第十四章

如何不出错？必须拥有真实力

通过基金拥抱大时代

如果用一个最恰当的形容词来概括2020年的投资体验，那就是：极端。

在这一年，百年一遇的疫情、外部环境的极度施压、股市的极端波动……让很多投资者深切体会了什么是“决胜未来”的转折之年。

在百年未有之大变局下，我们迎来了下一个10年的黄金机遇。这个机遇就在中国的资本市场，未来10年是难得的权益类资产投资大时代。

对于投资者来说，投资最直接的目的，就是希望抓住大概率成功的投资机会，获得资产的保值增值。那么，如何在这一阶段，将我们前面总结出来的思考成果，用实力转化成实际的投资收益，将是每一位投资者需要关注的重点。

2020年，公募基金市场的加速扩容并非偶然，而是政策、市场共振的结果，这也将推动公募基金市场的持续增长。普通投资者想要踏上这趟列车，抓住大时代带来的红利，最好的方法就是通过基金拥抱大时代。

深究 2020 年基金大爆发的原因

1998 年 3 月，随着两只封闭式基金宣告成立，中国公募基金发展的序幕正式拉开。不过，一直到 2017 年，整个行业才进入快速发展期。

2019—2020 年，A 股市场呈现出显著的结构性行情，其中，公募基金业绩表现亮眼。在良好的“赚钱效应”下，基金备受追捧。据腾讯新闻发布于 2021 年 1 月的《基金代销行业深度报告：大时代开启，新兴渠道崛起》所述，2020 年新发基金规模突破 3 万亿元，公募资产管理总规模突破 18 万亿元，均创下历史新高。

但问题是，2020 年突如其来的新冠肺炎疫情，让全球经济的不确定性攀升，我国的资本市场也遭遇着巨大的挑战，基金业为何能在这样的背景下实现大发展呢？

①基金的爆发式增长，离不开市场环境的巨大变化，得益于我国经济转型发展的历史行程。

近年来，监管层大力倡导发展权益类基金，引导中长期资金入市，为权益类基金大发展营造了很好的制度环境。

监管层持续推动、放宽各类中长期资金入市的比例和范围，鼓励和支持社保、保险、养老金、公募基金等中长期资金入市，有助于促进市场的理性繁荣，也让社保资金和保险资金逐步成为市场的压舱石。

同时，推动公募行业发展的政策，优化公募牌照制度，放宽“一参一控”限制；强化基金销售要求，划定尾随佣金上限，重塑基金销售格局；推进基金投资顾问试点，改善投资者投资体验；加大基金品种创新力度，完善公募 REITs（不动产投资信托基金）规则体系；等等。不仅让公募基金成为资管理财的标杆，也助力公募基金行稳致远。

②随着“房住不炒”的常态化，人们不再将房地产投资作为资产配置的核心首选，而会慢慢转向金融资产，为资本市场带来巨量的增量资金。

③实施注册制、强化上市公司信息披露制度、抑制概念股炒作、强化退市制度等一系列举措，让过去流行的“炒小”“炒新”“炒消息”等不良行为，被主流市场所抛弃。价值投资成为更为主流的投资策略，深入研究成为长期的制胜之道。

④互联互通机制加速实现 A 股市场同国际市场接轨，机构的话语权逐步提升。与此同时，也增加了普通投资者的投资难度，个人投资者更愿意借助资管产品入市分享股市红利。

⑤资管新规打破刚兑，随着资管新规及配套规则陆续发布，原有的高收益率理财产品供给持续压缩，部分资金需要用高收益资产进行替代，股票市场和权益基金成为较好的承接品种。而在基金注册制改革下，权益类产品发行提速，叠加资本市场改革和权益类基金收益率持续上行，居民资产加速向净值型产品转移。

另外，经过多年的积淀，公募基金的专业化投资价值凸显，基金长期业绩优秀，一批基金经理的投研水平历经市场牛熊考验，获得了超额回报。尤其是目前的财富市场进入了一个“机构持牌，人员持证”的规范经营时代，行业越发规范化、专业化，投资者也越发愿意把资金交给机构。

普通投资者拥抱基金大时代的正确姿势

2020年无疑是权益类基金大时代的开端，未来公募基金的发展空间还相当广阔。

中国证券投资基金业协会最新数据显示，截至2020年11月底，公募基金管理总规模达到18.75万亿元，比2019年底增长约4万亿元。新发基金的数量、规模不断创下历史新高。

与欧美、日、韩等发达国家和地区相比，截至2020年底，我国机构投资者占比尚不足15%。中国资管行业总规模超过120万亿元，但是公募基金仅有不到19万亿元，其中最能体现公募基金主动管理能力的权益基金，规模仅在6万亿元左右。①

随着资本市场法制化、市场化、国际化步伐的加快，中国资本市场进入了一个新的历史发展阶段。而资本市场的大发展，必然推动基金行业的大发展。基金种类、规模将实现历史性的跨越，中国基金业正迎来发展的黄金时代。

那么，如何参与基金大时代呢？响应国家的号召就对了。

第一，配置权益类资产。

第二，坚持长期投资。

第三，通过专业机构进行投资。

2020年排名靠前的基金，都是因为抱团抓住了科技大时代的主线。

---

① 引自 http://www.zqrb.cn/fund/jijindongtai/2020-12-23/A1608674857894.html。

通过分析基金在2020年的表现，我们不难发现，优秀的基金业绩大致可以归因于两个方面。一是投资于业绩增长确定的优质企业；二是赛道投资，在流动性宽松、新冠肺炎疫情冲击的背景下，受益于疫情的医疗、科技、消费、先进制造等赛道，以及资金的持续青睐，这两者构成了2020年基金超额收益的主要来源。

而对于细分赛道的选择、优质企业的识别，是区分优秀基金管理人管理能力的重要角度。

如果把基金投资比喻成骑马射箭，基金经理就好比马上的射手，在快速奔跑的赛道上，射手的打靶能力（选股能力）要非常强，当遇到自己心仪的猎物（股票）时就要敢于下手，同时能够精准击中，将其收入囊中，这需要多年认知经验的积累以及对行业深度的研究。

投资基金就是要找到优秀的射手，而基于管理人优选的投资顾问就好比伯乐。投资顾问帮助理清猎手获得猎物的过程，识别能持续带来猎物的猎手，并将优秀的猎手编成一个团队，进行动态管理、汰弱留强，最终在比赛中胜出。

最后，还要注意控制风险，切莫过度集中持仓；做好资金归类，明确心中的投资目标；避免择时投资，采取定投更加安心；不知如何去选，那就把专业的事情交给专业人士来做。

赢家必备：极端交易

做投资者教育，经常被人问起：股市投资者最应该上的一堂课是什么？

是风险课，理论基础课，技术分析课，价值投资课，选股课，还是心态课？

我认为以上都不是，最应该上的一堂课是：了解股市投资的本质，也就是了解股市运行的核心原理。就像科学原理能解释自然现象一样，这个核心原理是可以解释目前A股市场出现的普遍现象的，比如：解释为什么散户总被“割韭菜”，为什么会抱团，抱团为什么会被瓦解，主题为什么会被炒作，为什么总出现连板炒作的股票等。

目前，投资市场讲技术、讲应用的内容有很多，讲核心原理（投资本质）的很少，成系统、成体系讲的几乎没有，这也是我写这部分内容的初衷。

顿悟股市投资本质（核心原理）

20多年的股市投资经历，让我确信：只有真正明白了股市投资的本质，才能明白努力的方向，明白该如何提高自己，从而找到提高自己在股市投资成功率的最优路径，最终成为一名成功的投资者。

我很年轻时就进入了股市，走过很多弯路，直到开始思考股市投资的本质时才大彻大悟，投资能力突飞猛进。

当初，我和大多数人一样，懵懵懂懂进入股市，认为股市投资很简单，不过就是低了买、高了卖。开始的时候是看新闻、听消息炒股票，发现不赚钱才开始恶补相关知识，学各种炒股技巧，但几乎把有关股市投资的知识学了个遍，水平依然没有明显提升，资金账户一直赚赚赔赔，很不稳定。

在这个过程中，我一度失去自信，认为自己不适合投资股市，直到进入期货行业工作，期货的零和博弈属性给我提供了一个新的思考股市投资的角度：股市投资赚的是什么钱？

当开始思考这个问题时，我非常兴奋。因为我知道，只要明白了赚的是什么钱，就能找到最佳的赚钱方法和路径。过去，我只是看到巴菲特、索罗斯赚了钱，认为学习他们就能赚到钱，根本不关心自己赚的是什么钱，自己能赚什么钱，现在回想起来，当时的自己真是傻得可爱。

从思考“股市投资赚的是什么钱”出发，歪打正着让我顿悟了股市投资的本质，下面复原一下我当时的顿悟历程，供大家参考。

顿悟 A 股市场投资的心路历程

我的思考分为三个阶段，我也问了自己三个问题：

第一个问题：股市投资有哪些钱可以赚？

第二个问题：赚每一种钱需要具备哪些条件和能力？

第三个问题：我想赚，或者我能赚哪种钱？

最后，根据这三个问题的答案，确定提高自己赚钱能力的路径及采取的投资方法。

股市投资有三种钱可以赚：

①企业成长的钱（投资：价值牧场）。

②其他投资者的钱（投机：趋势围猎）。

③央行放水的钱（政策红利）。

赚企业成长的钱是我从书本上知道的，但这在当时并没有引起我的重视。因为我当时在宁波，身边看到的都是“大户”及“涨停板敢死队”取得的成功，认为资金优势是投资的关键。直到在证券公司研究所任职时，才算是对“研究创造价值”有了新的认识，发现“业绩”其实是个非常好的炒作“题材”，价值投资也是个好故事。于是我开始结合“涨停板敢死队”的成功模式，重点思考趋势投资，研究如何赚其他投资者的钱。

赚央行放水的钱也是我在书本中知道的，当时我在研究美元和黄金脱钩，意识到纸币是无限的，纸币的特征决定央行放水是常态，只是规模大小的差别，水涨船高，货币多股市涨。再有，发展中的中国，政策红利多多，“炒股跟党走，赚钱别嫌少”。

当把可以赚的这三种钱串起来思考时，就出现了令人兴奋的结论：股市不是零和游戏，是值得参与的市场，唯一要防的就是不要被别人“割韭菜”。要想获取超额收益，就要让自己具有“割韭菜”的能力（这话不好听，但必须接受这个事实，后面讲的最重要的顿悟与这一点关系密切）。

常规思考要赚企业成长的钱，站在时代风口，坚守价值投资，长期坚持可以获取超额收益（时间复利）。但必须承认“一家好企业，常常会成为赚其他投资者钱的工具”，这一点，价值投资者更应该想清楚。

这里有一个目前几乎尽人皆知的观点：A 股市场散户思维的

投资者众多，资金量巨大，赚他们的钱比赚企业成长的钱更容易，也更诱人。

但想清楚并承认这句话背后的原理，才是关键，才能真正顿悟 A 股市场。

下面的推理思考很重要：

要赚其他投资者的钱，靠的是心态，在他人恐惧时贪婪，在他人贪婪时恐惧就好了。（说起来容易，但如何才能做到呢？这是必须解决的问题，后面将详细说明。）

现实是，A 股市场振幅巨大，常常走出极端走势。

背后的逻辑是：极端走势才能摧毁人的心态，让人恐惧和贪婪。

股市投资分为赢家和输家，我们把在一轮行情中赚了大钱的称为赢家，亏钱的称为输家。赢家做到了高抛低吸，“割”他人的“韭菜”，输家客观上追涨杀跌被围猎。

显然，赢家赚取了超额收益。

要想赚取超额收益，股市投资必须站在赢家一边，避免输家思维和输家行为。

输家输在恐惧和贪婪，什么时候输家会恐惧、会贪婪？当公司业绩或行情走势超出了他的想象，即超预期，也就是出现极端情况时，输家就会慌乱、犯错。

同时，赢家要做到在高位把筹码派发出去给输家，在低位让输家心甘情愿把筹码交回来，也必须让股价走势超出输家预期，即必须让股票走出极端走势，比如连板走势、几倍走势、跌幅巨大等。赢家怎么才能做到这一点呢？最省力的方法是抓住“牵牛绳”，榜样的力量是无穷的，也就是通过城门立木，让行情变得相对可控，从而提高成功率。

如此推想，我们可以总结出股市投资的本质：股市长盛不衰的吸引力源于股市投资中存在超额收益，而超额收益源于行情超预期，即行情出现极端走势，极端走势会摧毁投资者心态，让投资者贪婪和恐惧，并在贪婪和恐惧中进行筹码的交换（交易），大量输家的存在成就了赢家的超额收益，而抓住了“牵牛绳”敢于进行极端交易的一方，大概率会成为获得超额收益的最大赢家。

无论是看白酒、电动车、芯片、碳中和等板块行情的运行过程，还是看参与这些板块的赢家作为，无不验证这是股市投资的本质。

获取超额收益的关键

明白了股市投资的本质，我们再来看看获取超额收益、成为赢家的关键在哪里。

关键一：要进行极端交易；关键二：能抓住城门立木的“牵牛绳”。

普通投资者能做到这两点吗？难！

自问，普通投资者有没有判断极端的能力？有没有发现城门立木的能力？有没有敢于做极端交易的胆识？似乎都没有！

洪攻略极端交易体系是帮助普通投资者把“没有”变成“有”的一套完整的解决方案。

首先，投资者必须抓住股市投资的主要矛盾——极端交易，远离平庸，只做极端的行情（龙头板块）、极端的股票（龙头股、痛无可痛的股票）、极端时才交易（极端涨后才卖出，极端跌后才买入，在价格极端偏离价值后才交易）。

普通投资者能力不够，没关系，可以通过“跟随聪明的钱”来弥补。

“聪明的钱”是抓主要矛盾的高手，是判断极端的高手，是选股的高手，是做交易的高手。“聪明的钱”最厉害的是操作城门立木，城门立木是“聪明的钱”必须使用的决胜法宝（贵州茅台是消费股的城门立木、特斯拉是电动车的城门立木、比特币是数字货币的城门立木……），通过观察城门立木基本可以洞察“聪明的钱”的动向。

我经常强调，做出极端判断其实并不难，如果小极端判断不出来，不交易就好了，只做容易判断的大极端。

另外，预期可控，是敬畏市场的风控意识。极端交易最考验胆识，而胆识来自好心态，所以，呵护好心态是成功执行极端交易的关键。有了好心态，市场制造极端，你却能享受极端……市场极端越多，你做极端交易的机会越多……想一想是不是很兴奋！

为了提高极端交易的成功率，我们还需要结合自己的能力和喜好去选择赚哪一种钱，整体策略是极端交易，但需要根据时间周期不同，观察点不同，参与的资金性质不同，板块及股票运行周期不同而采取不同的策略。

其次，投资者必须坚持这样几个原则。

一是思维原则。抓主要矛盾，跟随“聪明的钱”，做预期可控的投资。

二是选股原则。只做三类股：龙头板块龙头股、痛无可痛的股票、自己熟悉的股票。

三是选时原则。极端交易：大极端大交易，小极端小交易，不极端不交易。

四是仓位管理原则。仓位大小以呵护好心态为第一目标。

五是交易原则。摆脱峰终定律控制，不猜顶、不猜底，远离平庸的行情，远离平庸的股票。拿回交易的主动权，耐得住寂寞，经得起震荡，跟得住趋势，砍得了亏仓。

极端交易让价值投资如虎添翼！价值投资是这样“割韭菜”的

做价值投资的人，经常会讲这句话——做时间的朋友。如果把这句话换成，做季节的朋友，估计价值投资者是不会认同的。

从本质上来看，“做季节的朋友”和“做时间的朋友”是完全相反的概念。前者重视选时，后者是让你不要选时，二者的差别是比较大的。但如果用整个洪攻略极端交易体系，我却有信心可以说服价值投资者，为什么？

做价值投资，总希望买到“韭菜收割机”

我在“赢家必备：极端交易”中说过，股市投资，最重要的是思考股市投资赚的是什么钱，只要明白了赚的是什么钱，就能找到最佳的赚钱方法和路径。

如果是想赚企业成长的钱，就做时间的朋友，但这种方法在A股市场成功的概率并不高。因为你首先要找到优质的企业，但这里有个问题：那些排名靠前的企业，每10年就会发生一次大的变化，10年前很牛的企业，现在可能都被新企业替代了。三十年河东三十年河西，世事变化无常，更何况是一家企业呢？

所以，对于“做时间的朋友”这句话，要先考虑时间的长短，究竟要和时间做多久的朋友？

要回答这个问题，我们可以换个角度来思考。因为所有的东西都会受人性影响，市场上肯定会有人利用这一点来赚钱。这不是说要投机取巧，而是因为市场上有这个钱可以赚。作为价值投资者，如果你的定力好，资金实力雄厚，投资思维好，又能选到好的企业，比别人更有把握赚到钱，那么现在摆在你面前的就是，要不要赚这个钱？赚了就是伪价值投资，不赚就是违背人性，该如何选？

既然如此，我们就尊重自然规律、尊重四季轮回、尊重物极必反。价值投资，解决的可能是真正的“做时间的朋友”问题，而极端交易解决的是人性层面的问题。

我之前和一些机构深入讨论过价值投资的话题。作为价值投资者，总是站在道德的层面，表明自己“不割韭菜”的立场，却期望自己买的那家企业是“韭菜收割机”。

你有没有想过，一个伟大的企业，在成长过程中要消灭多少企业，才能最终胜出？

答案是“不计其数”。从这个角度来说，投资本质上都是在“割韭菜”，无非是否为亲自动手。灭掉那些正在成长的企业，最终成为行业的垄断者，塑造企业的护城河。而什么是护城河？说白了就是想提价就提价，没有人能提出异议。

同样，从这个角度来说，那些冒着巨大风险炒ST股（意即“特别处理”）的资金，反而是在拯救一些企业。如果说银行是“天晴送伞，下雨收伞”，那这些炒垃圾股的资金就是在下雨天送伞，能救一家是一家，最后说不定真的把濒临破产的企业救起来了。比如美股AMC院线，在破产之际，股价被炒了起来，破产的风险也随之解除（见图14.1）。

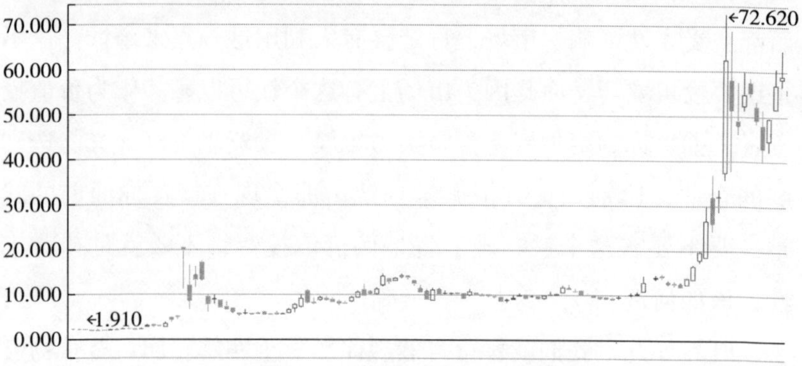

图14.1　美股AMC院线走势图

还有一点，美国股市有很多所谓的退市股票，其实都是被并购的，换了个名字或身份，重新上市。A股市场也是一样，有很多牛股都是经过重组的。而这些重组的钱，其实就来自那些敢于冒风险的人，是他们让这些牛股重新回到投资者的视野。

试想，如果所有的钱都被用去做了价值投资，都买了茅台这样的公司，社会创新何来动力？甚至会是“寸草不生”，这种情况对社会发展的打击是巨大的。

所以，对于投资，不能简单地从道德角度来理解。在这个市场上，最怕的就是“温水煮青蛙”，如果从杀死青蛙的角度来说，价值投资者就是用“温水煮青蛙”，围猎者逮到青蛙就是一刀毙命。但市场就是如此，非常残酷。很多人利用资金优势进行纯粹的炒作，对市场的伤害极大。不懂这些逻辑的投资者，受的伤往往是严重的。

尤其是那些伪价值投资者，入市时抱着价值投资的理念买股票，结果却是不赚钱的。也有人会说，市场上有很多赚钱的价值投资者，但其实不赚钱的是多数，正因为存在幸存者偏差，才会让大家觉得价值投资者很能赚钱，但其实，在A股市场，价值投资者是赚不到大钱的。

故事的真假不重要，重要的是有人相信

很多做价值投资的人，会全面研究一家公司，但决定一家公司成功与否的因素其实有很多。

比如茅台，它与任何公司都不一样，这是一个城门立木。中国人非常讲究品牌，但过去好的品牌都来自国外，那个时候我很少提品牌，因为讲品牌就是给外国人送钱。但随着国家综合实力的增强，尤其是新冠肺炎疫情之后，民族自信的提升，国货品牌备受关注，这也是我看好国潮大时代的原因。

中国人好面子，所以很讲究品牌，好品牌有面子，在中国人的心中早已根深蒂固。茅台就是这样成长起来的，茅台已经成了一个品牌。可口可乐也是一样，也已经成为一个标志性的品牌了。品牌的作用是什么？拿可口可乐来说，即使全世界的工厂都没了，但只要“可口可乐”这四个字还在，可口可乐公司就倒闭不了。

而如果哪天茅台真的不行了，还是能再造一个差不多的品牌出来的，还是可以用其他方式来讲故事的，比如说酿酒的缸还在，还在同一个地方生产，如果水源被破坏了，可能告诉大众又发现了一个新的水源……就这样，故事可以一直讲下去。

类似的例子还有迪士尼，那些被虚构出来的人物，我们从来都没有见过，那些画面也都是假的，但这并不妨碍我们去看、去玩。

真假不重要，信的人多了，就形成了商业模式，就可以赚钱。这就是人性不变，故事永恒。

所以，当我们回到人性层面去思考，就能把盘面看得非常清晰。但同时也需要离市场远点，不要天天盯盘研究，尤其是在当下走在正确的路上，但功底还不扎实时，要学习多多思考。相信我们的投资者离成功，差的只是时间。

A股市场流行的交易流派

通过研究中外投资大师，可以发现，他们每个人都有自己独特的投资风格，自成一派。比如，我们经常听到的“价值投资”就是一种投资风格，也是投资者最为追捧的一个流派，他们的特征就是开口闭口谈价值。另外，还有我国著名的宁波“涨停板敢死队”，更是一种被很多投资者“奉若神明”的交易流派，追随者众多，他们的口头禅是“趋势”“打板”。

追随投资大师，学习他们的投资方法，成为大师的信徒，最终是要找到适合自己的投资风格或者说投资方法，这是很多投资者成长的最优路径。

A 股市场的赢家投资风格主要分为两大流派：一是趋势投资，二是价值投资。

两者的主要区别是：趋势投资注重对市场情绪温度的研究，着眼短期趋势，赚取股价波动的钱；价值投资注重个股价值研究，着眼长期投资，赚取企业成长的钱。

为了帮助大家更直观地理解这两种投资风格，我们可以把趋势投资模式定义为围猎模式，将价值投资模式定义为牧场模式，两种模式下均有不同的交易流派。

围猎模式的三大交易流派

“围猎”这个词很残忍，却更符合事实，因为围猎模式交易的目的，就是让一部分投资者赚另一部分投资者的钱，就像猎人围杀猎物。猎人利用极端天气，或者制造极端情况，打破猎物的预期，激发猎物的贪婪，助长猎物的恐惧，从而达到围杀猎物的目的。每一轮炒作之后市场均是一片狼藉，和围猎场像极了。

利用猎物及监管层的情绪、借助事件或季节变化进行围猎，是围猎模式的三种主要形式，对应的是三种交易方式或者说三大交易流派。

① 趋势情绪围猎：围猎 A 流派（东邪：情绪化，出神入化）

猎人利用猎物的情绪变化进行围猎是最常见的形式，操盘方法很简单，就是在投资者贪婪时恐惧卖出，在投资者恐惧时贪婪买入。不太考虑机会大小，不提前建仓，不潜伏。一轮行情，一个板块，一只股票上涨途中，在市场情绪还没有达到疯狂时果断进行持续交易，在情绪开始退却时坚决退出，彻底离场。

此流派在选股上不太考虑价值投资标准，主要看短期股票弹性，因为不做长期投资，一旦情绪发生变化，就坚决抛出，不留底仓。

此流派的高手常常在强势股退潮前通过 H333 策略（具体含义参见附录）降级打击以获取暴利，甚至有人专门用 H333 策略做强势股，甚至操作价值投资者喜欢的龙头股。

经典案例：次新股炒作、可转债炒作、科创板阶段性炒作等。

② 趋势事件围猎：围猎 B 流派（西毒：稳准狠）

主要是利用大的事件、主题或消息，在出现重大事件时果断介入相关龙头股票，观察城门立木股票的走势，关注市场温度，在事件炒作冷却前果断离场。

在选股上不做长线考虑，事件降温退潮坚决清仓。

经典案例：免税概念、雄安新区设立等。

③ 趋势季节围猎：围猎 C 流派（南帝：一阳指，稳）

这个流派比较重视对大盘的研究，主张放弃相对小的或者不易把控的结构性机会，专做中等级别的机会，即做中四季行情。

在选股上会考虑一定的持续性，会借用一点价值投资的选股方式，但主要还是考虑股票的上升空间，希望守正出奇，不过早进场，一般在温度极冷后进场，一旦市场整体温度转冷则坚决离场，不留底仓。

经典案例：苹果产业链、特斯拉产业链、华为产业链、券商等。

牧场模式的两大交易流派

牧场模式，顾名思义是基于长远考虑，养的是“奶牛”，希望定期收获“牛奶”，不希望发生杀鸡取卵的事。

牧场模式根据周期长短可分为两大交易流派：

① 价值季度牧场：牧场 A 流派（北丐：打狗棒法，灵活；降龙十八掌，威力大）

注重价值投资选股，基于长远考虑，但也注重股票弹性，希望守正出奇，基本以季度周期滚动交易，一旦出现极端上涨必须坚决减仓，甚至离场，出现极端下跌才会进场，会长期跟踪选中的股票，持续阶段性交易，有些交易者甚至会长期持有一些底仓。

经典案例：细分行业龙头股、新能源、智能汽车、新基建、券商等。

② 价值年度牧场：牧场 B 流派（中神通：境界最高）

这个模式最接近人们常说的巴菲特价值投资模式，深度研究精选个股，左侧交易，属于拉长滚动周期的牧场 A 流派，一般出现年度极端情况才考虑进行适当滚动，有可能几年才滚动一次。适合交易一些长期大白马股、有独角兽潜力的股票或独角兽股票。

经典案例：名特优战役、大消费抱团等。

市场上的其他流派

其实，市场上还有两大流派没有被纳入洪攻略极端交易体系，一个是超短技术派，比如“天津股侠”就是典型代表，这个流派交易频繁，需要有一定的天赋，普通投资者采用这种方式基本很难赚到大钱，加上周期过短，极端情况不明显，判断成功的概率低，不符合极端交易的追求，所以这个流派被排除在洪攻略极端交易五大流派之外。

另一个是右侧交易技术派，这个流派主张见到明确上涨（技术金叉）或下跌（技术死亡交叉）信号后再进行交易，这个方法不太适合频繁波动的A股市场，做不好会频繁打脸，普通投资者用这个方式交易时，心态特别容易崩。这个交易方式也不属于极端交易，所以，在创建洪攻略极端交易体系时，被排除在五大流派之外。

洪攻略极端交易体系，是在总结A股市场赢家交易方法（成功概率高的交易方法）的基础上发展而来的。这个交易体系按交易特点分为趋势情绪围猎、趋势事件围猎、趋势季节围猎、价值季度牧场、价值年度牧场五大流派，五大流派的核心都是极端交易，只是交易动机和时间周期长短不同。围猎流派基本没有潜伏一说，考验的是敏感性和行动力；牧场流派在一定程度上考验的是价值投资的选股能力，更考验耐心和定力。

"涨停板敢死队""打板一族"，属于趋势情绪围猎和趋势事件围猎流派，他们只做确定性趋势机会，我一直说他们其实是胆小鬼，平时手上是现金，机会来了就迅速切入，稳准狠。他们从不提前埋伏，极端买入时也是认为马上有机会。任何提前埋伏等别人"抬轿"的都不是这两个流派。

当然，有些股票在不同的阶段可能被不同的交易流派选中，因为股票特征是会变化的，每个流派交易的股票选择不是一成不变的，比如券商及券商服务股，就常常被趋势季节围猎和价值季度牧场两个流派同时选中。

另外，将洪攻略极端交易五大流派和《射雕英雄传》里面的东西南北中五大门派做类比，只是为了帮助大家理解并记忆洪攻略五大交易流派，并非玩神秘，而是用心良苦。

要想使自己的投资水平上一个台阶，必须先找到符合自己的投资风格、投资方法，也就是要找到符合自己的交易流派。确定了交易流派，就解决了最难的选股问题，因为每个流派都有自己的选股方向、选股条件、选股喜好。同时，也解决了重要的交易时机问题和持仓时间问题。

选定交易流派还可以解决大多数人的交易混乱问题、交易节奏问题、心态呵护问题，很多投资者在交易过程中常常忘记交易的初心，本想主动做个短线最后却被动做成了长线，想好做长线却鬼使神差做成了短线，这其实都是由于没有选择交易流派造成的。

另外，一旦选定了交易流派，平时学习的方向就更明确了，熟能生巧，通过勤学苦练，投资的成功率会快速提高。

一些已经选定交易流派的人，在看到行情之后是知道该怎么去做交易的，不会如无头苍蝇般乱窜，一惊一乍手忙脚乱。

建议大家先主攻一个流派，熟练掌握后再攻其他的流派，进行交叉组合使用。但学习使用的交易流派宜精不宜杂，宜少不宜多。

（特别建议：请大家看看自己的持仓，对照五大交易流派看看这样的股票会被哪个流派选中，再看这个流派的交易风格是怎样的，最后想办法调到与这个流派相同的节奏，这样你的心里就踏实了。）

参考文献

1. 高旭，方涛 . 科技创新与资本市场——以美国为例看资本市场对科技创新的作用机制［J］. 金融经济，2007（2）：148–149.

2. 余胜海 . 任正非和华为：非常人非常道［M］. 武汉：长江文艺出版社，2017.

3. Dell’Oro Group. 2020 年一季度 5G 电信设备市场份额排名［R/OL］. 2020–7–7. http://www.199it.com/archives/1078002.html.

4. ［美］斯蒂文 · 佩尔蒂埃 . 美国的石油战争［M］. 陈葵，杨卫东，等，译 . 北京：石油工业出版社，2008.

5. 国务院新闻办公室 . 关于中美经贸磋商的中方立场白皮书［Z］. 新华社 . 2019–6–2.

6. 人民日报 . 紧紧抓住大有可为的历史机遇期［Z/OL］. 2018–1–15. https://baijiahao.baidu.com/s?id=1589544162809139436&wfr=spider&for=pc.

7. 中国信通院 . 大数据白皮书［R］. 北京：中国信息通信研究院 . 2020：10–14，51–54.

8. 黄奇帆 . 数字化重塑全球金融生态［Z/OL］. 2019-10-28. 外滩金融峰会上 . https://baijiahao.baidu.com/s?id=164861456550941614 0&wfr=spider&for=pc.

9. 宋朝龙 . 制度主义视角下中美新冠肺炎疫情治理模式差异的深层根源［J］. 理论探讨，2020（3）：3-5.

10. 黄奇帆 . 分析与思考：黄奇帆的复旦经济课［M］. 上海：上海人民出版社，2020.

11. 黄奇帆 . 结构性改革［M］. 北京：中信出版社，2020.

附　录

做多中国，决胜投资——洪攻略极端交易体系

洪攻略极端交易体系（以下简称“洪攻略”）是一套投资思维体系和交易系统，包括洪攻略投资思维、洪攻略投资时空观和H333系列交易策略三大部分。

从整个体系来看：

首先，作为基石的洪攻略投资思维是以战上海投资哲学为核心，制定投资战略。即如何抓住主要矛盾为股民解决看盘和选股的问题。

其次，洪攻略投资时空观是基于“一切事物都处于一定的时空之中，呈现不同的运动规律，遵循各自的生命周期”而简化的“股市温度计”及“投资四季说”，为投资者解决选时的痛点。

最后，H333系列操盘策略则是根据股市温度决定仓位的轻重，及采用何种投资攻略。

因此，这是一套环环相扣、逻辑严密的体系，巧妙地帮助普

通投资者解决了如何看消息、看行情、选牛股、选买卖点、具体交易及风险控制等普遍难题。

洪攻略投资思维

洪攻略投资思维，确切地说是洪攻略中的“战上海投资哲学思维”，是一套对应 A 股市场比较好的思维体系。其中最重要的三句话是：抓主要矛盾，跟随聪明的钱，做预期可控的投资。看盘和选股都要用这三句话。

洪攻略投资时空观

洪攻略投资时空观是基于一切事物都处于一定的时空之中，呈现不同的运动规律，遵循各自的生命周期简化而成的“股市温度体系”及“投资四季说”。

对应到股市操作，每一轮行情，每一个板块的运行，每一只股的炒作，遵循的也是春播、夏长、秋收、冬藏的农耕法则。

洪攻略遵循的就是这个原则，想在股市赚钱，要先提高自己的行情判断成功率、选股成功率、操盘成功率。而要做到这一点，一定要抓住极端行情，即判断行情属于四季之中的哪个季节。在行情平庸时期修炼（不做交易），在行情极端时期出手（买或卖）。即大极端大交易，小极端小交易，不极端不交易（不做交易不是指空仓，可以是任何仓位），极端跌时增仓，极端涨时减仓。因此，投资时空观是解决投资者在不同市场以及在市场不同阶段中进行“选时及风险控制”的有效方案。

H333 系列操盘策略

根据行情、板块、个股所处季节采用不同的策略，是提高投资成功率的有效手段，洪攻略极端交易体系很巧妙地按季节制定了相应的交易策略，即 H333 系列实战操盘策略。

具体由 H333、SH333、H007、H110 四大策略组成，主要用来帮助投资者解决如何操作的问题。

洪攻略抓的是主要矛盾，而 H333 系列操盘策略抓的是对应的大小极端机会，从理论上、逻辑上都可以提高投资成功的概率。

因为洪攻略思维降低了对有价值的行情的判断难度，只要学好了洪攻略，判断力不强的普通投资者也可以大幅提升判断准确度和投资成功率。而所有的策略和行动都是为了保持一个投资好心态、人生好心态。

【H333 策略】：1/3 底仓，1/3 滚动，1/3“捡皮夹子”

这个策略只能跌时买、涨时抛（左侧交易），但不是简单地高抛低吸，一般用在趋势行情的后期，比如行情冬末初春及夏末初秋，其实是在行情暴涨或暴跌后采取的一个进可攻退可守的策略，为的是保有投资最重要的好心态；还可以用于“救驾”，踏空者或满仓套牢者都可以用 H333 策略建仓调回节奏。

H333 策略适用于行情、板块或个股牛市后期（如果牛市就此结束，也称为熊市初期，行情进入秋季），解决的是价值型投资流派极可能彻底踏空主升浪的问题，也可以防止趋势型投资流派熊市第一波满仓套牢的问题。因为其中巧妙地加入了“捡皮夹子”策略，可以很好地弥补仓位不重带来的可能的盈利减少。

H333 策略适用于行情、板块或个股熊市后期（如果未来走出牛市，也称为牛市初期，行情春季），解决的是趋势投资者不敢进场的问题（壮胆），用最小的代价去获得一个好心态，为的是不错过后面可能的牛市，滚动和“捡皮夹子”可以大大提高收益率，亦可降低建仓成本，为咬住可能的牛市保持一个好心态。一旦碰到熊市继续，也不至于受伤太重，而一旦开启新一轮牛市，完全可以有一个好心态再次满仓癫狂。

H333 策略的使用有两大原则：一是不问价格，只看幅度；二是必须滚动，不滚动就“滚蛋”，原因就在于你不滚动就是在追涨杀跌。

至于 H333 策略操作难的问题，既然是“武功”就不是谁都可以练好的，但从这个策略的原理及难易程度看，H333 是相对容易练成的“武功”，如果这个“武功”练不好，那其他的奇奇怪怪、云山雾罩的“武功”就更难练好了。

【SH333 策略】：SH333 既是攻击性策略，也是一个满仓的策略。它通常用在两个阶段：一是趋势明显上涨的行情，一般牛市确立；二是在大盘没有太大系统性风险时用于强势板块、强势股，即用于夏季行情、板块和个股。SH333 策略是 H333 策略的超级升级版，可以在满仓甚至融资时运行。

【H007 策略】：大极端行情才能使用，必须在连续快速大跌之后才能启用。

这是在连续快速大跌情况下的一个救命策略。连续快速大跌属于极端行情，这样的行情是“捡皮夹子”甚至是启动 H007 策略的好机会。H007 里面含有两个“7”，就是在大跌到一个阶段的时候，买进 70% 的仓位，如果后面继续暴跌，再买进 70%，即融资，使总仓位达到 140%，一般在强反弹 3 天后结束此策略，逐渐降为 SH333 策略、H333 策略。

【H110 策略】: H110 策略用于熊市、阶段性调整行情（即“冬季”）。H110 策略，顾名思义就是用一成仓位在“秋季”及“冬季”或平衡市中阶段性炒作后期。仅用一成仓位去滚动，象征性地操作看好的目标股，或者完全空仓，至“春天”来临调整为 H333 策略。

以上仅是洪攻略简介，为了让投资者更好地了解并使用洪攻略，洪大教育专门设计了洪攻略经典课，由我主讲，网上授课，7 天帮助投资者顿悟 A 股投资。

此外，为了帮助更多投资者彻底打通洪攻略实战的“最后 100 米”，洪攻略极端交易体系不仅划分了趋势情绪围猎（围猎 A 流派）、趋势事件围猎（围猎 B 流派）、趋势季节围猎（围猎 C 流派）、价值季度牧场（牧场 A 流派）、价值年度牧场（牧场 B 流派）这五大流派，还开设了对应的流派课程及流派强化训练营，力求帮助投资者形成自己独特的交易模式。

后记

这是我的第四本书，和前三本差异是比较大的，之前的《战上海：决胜股市未来30年》、《A股赚钱必修课》和《财富自由新思维》偏微观，基本是我投资过程中的内心独白，这本《做多中国：中国未来的财富机遇与投资逻辑》立意更宏观，涉猎的知识面相对更广，参与的编辑也更辛苦。可以说写作这本书比前三本花的力气都大，在此要特别感谢参与此书编辑的杨丹丹、王鑫和林通，以及参与此书策划出版的郑月旭、舒文华等，他们付出了很多辛苦努力。

还有，在此要特别感谢上海证券报社党委书记、董事长叶国标先生，深圳东方港湾投资管理股份有限公司董事长但斌先生，秦朔朋友圈发起人秦朔先生，以及高毅资产管理公司董事长邱国鹭先生对我的厚爱和支持，他们是资本市场非常成功的实践者，是投资者追逐的榜样，看到他们不吝赞美之词对拙作进行推荐，在诚惶诚恐之余，也为自己多年的努力感到欣慰。

要感谢的人很多，最应该感谢的是一直不离不弃的洪粉家人、洪大校友。另，对一些业界前辈、亲朋好友在此表示衷心的感谢，是你们的肯定和鼓励，给了我坚持的信心和前行的动力。

人生就是一场没有终点的投资，系统了解过“洪攻略极端交易体系”的人更能体会这句话的含义，也更能明白本书的投资价值，让我们一起继续努力，把投资的人生过得更从容、更精彩！

洪 榕

2021 年 10 月